JN086450

新 道徳教育全集 ● 第 **5** 巻

道徳教育を充実させる　多様な支援

―大学、教育委員会、家庭、社会における取組―

日本道徳教育学会全集編集委員会

田沼　茂紀
島　　恒生
竹内　善一
廣川　正昭

● 編著

学 文 社

執　筆　者（執筆順，＊は編著者）

押谷　由夫　武庫川女子大学大学院教授（刊行のことば，第21章・第26章）

＊田沼　茂紀　國學院大學人間開発学部教授（第Ⅰ部概要，第1章）

＊島　恒生　畿央大学教育学部教授（第Ⅱ部概要，第2章，おわりに）

吉田　誠　山形大学学術研究院地域教育文化学部担当教授（第3章）

早川　裕隆　上越教育大学大学院教授（第4章）

堺　正之　福岡教育大学教育学部教授（第5章）

飯塚　秀彦　国立教育政策研究所教育課程調査官（第6章）

小林　園　京都府総合教育センター主任研究主事兼指導主事（第7章）

植田　和也　香川大学教育学部教授（第8章）

大橋美代子　広島県竹原市教育委員会総務学事課教育指導担当課長（第9.1章）

渡辺　剛　広島県教育委員会義務教育指導課指導主事（第9.1章）

日向　正志　石川県白山市教育委員会学校指導課課長（第9.2章）

針谷　玲子　東京都台東区立蔵前小学校校長（第10章）

菅野由紀子　東京都武蔵野市立第二中学校校長（第11章）

河村　敬一　西南学院大学非常勤講師（第12章）

石川　庸子　埼玉県川口市立新郷東小学校校長（第13章）

尾崎　正美　岡山県瀬戸内市立国府小学校主幹教諭（第14章）

＊竹内　善一　元鳥取大学地域学部教授（第Ⅲ部概要，第15章）

安部　孝　名古屋芸術大学人間発達学部教授（第16章）

安部日珠沙　岐阜聖徳学園大学短期大学部専任講師（第16章）

木崎ちのぶ　昭和女子大学現代教育研究所研究員（第17章）

長沼　豊　学習院大学文学部教授（第18章）

渡邉　達生　八洲学園大学生涯学習学部特任教授（第19章）

＊廣川　正昭　新潟医療福祉大学非常勤講師（第Ⅳ部概要，第23.1章）

髙口　努　文部科学省大臣官房審議官総合教育政策局担当（第20章）

醍醐　身奈　慶應義塾大学SFC研究所・上席所員（第21章・第24章）

江島　顕一　麗澤大学大学院学校教育研究科准教授（第22.1章）

岩佐　信道　麗澤大学名誉教授（第22.2章）

鈴木　中人　特定非営利活動法人いのちをバトンタッチする会代表（第23.2章）

川那邊　正　追手門学院大学客員教授（第25.1章）

野瀬めぐみ　滋賀県草津市立常盤小学校教頭（第25.1章）

梶　幸男　福岡県大野城市教育委員会教育指導室室長（第25.2章）

山西　実　埼玉県幸手市教育委員会教育長（第25.3章）

刊行のことば

日本道徳教育学会全集編集委員会（代表　押谷由夫）

　コロナ禍で，日々の生活がすっかり変わってしまいました。コロナ禍の世界的影響によって，今まで行われてきた社会改革や教育改革が何であったのかが，あらためて問われています。コロナ禍は，まさに全人類に，一人ひとりの生き方を直接問いかけています。これからの教育は大きく変わっていくことが予想されますが，その根幹には，人間としてどう生きるかを追い求める道徳教育が位置づくことは間違いありません。

道徳教育を国民的課題と捉え，総合的・実践的に考察し提言する

　文部科学省では，道徳教育の抜本的改善・充実について検討され，その核として 2015（平成 27）年に「特別の教科　道徳」が設置され，具体的な取組がなされています。日本道徳教育学会では，このような道徳教育改革を今後の道徳教育に大きな影響を与えるエポックメイキングな改革と捉え，4 年前より，学会の総力を結集して「新道徳教育全集」の構想を練り，検討を重ねてきました。道徳教育を国民的課題として，教育に関心をもつ多くの人々に読んでいただけるように，学会員以外の研究者や実践者にもご執筆をお願いし，総合的な視点から検討・分析しながらこれからの道徳教育を提言したいと考えました。そしてまとまったのが，『第 1 巻　道徳教育の変遷・展開・展望』『第 2 巻　諸外国の道徳教育の動向と展望』『第 3 巻　幼稚園，小学校における新しい道徳教育』『第 4 巻　中学校，高等学校，特別支援教育における新しい道徳教育』『第 5 巻　道徳教育を充実させる多様な支援―大学，教育委員会，家庭，社会における取組―』の 5 巻です。ちょうど原稿が揃いはじめたところに，コロナ禍が発生しました。

コロナ禍における道徳教育の影響

　そこで，確認したのが，このような時代においてこそ，真の道徳教育が求められるということです。2017 ～ 2019 年度に連続して実施された全国規模の道

徳教育調査では，「道徳教育を重視している」学校が９割以上，「道徳の授業を全校体制で取り組んでいる」学校が95％以上，「先生方が道徳教育に熱心である」と答えた学校が７割以上でした。また，「道徳の授業を積み重ねると道徳性が高まる」に肯定的に答えた先生が９割以上でした。コロナ禍の中で，学校現場は大変だったと思います。いろいろな実態が報告され，さまざまな課題が指摘されています。しかし，私は，各学校が道徳教育の充実に取り組んでいただいていたために，混乱しつつもしっかりとした対応ができたのではないかと思うのです。

　道徳教育は，子どもたち一人ひとりが，人間としての自分らしい生き方をしっかり考え，日常生活やさまざまな学習活動の中で主体的に追い求め，自分を成長させていけるようになることを目的とします。その要としての「特別の教科　道徳」は，人間らしさの根幹にある道徳的価値意識を育み，その価値に照らして自分を見つめ直し，さまざまな状況下において多面的・多角的に考え，判断し，具体的な行動へと繋げていける力を育てることを目標としています。このような道徳教育が充実していれば，子どもたちは，コロナ禍という未曾有の状況においてのみならず，科学技術の驚異的発達による急激な社会の変化によるさまざまな課題も，むしろ自分が試されていると捉え，共に幸せに生きる生き方を，現実を直視しながら考え，新しい社会を創っていってくれるであろうと確信する次第です。

　それには，子どもたちにかかわる大人自身が，道徳教育について広い視野から学び，実態を把握し，確たる生き方をもち，具体的に実践していく必要があります。「新道徳教育全集」（全５巻）が，そのための道案内ができればと願います。

　執筆者の皆様には，このような思いを共有してご執筆いただきました。また，学文社の田中千津子社長と編集部の皆様には，厳しい出版状況にある中，本全集の意義をご理解くださり，全面的にご支援いただきました。上廣倫理財団からは助成をいただきました。お世話になりました皆様に心より感謝申し上げます。

はじめに

田沼　茂紀

　わが国ほど道徳教育，あるいは徳育教育と称される所謂「心の教育」に対する国民の評価が極端な国家はないのではなかろうか。戦前は「修身科」を軸とした皇民思想高揚施策として国家統制され，戦後は一転して修身教育否定から民主主義教育における個の過度な自立と自律が促された。しかし，その反面では社会情勢の推移と共に道徳教育の必要性が叫ばれつつも，国民感情からその「胡散臭さ」が解消されないまま所期の成果が十分にえられていないのは事実である。その根底には，個人の思想信条に対する一律の国家の介入を由としない国民感情があるだろう。つまり，戦後75年余を経ても，未だ国民的合意形成に到っていないのである。本書は「新道徳教育全集」（全5巻）の第5巻『道徳教育を充実させる多様な支援—大学，教育委員会，家庭，社会における取組—』として企画された一冊である。果たして，道徳教育は国民のテーゼとなりうるのか。そんな生々しい命題を抱えつつ，本巻を展開することとする。

　この「新道徳教育全集」（全5巻）の5巻目として企画された本書は，大きく区分すると4部構成となっている。概要は，以下の通りである。

《『新道徳教育全集』（全5巻）第5巻の内容構成》

　Ⅰ　大学の教員養成における道徳教育

　Ⅱ　教員研修における道徳教育〜道徳教育の実践的指導力の取組〜

　Ⅲ　家庭における心を育てる取組

　Ⅳ　社会における心を育てる取組

　一目瞭然であるが，わが国の道徳教育について学校，家庭，社会という3側面からわが国の道徳教育の歴史や現状，課題などを踏まえつつ，これからの道徳教育の在り方を視座していくところに本巻企画の神髄があると考えている。

　論を進めるにあたり，道徳教育という営みについて少し思惟を巡らせたい。

　冒頭で「胡散臭さ」と述べて思わず上滑りしてしまったが，道徳教育は「人

間本来の善なるもの」を育み育てる教育であるがゆえに，その本質は常に「偽善」との隣り合わせである。国家施策にあっても，社会通念にあっても，学校教育にあっても，家庭教育にあっても，果たして「偽善を排除した善なるもの」など同定できるのかと問われるならば，誰しも一瞬たじろいでしまう。

　たとえば，道徳教育の前提となる「生命尊重」であるが，これは人類共通の普遍的な道徳的価値として共有されうるのであろうか。普遍的な価値として共有が可能であるなら，それこそ「生きているからこその道徳教育」「生きているからこその学校教育」という大義名分が成り立つのである。そうでなければ，道徳教育は国民一人ひとりにとって「真なる生きる糧」とはならず，単なる為政者の政治の具と成り下がってしまうのである。

　事実，「生命尊重」は基本的人権の大前提である。しかし，現実に世界的規模で歴史を辿るならば，そこには国家による国民の大量虐殺があったり，内紛による国民同士の殺戮があったりと至る所にそれを反故にする現実がある。巨視的には国家間の戦争など，まさに「生命尊重」の真っ向からの否定である。また，近視眼的に捉えればわが国の武家社会のひとつの制度的有り様として存在した「仇討ち」などもそれに該当しよう。仇討ち赦免状なるもので「殺害」が合法化され，美徳とされ，講談や小説，劇画，映画などで繰り返し取り上げられ賞讃されるのである。道徳教育の大本となる「生命尊重」といった道徳的価値であっても，あまりにも不確かな存在でしかないのである。こんな危うい道徳的価値に依拠する道徳教育など，そもそも可能なのであろうか。学習指導要領に示されているからと疑いもなしに「内容項目」として示された通りに学校教育として指導するといった管見的かつシスティマティックな道徳教育など，これからの世代を担う子どもたちにとって何の意味ももたないに違いない。

　個が存在すること，個が生きること，個が自らの生命を充実させること，個の集合体としての社会・国家で他者と共に個がより善く生きることの意味とは何かを問い，見出せるような道徳教育を創造していきたいものである。

目　　次

第3節　倫理的感受性や判断の育成を支える授業⋯⋯⋯⋯⋯⋯⋯⋯ 109

第4節　高等学校における道徳教育の目標と課題⋯⋯⋯⋯⋯⋯⋯⋯ 111

第13章　校内での道徳教育研修の取組（小・中学校）⋯⋯⋯⋯⋯ 113

第1節　川口市立芝小学校における道徳教育研修⋯⋯⋯⋯⋯⋯⋯ 113
　1 研究の概要―研修の根幹となる3つのポイント― 113／**2** 校内研修構想図 116／**3** 授業実践（専科担当も含め一人一人授業で学び合う研修） 117

第2節　川口市立芝中学校における道徳教育研修⋯⋯⋯⋯⋯⋯⋯ 118
　1 研究の概要 118／**2** 実　　践 118／**3** 生徒の学び 119／**4** 考　　察 120

第14章　校内での道徳教育研修の取組（附属学校）⋯⋯⋯⋯⋯⋯ 121

第1節　附属小学校での道徳教育校内研修⋯⋯⋯⋯⋯⋯⋯⋯⋯⋯ 121
　1 鹿児島大学教育学部附属小学校での取組 121／**2** 岡山大学教育学部附属小学校での取組 122／**3** お茶の水女子大学附属小学校での取組 122

第2節　附属中学校での道徳教育校内研修⋯⋯⋯⋯⋯⋯⋯⋯⋯⋯ 124
　1 群馬大学共同教育学部附属中学校での取組 124／**2** 岡山大学教育学部附属中学校での取組 124／**3** 新潟大学教育学部附属長岡中学校での取組 125

第3節　附属校の特性を生かした道徳教育⋯⋯⋯⋯⋯⋯⋯⋯⋯⋯ 127

第Ⅲ部　家庭における心を育てる取組

──概要　第Ⅲ部を考察するにあたって⋯⋯⋯⋯⋯⋯⋯⋯⋯⋯⋯ 130

第15章　家庭教育と道徳教育⋯⋯⋯⋯⋯⋯⋯⋯⋯⋯⋯⋯⋯⋯⋯ 133

第1節　家庭の現状と問題点⋯⋯⋯⋯⋯⋯⋯⋯⋯⋯⋯⋯⋯⋯⋯⋯ 133
　1 家族形態の推移 133／**2** 現代の家庭の問題点 134

第2節　家庭教育の重要性⋯⋯⋯⋯⋯⋯⋯⋯⋯⋯⋯⋯⋯⋯⋯⋯⋯ 135
　1 家庭における道徳教育 135／**2** 子どもの人格形成の基礎 136

第3節　家庭教育への支援⋯⋯⋯⋯⋯⋯⋯⋯⋯⋯⋯⋯⋯⋯⋯⋯⋯ 137
　1 共働き家庭 137／**2** 単親家庭 138

第4節　家庭と学校の連携⋯⋯⋯⋯⋯⋯⋯⋯⋯⋯⋯⋯⋯⋯⋯⋯⋯ 139
　1 親が育てば子も育つ 139／**2** 親子で学ぶ道徳教育 140

第 **I** 部

大学の教員養成における道徳教育

概要　第Ⅰ部を考察するにあたって

田沼　茂紀

　第Ⅰ部を進めるにあたり，まず押さえておきたいのは1872（明治5）年に時の政府が太政官布告「学事奨励ニ関スル被仰出書」と共に頒布した「学制」をもってわが国の近代教育制度が成立し，そこから国家体制としての組織的な徳育教育としての道徳教育が開始されたことである。そして，1945（昭和20）年のアジア・太平洋戦争終結によってわが国の道徳教育が「教育ニ関スル勅語」などに依拠した徳育教育という従前の道徳教育から，それとは性格を異にする個々の子どもの道徳性形成を促進することを目的とする道徳教育へと大きく転換したことである。この大転換は，わが国の道徳教育を語る上で所謂戦前と戦後という二分法的な対称軸を成すものである。よって，それを対比的に語ることは本章の趣旨を踏まえるなら本意ではない。そのような事情から，第Ⅰ部では戦後民主主義教育における道徳教育指導ができる教師の育成を大学はどう考え，どう養成しようとしているのかを中心に語ることとする。

　わが国の戦後道徳教育は，1947（昭和22）年に教育基本法，学校教育法制定によって6・3制の義務教育制度が確立され，「学習指導要領（試案）」が根拠となってスタートした戦後民主主義教育の軌跡と歩調を同一にその歴史を刻んできた。戦前の徳育教育と戦後の個の道徳性形成に主眼を置いた道徳教育とでは，教育方法学的な視点から捉えると両者の性格づけは大いに異なる。つまり，道徳教育を学ぶ対象としての子ども，学習者としての子どもをどう位置づけるかという根源的な指導方法論上の立場の差違である。さらに付言するなら，学習対象としての子どもが生きていく上で遵守し，従うべき金科玉条としての価値観となる徳目を受動的に受け入れさせる教育指導を目指すのか，あるいは子どもをかけがえのない社会の一員として位置づけて他者と共に「善く生きる」ための道標となる自らの道徳的価値観形成を目指すのかとでは，自ずと導き出される教育的成果は異なってこよう。第Ⅰ部では，後者の立場としての戦後道

徳教育推進における大学での教員養成に視点を置いて語っていきたい。

　使い古された言い回しではあるが，「教育は人なり」という言葉がある。子どもがどんな教師に教育を施されるかによって，その成果は大きく異なる。

　たとえば，どんなに主張が正しくても，そこに他者を思い労る情がなければ人はその言を聞き入れない。かつての旧海軍元帥であった山本五十六は「話し合い，耳を傾け，承認し，任せてやらねば人は育たず」と有情活理による指導者の心の有り様を語っている。また，戦前から戦後にかけ国語科教師として優れた実践で知られる大村はまは自著『灯し続ける』（2004 年）のなかで，熱心と愛情，それだけでやれることは教師の世界にはないと，教師としての人材育成能力，教師の指導技術の重要性を語っている。両者の名言を有意味的に繋ぎ合わせると，そこにはひとつの教員養成の望ましさや有り様が浮かんでくる。

　教育的使命感と指導力両立の問題，近代教育学の始祖と称される教育学者ヘルバルト（J.F.Herbart,）が『一般教育学』（1806 年）のなかで看破した名言，「教授のない教育などと言うものの存在を認めないし，また逆に教育しないいかなる教授も認めない」という学校教育の根源的命題に突き当たるのである。

　翻って，わが国の道徳教育史の系譜を辿ると，戦前の「修身科」を主軸とした学校教育における徳育教育はその性格付与としては価値あるものを敷衍していくという教育方法学的な視点が強い。つまり，地方巡幸に基づく天皇の教育への意見書として侍講である元田永孚に命じて取りまとめさせた教学聖旨（1879 年）や改正教育令（1880 年）の精神に基づき，315 文字・12 の徳目で取りまとめられた「教育ニ関スル勅語」（1890 年）の内容に象徴されるように道徳的価値の総体として予め特定した徳目を，教師が国定教科書を用いて全国一律に教授するという徳育教育である。それに対し，戦後の小・中学校学習指導要領「道徳」に示された内容項目は，明らかにその性質が異なっている。学習指導要領解説にも述べられているように，「教師と児童（生徒）が人間としてのよりよい生き方を求め，共に考え，共に語り合い，その実行に努めるための共通の課題」が内容項目なのである。そのような視点から本章では戦後における大学での道徳教育教員養成についてその実相を精査していきたいと考える。

第1章　道徳教育を巡る教員養成の歴史と課題

———— 田沼　茂紀

第1節　わが国の道徳教育が内包する根源的課題

　わが国の戦後道徳教育は，理想社会実現を標榜する道徳教育充実施策促進ループと国家による個人の思想信条への介入に対する不信感未解消ループという二重螺旋構造が解消されないまま現在に至り，その融合点を見出せない閉塞状況が逆に絶妙なバランス感覚を生み，今日まで「空洞化された道徳教育推進体制」を下支えしてきたように考える。そして，そのジレンマが未整理のままにただ時間だけが経過し，その間に教員養成・教員研修・教員資格制度改革のみが体系化され続けてきたような違和感を覚えるのである。

　わが国の戦後道徳教育が抱えるいちばん大きな問題は，戦前の修身科の清算が終わらないままに屋上屋を重ねたことである。貝塚茂樹（2012 年）は，修身科の功罪を学問的に検討した上で戦後の新しい道徳教育を確立しようとした『構想』の試みが不首尾のまま頓挫したと指摘する[1]。要は，修身科の清算なしに戦後の道徳教育を立ち上げたことに起因し，修身科はすべて悪いからそれに類する道徳教育もきっと悪いという「悪玉論」が席巻したのである。

第2節　戦後教員養成の足跡と道徳教育の課題

　わが国の教育制度体系は，アジア・太平洋戦争を挟んで大きく変貌した[2]。特に学校教育は GHQ（General Headquarters，連合国軍最高司令官総司令部）の指導・監督と教育刷新委員会（1946 年）の建議により，戦後教育改革の枠組みが形成された。国民主権を謳った日本国憲法（1946 年）は，国民の「教育を受ける権利」を保障し，保護者に「教育を受けさせる義務」を課し，大学自治など

に係る「学問の自由」を担保した。それに基づいて教育基本法（1947年）が制定され，教育の機会均等や6・3・3・4制の単線型学校教育制度の確立と義務教育年限9カ年への延長が実現したことは周知の通りである。

　では，そのような戦後教育改革を断行する上で不可欠な教員養成の理想実現改革はいかなる方針の下で，いかなる様相を呈してきたのであろうか。

1 教員養成制度

　戦前対戦後という二分法的な比較をすると改革要点は3点に集約される。

　まず1点目は，教員養成機関の原則が変わったことである。戦前の初等学校教員養成は中等教育段階に位置する師範学校で，中等学校教員は高等師範学校や大学でとなっていたのが，戦後は初等・中等諸教育学校教員養成をすべて大学で行うように格上げしたことである。

　2点目は，教員資格制度の変更である。戦前は師範学校などの直接養成方式と教員検定試験による間接養成方式の2本立てであったが，戦後は教員免許状授与制度によって直接養成方式へと一本化したことである。

　3点目は，学制改革で誕生した新制大学の理念である学問の研究と教育の成果を教員養成によって間接的に広く国民全体へ還元するという国民教育体系に位置づけようとしたことである。

　佐藤学（2006年）はこれらの改革点をわが国における戦後教師教育の特色としてあげ，大学での「開放性」と「免許状主義」による教員養成が日本の特殊性であると指摘[3]する。その点で，当時としては画期的な高度教育レベルを前提とした教員養成から再出発したことの理想実現意義を指摘するのである。

2 教育行政制度

　教員養成・教員研修・教師教育者の専門性開発といった視点から近年その教育学的専門領域を構築しつつある教師教育学[4]の視点から捉えるなら，戦後の民主主義教育改革とその推進において教員養成制度と両輪となって共に大きな役割を果たしたのが「教育委員会制度」（1948年）である。

　教育委員会は，教育の公益性という特質に鑑みた教育行政の安定性，中立性の確保という考え方の下に創設された。地方自治体の長から独立した公選制・合議制の行政委員会は，地域教育の独立性と公平性を担保しながら，新制大学での教員養成やわが国の学校教育を司る文部科学省との緊密な連携に基づく現職教員研修（教育基本法第9条）を担ってきたのである。

　特に戦後の道徳教育振興という視点で捉えるなら，1958（昭和33）年の学習指導要領改訂において「道徳の時間」を特設以降，文部省がその定着を図るため矢継ぎ早に行った施策を下支えしたのは教育委員会である。1958年の道徳教育趣旨徹底講習会，教師向けの指導資料作成・配布，1963年以降の道徳教育推進校（協同推進校）指定，地区別及び都道府県別の校長・教頭指導者養成講座開催等々の施策を可能にしたのも教育委員会に拠るところが大きい。

③ 道徳教育振興施策と教職員組合

　わが国の戦後道徳教育は，修身科の否定から全面主義道徳教育の立場でスタートした。そんななかで道徳時間特設の声がようやく上がってきたのは，わが国が占領下体制から解放された1952年の対日講和条約発効後である。そのような世論の支持を背景に，1956年には時の文部大臣清瀬一郎が，翌1957年には松永東文部大臣が教育課程審議会に諮問し，それをうけて「道徳教育の徹底については，学校の教育活動全体を通じて行うという従来の方針は変更しないが，さらに，その徹底を期するために，新たに，『道徳』の時間を設け，毎学年，毎週継続して，まとまった指導を行うこと[5)]」という待望の答申（1958年3月）を引き出したのである。同年8月28日の学校教育法施行規則改正によって「道徳の時間実施は昭和33年9月1日から」と明記され，わが国の戦後道徳教育のための時間が学校教育課程に正式に位置づけられたのであった。

　しかし，それは有名無実と化してしまった。教職員組合の道徳の時間を実施しないという戦術によって，見事に「骨抜き」とされたのである。

　その背景にあるのは，GHQが学校教育制度における民主化改革政策の一環として1945年12月に示した教員組合結成指令を発令したことである。そし

て，それに呼応したのが国民感情としての自虐的な「修身科悪玉論」である。それが相俟って，特設「道徳」の苦難の船出が始まったのである。裏返すと，60年余に及ぶ国策としての道徳教育振興施策が継続されてきた事由は，そのような燻ぶる恣意的な道徳教育否定論の解消という事情に尽きるのである。

戦後間もなくわが国の教育復興視察に訪れたアメリカ教育使節団がその報告書（1946年）で描いていた教員養成像は，「学識ある専門職」という教師観であった。しかし，それがボタンを掛け違えて「教師は労働者」となってしまったのである。GHQが示した教員組合結成指令（1945年）は，全国の教師を束ねる日本教職員組合結成（1947年）へと作用したが，結果的には教師自らの戦争責任を自虐的に自問する政治的行動を助長する結果となり，「教え子を再び戦場に送るな」（1951年）の日教組スローガンに象徴されるような反権力志向的な方針で当時の文部省との対立的構図を明確にしていったのであった。

日教組の「教師の倫理綱領」によって，戦前の聖職者対戦後の市民権をもつ労働者という不毛の構図は固定化され，国家権力を背景にした道徳教育は修身科の復活であり，指導しないこと，そもそも最初から学校の教育課程に存在しない事柄として処理されてきた。しかし，日教組の結成大会で地位確立と教育民主化，民主主義教育推進を目指す3つの綱領が採択され，6・3制完全実施・教育復興に向けて取り組むと決議したこととの矛盾は否めない。

4 道徳教育充実の鍵となる教育公務員特例法

道徳教育振興・充実を語る上で必須なのが，教育公務員の任免，給与，分限，懲戒，服務及び研修などを定めた教育公務員特例法（1949年）の存在である。

同法第21条には，任命権者である教育委員会が施設確保や研修奨励方途，研修計画と実施に努めることが述べられ，同22条には授業に支障のない限り，勤務場所を離れて研修を行うことができることを定めている。これは，戦後間もない頃にアメリカ教育使節団が提言したわが国の民主主義教育を推進する要となる「学識ある専門職」という教師育成の実現に向けた前掲そのものである。

この教育公務員特例法の第21条の「研修」，同22条「研修の機会」，同23

条「初任者研修」，第24条「中堅教諭等資質向上研修」などを担う多くの場や人材を提供するのは大学である。特に第22条3にある「教育公務員は，任命権者の定めるところにより，現職のままで，長期にわたる研修を受けることができる」に該当する教職大学院などの受け皿は教員養成同様に大学の役割である。

第3節　教育職員免許法改正の経緯と道徳教育充実の視点

　ここまで述べた通り，大学での教員養成における「教員養成・教員研修・教師教育者の専門性開発」の機能的役割は大きい。しかし，それが実現するための課題は，冒頭で触れた二重螺旋構造の問題解消をどう進めるのかである。

　本節では，その要因を学校と大学という教育現場2側面から言及したい。

　まず，学校教育現場が内包する道徳教育指導に携わる教師の指導観に係る問題点を検討したい。道徳の時間が特設された1958年9月，道徳教育趣旨徹底講習会が全国5カ所で開催されたが，その講習会で講師を務めた勝部真長（1997年）は当時を回顧し，激しい対立抗争状況の証言を残している。

　勝部は，「全国を5会場に分け，第1会場は東京で，関東甲信越の教師代表が集められ，会場は上野の博物館講堂であった。昭和33年の9月6日から9日まで。初日，虎ノ門の文部省前に集合したわれわれ講師団は，バスに乗せられ，前後をパトカーで守られ，フルスピードで上野に向かった。日教組が実力行使で妨害する，との情報が予めよせられていたらしい。いよいよ上野の山にさしかかって，博物館わきに出ると，はたして30名ぐらいの集団がバスの前に飛び出してくる，また博物館の入口にも人々が大ぜいいて，講習会に参加する各県からの先生方を，会場に入らぬよう引き留めている最中だ，というのである。警官が出て整理したりして，大分手間取ったが，ともかく会場に入って，その日の日程が進められ，4日間の伝達講習もやりとげたのであった。それにしても会場の外では，講習会中，騒音・雑音を浴びせかけての妨害もなされたのであった。これが学校教員のすることか，と憤嘆にたえないのであった[6]」と憤りを綴った。当時より，勝部は中心的な理論的指導者であった。

　そんな勝部の目に，令和時代の道徳科新時代はどのように映るのであろう

か。教科外の領域「道徳の時間」から「特別の教科　道徳」＝道徳科となって教科書と学習評価が導入されるに至って，指導時数という量的な部分は担保されるであろうが，その先にある道徳性形成という質的保証は容易くないのが現実である。「学識ある専門職」の育成こそ，今後の道徳教育充実の鍵となろう。

なぜなら，実践的指導力重視の下で短期的成果を第一義とする「技術的熟達者モデル」教師志向傾向が強まって，「反省的実践家モデル」タイプの教師像が軽視される傾向が散見されるからである。つまり，実利的な教育成果と直結しない長期的展望型の道徳教育は軽視されやすいのである。よって，道徳教育は胡散臭いもの，国家権力が強制するものといった忌避感情を教師集団のなかから是正する機運が起こらないと自律的な道徳教育教師は育ってこないのである。

同時に，これは大学の教師教育者側の問題でもある。当時の教員養成課程などでは道徳教育関連科目を担当できる教員が皆無であったことも大きな要因であった。戦後の新制大学移行ではそれまでの中等教育を担っていた専門学校，旧高等学校などが昇格し，「駅弁大学」と称されるように各都道府県単位で設置された。師範学校も同様で，教員養成課程をもつ学芸大学，学芸学部，教育学部として設置され，他学部のリベラルアーツ（教養教育）をも代替する機能まで担わされたのであった。そこで生ずる教員養成上の問題は，実学重視の師範学校教員のなかに学問的背景を踏まえつつ戦後道徳教育の指導法を講ずることができる研究者がほとんど存在しなかったことである。また，不幸なことに大学の教員養成課程などで教育職員免許法を満たすための道徳教育関連科目を担当した多くの教員はその教育にやや批判的な教育学や教科教育学担当者が多かったことである。

今日でこそ，教育職員免許法の一部改正（2017年）によって従前「教職に関する科目」の小分類「教育課程及び指導法に関する科目」に位置づけられていた「道徳の指導法（一種免2単位，二種免1単位）」から，改正後は分類3番目の「道徳，総合的な学習の時間等の指導法及び生徒指導，教育相談等に関する科目」のなかの，イ「道徳の理論及び指導法（一種免2単位，二種免1単位で従前同様）」へと位置づけが改正された。教員免許状取得に必要な道徳教育関連科目

単位数は相変わらずで，これで質保証ができるのかという問題はさておき，科目指導内容面では大きな前進があったと評価すべきであろう。

　それは教免法改正で，ただの指導法講義では不可能となったことである。つまり，道徳教育に関して理論面を併せもちながらなおかつ適切な指導法を身に付けられる講義が必須となったのである。いわば，この教職課程コアカリキュラムに則って担当できる研究者教員を配置しなければならなくなったのである。実践的指導法の他に理論もとなれば，片手間で担当など叶わないからである。

　要は，わが国の戦後道徳教育が手厚い政策的保護をうけながらも学校教育現場で徹底できなかったのは，担当教員が道徳教育の重要性を教員養成課程で浸透し得る発言力を大学内で容易にもてなかったことにあるとも指摘できよう。

　事実，師範学校が唯一旧帝国大学教育学部となった東北大学の事情を久恒拓也（2015年）は，宮城師範教員は「教員審査段階の申請より低い階級で採用される傾向が強かったこと，宮城師範以外のスタッフの多くは非常勤講師として採用された[7]」と，大学教育での教員養成軽視の風潮を指摘している。

第4節　わが国の今後の道徳教育充実を支える大学の役割

　ここまで述べてきた教育職員免許法改正による道徳教育教師の養成カリキュラム改善，初任者研修及び中堅教諭等資質向上研修といった悉皆研修や現職研修システムの整備，教員免許状更新講習による教職としての専門職性担保などで欠落している問題点は何か。そこには，明確な学問体系を成す土台がないことである。それゆえ，地に足のつかない議論だけが先回りして，学校教育という現実のなかでの実効性が伴わないのである。今こそ，学問領域としてのディシプリン（discipline）は一体何なのかといった本質的議論と同時に，少なくとも学校教育という実践的な場での教育活動を基底で支え裏付ける道徳教育学，道徳教育方法学理論構築が必要である。少なくとも，「特別の教科　道徳」＝道徳科を明確な教育理論として定立させていくには必要不可欠なことである。道徳科においても他教科教育学同様に，道徳科内容学及び道徳科教育方法学に係る一定要件が盛り込まれるはずである。そして，そこで道徳科教育学理論に基

づいて展開される教員養成・教員研修・教員資格担保などを教師教育学の視点から指導にあたるのは専門研究分野に通じた大学教員であることを押さえたい。

　要は，わが国の今後の道徳教育充実の鍵を握っているのが大学教育の場であるという事実である。そして，教員養成・現職研修・教員免許状更新などを的確に担える専門性担保ができる教師教育者を大学は明確に意識しながら養成していくことが喫緊の今日的課題であることは間違いのない事実であろう。

　「コロンブスの卵」の例えではないが，道徳指導ができる教師の教育を大学で担える養成・研修・専門職制を担保する指導体制の充実，それを可能とする道徳教育学や道徳科教育学を講じられる教師教育者の専門性開発の促進，この２点が今後は何よりも重要と考える。そして，その両者を架橋する機能を果たすのが，教育公務員特例法であろう。つまり，教育公務員には自らの職責を果たすために研究と研修の義務が課せられているので勤務場所を離れて研修を行うことが可能であり，大学院教育学研究科・教職大学院などで専門性を高めるために研究機会も付与されているのである。学校教育現場での実践的指導理論にも精通し，なおかつ道徳科教育内容構成学及び道徳科教育方法学に裏打ちされた道徳科教育学研究を担う大学教員が続々と輩出されるなら，それは間違いなくわが国の道徳教育振興・充実に寄与することは疑いのないところと考える。

•注• ‥‥‥‥‥‥‥‥‥‥‥‥‥‥‥‥‥‥‥‥‥‥‥‥‥‥‥‥‥‥‥‥‥‥‥‥‥‥

1) 貝塚茂樹（2012）『道徳教育の取扱説明書』学術出版会：21
2) 文部省（1972）『学制百年史』帝国地方行政学会，第２編第１章参照。
3) 佐藤学（2006）「教師教育の危機と改革の原理的検討」『日本教師教育学会年報』15：9
4) コルトハーヘン，F. 著，武田信子監訳（2010）『教師教育学』学文社：4。教師教育学は教員養成・教員研修・教師教育者の専門性開発を意味すると説明。
5) 教育課程審議会（1958）『小学校・中学校教育課程の改善について（答申）』「1 教育課程の基準の改善のねらい」(1)より全文引用。
6) 勝部真長（1997）「道徳教育を妨害した日教組―昭和33年の記憶―」日本道徳教育学会機関誌『道徳と教育』297・298：22
7) 久恒拓也（2015）「新制総合大学における小学校教員養成体制の実態」『日本教師教育学会年報』24：94

大学における「道徳の理論及び指導法」の工夫

——— 島　恒生

第1節　「道徳の理論及び指導法」の位置づけ

　大学における教員養成に関わる科目履修については，「平成29年11月17日号外　文部科学省令第41号〔教育職員免許法施行規則及び免許状更新講習規則の一部を改正する省令1条による改正〕」によって大きく再編された。道徳教育は，改正前は，小・中学校教諭は，教育職員免許法施行規則の第6条の「教職に関する科目」の区分の「教育課程及び指導法に関する科目」のひとつである「道徳の指導法」が必修とされた。この改正により，「道徳の指導法」は，再編された教職課程のなかの「教育の基礎的理解に関する科目等」の区分の「道徳，総合的な学習の時間等の指導法及び生徒指導，教育相談等に関する科目」のひとつである「イ　道徳の理論及び指導法」として位置づけられ，これまでと同様に，一種免許状は2単位，二種免許状は1単位の取得が必修とされた。

　一方，養護教諭と栄養教諭についても，改正前は「教職に関する科目」の区分の「教育課程に関する科目」のひとつとして「道徳及び特別活動に関する内容」が位置づけられてきたが，改正後は「教育の基礎的理解に関する科目等」の区分のなかの「道徳，総合的な学習の時間等の内容及び生徒指導，教育相談等に関する科目」のひとつである「道徳，総合的な学習の時間及び特別活動に関する内容」として位置づけられた。

第2節 「道徳の理論及び指導法」の教職課程コアカリキュラム

　さらに，平成27（2015）年の中央教育審議会答申「これからの学校教育を担う教員の資質能力の向上について」において「大学が教職課程を編成するに当たり参考とする指針（教職課程コアカリキュラム）を関係者が共同で作成することで，教員の養成，研修を通じた教員育成における全国的な水準の確保を行っていくことが必要である。」との提言がなされ，この答申を契機に，「教職課程コアカリキュラムの在り方に関する検討会」が開かれ，先述の文部科学省令第41号と同日に，「教職課程コアカリキュラム」（以下，コアカリキュラムという）が発表された。

　各大学においては，このコアカリキュラムを踏まえて教職課程が再編成された。以下は，コアカリキュラムで示された「道徳の理論及び指導法」に含めることが必要な事項である。

全体目標：道徳教育は，教育基本法及び学校教育法に定められた教育の根本精神を踏まえ，自己の生き方や人間としての生き方を考え，主体的な判断の下に行動し，自立した人間として他者と共によりよく生きるための基盤となる道徳性を育成する教育活動である。
　　　　　道徳の意義や原理などを踏まえ，学校の教育活動全体を通じて行う道徳教育及びその要となる道徳科の目標や内容，指導計画などを理解するとともに，教材研究や学習指導案の作成，模擬授業などを通して，実践的な指導力を身に付ける。

(1) 道徳の理論
　　一般目標：道徳の意義や原理等を踏まえ，学校における道徳教育の目標や内容を理解する。
　　到達目標：1）道徳の本質（道徳とは何か）を説明できる。
　　　　　　　2）道徳教育の歴史や現代社会における道徳教育の課題（いじめ・情報モラル等）を理解している。
　　　　　　　3）子供の心の成長と道徳性の発達について理解している。
　　　　　　　4）学習指導要領に示された道徳教育及び道徳科の目標及び主な内容を理解している。

(2)　道徳の指導法
　　一般目標：学校の教育活動全体を通じて行う道徳教育及びその要となる道徳
　　　　　　　科における指導計画や指導方法を理解する。
　　到達目標：1）学校における道徳教育の指導計画や教育活動全体を通じた指
　　　　　　　　　導の必要性を理解している。
　　　　　　　2）道徳科の特質を生かした多様な指導方法の特徴を理解してい
　　　　　　　　　る。
　　　　　　　3）道徳科における教材の特徴を踏まえて，授業設計に活用する
　　　　　　　　　ことができる。
　　　　　　　4）授業のねらいや指導過程を明確にして，道徳科の学習指導案
　　　　　　　　　を作成することができる。
　　　　　　　5）道徳科の特性を踏まえた学習評価の在り方を理解している。
　　　　　　　6）模擬授業の実施とその振り返りを通して，授業改善の視点を
　　　　　　　　　身に付けている。

※　養護教諭及び栄養教諭の教職課程において「道徳，総合的な学習の時間及び
　　特別活動に関する内容」を開設する場合は，(1)を習得し，そこに記載されて
　　いる一般目標と到達目標に沿ってシラバスを編成する。なお，その場合は学習
　　指導要領の内容を包括的に含むこと。

　学生が修得する資質能力を「全体目標」，全体目標を内容のまとまり毎に分
化させた「一般目標」，学生が一般目標に到達するために達成すべき個々の規
準を「到達目標」として示されている。検討会は，コアカリキュラムの導入
は，教職課程には，大学における教育研究の一環として学芸の成果と，学校と
いう公的組織の一員として実践的任務にあたるための実践性の2つの側面が必
要であり，その両者が融合することで高い水準の教員が養成されるということ
で行われたものであるとしている。つまり，大学の教育研究を生かしつつ，目
標や内容，指導計画などの理解，教材研究や学習指導案の作成，模擬授業な
ど，より実践的な指導力を修得できるようにするというものである。
　特に「道徳の指導法」については，これまでから大学や大学教員の専門性に
よって内容がばらばらであり，実際，学生が学校現場に出て道徳教育の指導を
行うにあたって，道徳科の授業を指導できるだけの実践力が十分に身に付いて
いないという課題があった。さらに，学生自身が，自分が小学生や中学生の時

期に道徳の授業をうけてきた経験も少ないという課題もあった。これらの点で，コアカリキュラムの導入は，学生が実践的な指導力を身に付ける上で大きな意義があると思われる。ここに，それぞれの大学や大学教員が教育研究の成果が加味されることにより，道徳教育や道徳授業の質の向上が期待できるものであると共に，大学の教員の指導力も試されると考えられる。

第3節　「道徳の理論及び指導法」の実際

1　「道徳の理論及び指導法」のシラバス

以下は，K大学の「道徳指導法（初等）」のシラバスである。

〔授業の到達目標〕
　道徳の本質（道徳とは何か）を説明できるともに，道徳教育の歴史や現代社会における道徳教育の課題（いじめ，情報モラル等），子供の心の成長と道徳性の発達，学習指導要領に示された道徳教育及び道徳科の目標及び主な内容，学校における道徳教育の指導計画や教育活動全体を通じた指導の必要性，道徳科の特質を生かした多様な指導方法の特徴，道徳科の特性を踏まえた学習評価の在り方を理解している。また，道徳科における教材の特徴を踏まえて授業設計に活用することや，授業のねらいや指導過程を明確にして道徳科の学習指導案を作成することができ，模擬授業の実施とその振り返りを通した授業改善の視点を身に付けている。

〔授業科目内容の概要〕
　道徳教育は，教育基本法及び学校教育法に定められた教育の根本精神を踏まえ，自己の生き方や人間としての生き方を考え，主体的な判断の下に行動し，自立した人間として他者と共によりよく生きるための基盤となる道徳性を育成する教育活動である。道徳の意義や原理等を踏まえ，学校の教育活動全体を通じて行う道徳教育及びその要となる道徳科の目標や内容，指導計画，評価等を理解するとともに，実際に低，中，高学年の発達の段階ごとの具体的な教材について，教材研究や学習指導案の作成や模擬授業等を行い，実践的な指導力を身に付ける。

〔授業計画〕
　第1回　道徳の本質と道徳教育及び道徳科の目標と内容
　第2回　道徳性の発達，道徳教育の歴史と課題

第3回　Webによる授業動画を通した模擬授業の分析と授業改善の視点
第4回　道徳科の時間の実際1　道徳科の授業から学ぶ
第5回　道徳科の時間の実際2　道徳科の指導過程
第6回　道徳科の時間の発問と教材
第7回　道徳科の時間の学習指導案づくり1
　　　　学習指導案の基礎・基本（学習指導案の作成）
第8回　道徳科の時間の学習指導案づくり1
　　　　学習指導案の基礎・基本（作成した学習指導案の振り返り）
第9回　道徳科の時間の学習指導案づくり2
　　　　発達の段階を考えた指導（発達の段階とねらい）
第10回　道徳科の時間の学習指導案づくり2
　　　　発達の段階を考えた指導（板書計画を含む学習指導案の作成）
第11回　道徳科の時間の学習指導案づくり2
　　　　発達の段階を考えた指導（模擬授業と振り返り）
第12回　問題解決的な学習や道徳的行為に関する体験的な学習などの多様な指
　　　　導法
第13回　道徳教育全体計画，年間指導計画
第14回　道徳教育及び道徳科の評価
第15回　まとめ

〔授業外学修の指示〕
　授業の予習・復習として，小学校学習指導要領とその解説を読み，道徳教育や道徳科の特質や指導のポイントを勉強しましょう。

〔使用教材〕
　『小学校学習指導要領解説　特別の教科　道徳編』（廣済堂あかつき）

〔参考図書〕
　授業の中で，その都度指示する。

〔成績評価の方法・基準〕
　課題70％，受講態度等30％

〔学生へのメッセージ〕
　道徳教育の大切さや道徳科の授業の楽しさをみんなで学びましょう。

〔教員の実務経験〕
　幼稚園，小学校等での教員や教育委員会指導主事としての経験をもとに，道徳教育や道徳科の指導の進め方や工夫を学生に具体的に指導している。

18

〔科目分類番号〕　略

〔関連するディプロマ・ポリシー（学位授与の方針）〕
  (1)　生命への畏敬の念を持ち，教育に携わる者としての倫理観や子どもに対する深い理解と愛情を持っている。（徳をのばす／態度・志向性）
  (3)　現代の教育課題に対する確かな理解と豊かな教養を備えている。（知をみがく／知識・理解）
  (4)　学校教育，幼児教育，保健教育に関わる分野の高度専門職業人として必要な教育学の諸理論，子どもの発達，各教科・領域の内容や指導法，学校保健等についての専門的な知識を有している。（知をみがく／知識・理解）
  (7)　授業や保育，養護に関わる内容・活動について自ら考え，実践し，マネジメントしていく力を身につけている。（美をつくる／総合的な学習経験と創造的思考力）

2　本授業での工夫点

　学生の多くが，小・中学校の時期に道徳の授業をうけた経験が不十分であったり，忘れてしまっていたりする実態がある。道徳教育や道徳科の目標や特質をしっかりと捉え，実践的な指導力を身に付けることができるよう，以下のような工夫を行っている。

(1)　道徳科の授業のイメージづくりを大切にする

　授業の冒頭で，学生を相手に担当教員が道徳科の模擬授業をし，道徳科の授業のイメージをもつことができるようにしている。特に，行いや行動と道徳性の違いや伝達型の授業ではなく考えさせたり，話し合わせたりしながらねらいに迫る授業のイメージをつかませるようにしている。

(2)　道徳性の発達を子どもの姿や関わり方と関連づけて指導する

　道徳教育や道徳科の指導においては，発達の段階の違いを理解しておくことは非常に重要である。道徳性のひとつの考え方として，N.ブルの「他律→社会律→自律」の考え方を取り上げ，ここでも，行いや行動と道徳性の違いや，

発達の段階による認識の違い，発達の段階に応じた子どもへの関わり方などを押さえるようにしている。特に，学校インターンシップや児童生徒と関わる学校ボランティアでの経験と結び付けて考えさせることで，学生の納得感やこれからの活動で生かしていきたいという意欲が高まり，道徳性についての理解を深めることができている。

⑶　道徳科の授業映像を活用する

　実際の道徳科の授業映像をみせ，授業の展開や発問，切り返し，板書などの工夫について学生同士で話し合わせた後，教員が補説を加えている。特に，道徳の教科化にあたって課題とされた「発達の段階などを十分に踏まえず，児童生徒に望ましいと思われる分かりきったことを言わせたり書かせたりする授業」「読み物の登場人物の心情理解のみに偏った形式的な指導が行われる例」を克服し，「考え，議論する道徳」の授業ができるようになるためには，実際の授業映像が有効である。教師が一方的に話して伝える授業ではなく，適切な発問と切り返しによって児童生徒同士の対話的な授業が実現している様子は，道徳の授業経験の少ない学生には非常に参考になっている。

　なお，授業で使用する映像は，文部科学省「道徳教育アーカイブ」をはじめ，教育委員会などが作成した授業映像などを使用している。

⑷　段階的に学習指導案の作成に取り組ませる

　よい授業を展開できるようになるためには，よい学習指導案を書けることが重要である。そこで，その指導を段階的に行っている。

　　Ⅰ段階…略案の作成

　　Ⅱ段階…主題設定の理由も含めた学習指導案の作成

　　Ⅲ段階…板書も含めた学習指導案の作成

　なお，それぞれの段階では，書いた学習指導案を提出させ，一人ひとりの学生に添削を繰り返し，合格するまでの個別指導を行っている。

⑸ **道徳の時間の年間指導計画づくり**

　周知のように，学校においては，各教育活動での道徳教育がその特質に応じて意図的，計画的に推進され，そこで養われた道徳性が調和的に生かされ，道徳科としての特質が押さえられた学習が計画的，発展的に行われることによって，児童生徒の道徳性は一層豊かに養われていく。したがって，道徳教育の全体計画や道徳科の年間指導計画は重要である。

　そこで，ひとつの学年を選んで道徳科の年間指導計画をつくらせている。特に，道徳の内容や教材を，時期や重点指導，特別活動との関連を考えて配置する工夫などを考えさせることで，道徳教育と道徳科の関連やカリキュラム・マネジメントの考え方を理解することができるようにしている。

3 本授業での成果

　以上，取り組んできたことによる成果として，以下のことがあげられる。
○学習指導案の書き方がわかる。

　　道徳科の学習指導案を書くことに抵抗感が少なくなり，教育実習などでも道徳科の授業にチャレンジしたいと希望する学生が多いなど，自信をもつことができた成果があらわれている。
○道徳科と学級活動の時間の特質やねらいなどの区別ができる。

　　教育実習や学校現場に出てからも，自分の授業や参観した授業が，行動の変容をねらった学級活動なのか，道徳性を養うことをねらいとした道徳科の授業なのかなど，その特質をしっかりと区別し，それぞれの特質を考えて取り組めるようになっている。
○道徳科を要とし教育活動全体を通して進める道徳教育についての理解が深まっている。

　　学校現場に出たとき，年間指導計画に基づいた計画的・発展的な道徳科の授業や特別活動などとの関連などに対す意識も高まっているようである。

大学の授業および大学院における
道徳教育研究の取組

――――吉田　誠

第1節　大学の授業における道徳教育研究に関する指導の特色と課題

1　各授業の概要と特色

　山形大学地域教育文化学部児童教育コースでは，地域の人びとと共にチーム学校の一員として地域の教育を支え，課題の解決に取り組む実践的な人材の育成を目的として小中学校教員を志望する学生を養成している。そのため多様な意見を引き出しながら目的の共有を図るファシリテーターとして教育課題の解決に取り組む学習を重視している。道徳教育研究を扱う授業科目としては，3年次後期開講「教材開発演習」と4年次後期開講「教職実践演習」の選択課題「道徳科の教材研究（演習）」があげられる。

　3年次後期開講「教材開発演習」は，3年次9月に教育実習を終えた学生が，教育実習での学習指導や研究授業を振り返って各自の課題を明確にし，特に課題意識が明確な教科を選択して，教科毎に演習を行った後，発表会を行うことで各教科の学習を全体で共有する形式の授業である。初回授業では，資質・能力と教科など横断的な視点に基づく授業づくりに関する講義を行った後，学生のグループで討議を行っている。討議のテーマは教育実習で工夫したにもかかわらず子どもたちの主体的学習につながらなかった学習課題をひとつ取り上げ，その学習課題が「知っている・できる」レベル，「わかるレベル」「使えるレベル」のどのレベルの課題だったか，そしてレベルを1段階上に引き上げる工夫をせよ，というものである。この学習活動を通して学生の課題意識を明確にした後，教科の選択を行い，教科毎にグループ演習を行っている。

　道徳科の演習では，最初に学生一人ひとりに道徳科の授業についての課題意識について教員が順番にインタビューを行いながらホワイトボードに書き出していき，そこから共通する課題をいくつか取り上げて明示している。2019年度は，①ねらいの設定法，②授業の展開と発問，③生活に生かす授業の展開の3つの課題に整理した。そこから学生に授業で取り組みたい課題を選択させることでグループを編成し，グループで取り組みたい課題について話し合わせた後，教員がインタビューを行いながらホワイトボードに書き出して，課題解決の方向性を焦点化し，具体的に取り組みたい活動を明確にしている。これらの活動は，ホワイトボード・ミーティング®のファシリテーション技法を用いて実施しており，教員がオープンクエスチョンのみでインタビューを行うファシリテーターとなることで，その後のグループでの課題の取組を学生が主体的に行えるようにしている。2019年度の各グループの発表テーマは，①「ねらいと中心発問を一致させるための指導案の改善―『お別れ会』を例に―」，②「道徳の世界と現実世界をつなぐ発問―『本当の自由』の視点から―」，③「日常生活に結びつける道徳授業の提案―『雨のバス停留所で』から，きまりとマナーについて考える―」であった。たとえば，「日常生活に結びつける道徳授業の提案―『雨のバス停留所で』から，きまりとマナーについて考える―」の発表では教師用指導書のきまりの遵守をねらいとした展開例について，教材分析に基づいて雨が降って通常とは異なる状況であったことから，この事例はきまりよりもマナーとして扱うべきと考え，ねらいと展開の改善例を示した。

　4年次後期開講「教職実践演習」は教職必修科目であるが，15回の授業の内，3回分については選択課題として，学生が各自の取り組みたい課題を選択して受講することで，教師になるために必要な資質・能力の足りない部分を補ったり，強みをさらに伸ばしたりすることができるようにしている。この3回の選択課題のひとつとして「道徳科の教材研究（演習）」を設定し，批判的探究的な教材研究と子どもたちに多面的・多角的な思考を促す学習指導案の作成，検討を行っている。「道徳科の教材研究（演習）」では，まず読み物教材の登場人物と背景や人物像，主な言動，場面の変化や時間的経緯を図式化した教

材分析図をホワイトボードに書き出し，教員と学生が対等な関係で率直に意見を述べながら考えを深めてホワイトボードに追記する形で，すべての発言が尊重される雰囲気で教材分析を行っている。教材分析の際には，まず，教材に書かれていることについてホワイトボードに黒で書き出した基本の教材分析図を作成した後，色を変えて，各自が考えたことや疑問などを追記している。その際，まず，教材文のメッセージをホワイトボードに明示し，そのメッセージを子どもたちの何％くらいがすでに知っているか確認する。次に，教材の場面に示された時間的，空間的な枠組みを超えた教材の文脈的状況，すなわち，その場面に至るまでの人間関係やその場面の後の人間関係の在り方，および教材文に明示的に登場しないが関係すると思われる人物との関係などについて思考を広げてホワイトボードに追記している。そして，教材に描かれた道徳的問題が現実の社会生活では，どのような状況で起こり，どのように解決あるいは折り合いがつけられているか考えたり，あえて教材のメッセージとは対立する視点や立場を正当化する意見を考えたりしてホワイトボードに追記する。このような批判的探究的教材研究を行った上で，子どもたちに多面的・多角的な思考を促すねらいと発問を学生同士で検討させ，学習指導案を提出させている。また，「教職実践演習」では選択課題毎に学んだ内容を学生が発表し，質疑応答を行う選択課題発表会が設定されており，教材研究の活動の過程とその成果としての学習指導案の特徴をまとめて発表することで，学習内容の振り返りと成果や課題の確認を行うことができるようにしている。

2　各授業の課題と改善への取組

　3年次後期開講「教材開発演習」については，教育実習での経験を踏まえた課題意識に基づいて教材分析や学習指導案提案の取組が学生主体でなされている。しかし，提案された学習指導案については，ねらいを十分に具体化できておらず評価の視点も弱いことが課題としてあげられる。原因としてはグループでの課題意識の焦点化に時間がかかり，その後の作業が遅れたことでグループでの学習指導案の提案が発表会の直前になったために，学習指導案のねらいと

発問の改善を十分に行えなかったことがあげられる。現在は，最初にホワイトボード・ミーティング®を用いた課題意識の明確化を行っているが，学生が各自で資料を調べてもう少し思考を深めてから実施した方がより早い段階で課題意識を焦点化できた可能性がある。それにより，学習指導案での学習活動や発問の提案に留まらず，ねらいの具体化と評価の視点の明確化を進めたい。

　4年次後期開講「教職実践演習」の選択課題「道徳科の教材研究（演習）」については，ねらいの8類型に基づく類型を意識した発問構成に重点を置くに留まっていることが課題としてあげられる。原因としては，90分間×3回の限られた時間で教材分析と指導案づくりを行っており，教材研究に教員が参加していることで学生が教員の教材分析の視点に頼りがちであることが考えられる。そのため，教材分析図作成の前段階としてホワイトボード・ミーティング®を用いて学生一人ひとりの教材の捉え方を全員で共有することで，教材分析図を作成する際に学生が主体的に発言できるように配慮したい。

第2節　教職大学院における道徳教育研究の取組の特色と課題

1 授業や研究活動の概要と特色

　山形大学大学院教育実践研究科では，理論と実践を融合することでスクールリーダーに必要とされる指導理論と実践力，応用力を身につけさせることを目指している。道徳教育研究を扱う授業科目として1年次前期開講「道徳教育の実践と課題」があげられる。その他に「山形大学道徳教育研究会」として2ヵ月に1回程度，山形大学附属学校の教員，教職大学院を卒業した教員，教職大学院生，学部生などが集まって道徳教育に関する発表と討議および日本道徳教育学会大会の報告などを行っている。

　1年次前期開講「道徳教育の実践と課題」では，初回授業でホワイトボード・ミーティング®を用いて受講生一人ひとりの道徳教育に対する課題意識をインタビューしてホワイトボードに書き出した後，授業の概要を説明することで，一人ひとりの学習の重点を意識させると共に，教員もその後の指導の重点

を意識できるようにしている。そして，その後数回の講義形式の授業で道徳科の指導法についてのねらいによる類型とそれぞれのメリット，デメリット，および教材研究と発問分析の方法についての解説を行っている。その後，道徳科の学習指導案改善のためのルーブリックを提示し，改善点がないか検討している。そして，演習形式の授業では，道徳科の学習指導案改善のための課題焦点化ルーブリック（図表3-1）を参照しながら，現職院生とストレートマスターのペアあるいはグループで教材研究と学習指導案作成の演習を行っている。ルーブリックは教員と院生で共有しながら最終課題として提出させる道徳科の学習指導案の改善と評価に使用している。

　教材研究の基本的方法については，学部の「教職実践演習」の選択課題「道徳科の教材研究（演習）」と同様であるが，「道徳教育の実践と課題」では現職院生が参加していることを生かして，子どもの実態や発達段階および評価の観点を意識した教材研究を行えるように資料として各内容項目について道徳的実践力を支える視点や思考を段階的に示したコンピテンシー・モデルも提示している。グループ毎に異なる教材を使用しているが，時々，全体で進捗状況を発表し，質疑応答を行うことで，相互に教材研究の視点を学び合い，思考を深めたり広げたりできるようにしている。

　学習指導案の検討に際しては，最初にねらいを提出させて全体で検討を行うことで，ねらいの達成度を評価できる具体的なものに改善してから発問の検討に進むようにしている。また，発問の検討が進んだ段階で発問分析を行い，ねらいの類型のどれに位置づけられるか確認しながら，ねらいと発問の整合性や子どもの多様な価値観を受けとめて多面的・多角的に考えることのできる授業への改善について検討させている。

　「山形大学道徳教育研究会」は「道徳教育の実践と課題」受講生から継続して学びたいとの要望が出されたことをきっかけに始まった。当初は，教職大学院生中心の研究会であったが，次第に山形大学附属学校教員や教職大学院の卒業生も参加するようになり，2，3名から多いときには十数名が参加して道徳教育に関する発表と討議や日本道徳教育学会大会の報告などを行っている。

図表 3 - 1　道徳授業改善のための課題焦点化ルーブリック

評定段階	5	4	3	2	1
ねらいの記述	内容項目に沿った形で，子どもたちの実態や教師の願いを基に具体的かつ達成可能なねらいが記述されている。	内容項目に沿った形で，子どもたちの実態や教師の願いを基に価値内容の扱う側面を明確にしたねらいが記述されている。	内容項目に沿った形で，子どもたちの実態や教師の願いやねらいが記述されている。	ねらいが内容項目から外れている，あるいは子どもや教師の願いを踏まえていない。	ねらいが内容項目から外れており，しかも子どもや教師の願いも踏まえていない。
教材分析・教材理解	子どもたちが共感でき，ねらいとする道徳的価値の理解を深められるレベルで教材分析がなされている。	子どもたちが共感できる，あるいはねらいとする道徳的価値の理解を深められるレベルで教材分析がなされている。	子どもたちの発達段階や実態に則し，ねらいや内容項目に沿った形で教材分析がなされている。	教材分析のレベルが子どもたちの発達段階や実態に則していない，あるいはねらいや内容項目に沿っていない。	教材分析のレベルが子どもたちの発達段階や実態に則しておらず，しかもねらいや内容項目にも沿っていない。
学習活動（導入・展開）	一連の学習活動を通して，子どもたちがねらいとする道徳的価値についての理解を深め，自分の問題として受けとめ，その後の実践に生かす意欲をもてるようになっている。	学習活動を通して，子どもたちがねらいとする道徳的価値についての理解を深め，自分の問題として受けとめられるようになっている。	学習活動を通して，ねらいとする道徳的価値に子どもたちの興味関心をひきつけ，主体的に学習を進められるようになっている。	学習活動がねらいとする道徳的価値から離れている，あるいは子どもたちを受け身にしてしまっている。	学習活動がねらいとする道徳的価値から離れており，しかも子どもたちを受け身にしてしまっている。
中心発問	すべての発問が中心発問につながる形で子どもたちの思考を深めたり発言を促進したりできており，中心発問は，ねらいを達成でき，しかも多様な価値観や考えが表現できるものになっている。	中心発問は意図が明確で，子どもたちが自分自身の問題として受けとめられ，ねらいを達成できるものになっている。	中心発問は意図が明確で，子どもたちが主体的に考えられるものになっている。	中心発問は建前の模範解答を想定したものになっている，あるいは中心発問の意図が不明確でねらいを十分に達成できない。	中心発問は建前の模範解答を想定したものになっており，しかも意図が不明確でねらいを十分に達成できない。
学習活動（終末）	子どもたちが中心発問で深めた考えを整理し，自分の問題として受けとめてその後の生活に生かす意欲を高められる学習活動が設定されている。	子どもたちが自分の問題として受けとめ，ねらいとする道徳的価値に沿って自分なりの考えを深められる学習活動が設定されている。	子どもたちが自分の問題として受けとめ，ねらいとする道徳的価値に沿って考えられる学習活動が設定されている。	子どもたちが自分の問題として受けとめる学習活動が設定されているが，ねらいとする道徳的価値からは外れている。	教師が建前の模範解答を示す形で学習活動が終わっている，あるいは子どもたちが何を学んだのかわからない状態で終わっている。

出所）筆者作成

　研究会では，学会発表や論文投稿につながる実践の考察や検討を行ったり，学会大会報告から最新の道徳教育の実践や研究の動向とその課題についての検討を行ったりする他，現場で実践する教員の悩みや課題についても検討している。このような検討を通して，地域と全国の実践や課題とをつなげながら，そして，教師を目指す学生や若手教員とベテラン教員および研究者が多様な視点をつなげながら，道徳教育の在り方について考察を深める場となっている。研究会での発表と討議の成果については，学会大会での発表や論文の投稿，大学紀要などへの投稿，大学と附属学校園の共同研究報告などの形で公開している。

２ 授業や研究活動の課題と改善への取組

　１年次前期開講「道徳教育の実践と課題」については，授業期間後半に１ヵ月間の教育実習による空白期間が存在するため，道徳教育に対する意識や関心のある院生が教育実習での実践につなげた場合には相乗効果が生まれるが，そうではない場合には教材研究や学習指導案作成の活動がおろそかになりがちである。また，ストレートマスターの受講者数が多い場合には教材分析や学習指導案作成のペア活動の際に現職院生の助言を求めることが難しくなる。

　そのため，教育実習前にできる限り教材分析を深めておくことで，実習後に学習指導案を作成し，検討，修正を行う時間を確保している。また，ストレートマスターの受講者数が多い場合には，授業外の場で実習の際にペアとなる現職院生に学習指導案についての相談・助言を求めるよう指示している。今年度は新型コロナウイルス感染防止対策のため，前期は原則遠隔授業での実施となったことにより，教材研究や学習指導案の作成についてはZoomによるグループでの話し合いをしながらオンラインホワイトボード（図表3-2参照）とGoogleスプレッドシートに作成した学習指導案フォーマットのファイル共有を用いて作業を進めている。この方法を用いれば教員も常に教材研究や学習指導案作成の進捗状況を把握でき，必要に応じてコメントをつけることが可能である。今後，対面授業を実施する際にもこの方法を用いることで教育実習期間中もある程度教材研究や学習指導案作成の活動を継続させ，院生同士でも相互

図表3-2　オンラインホワイトボードを用いた教材分析の例

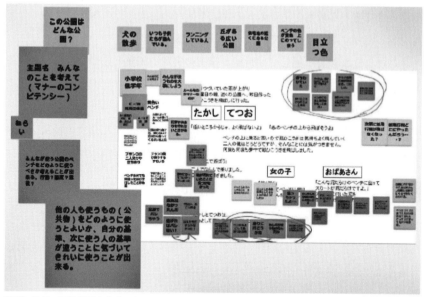

出所）筆者の授業受講生作成による

にコメントし合うよう促すことでストレートマスターへの指導を充実させたい。

　「山形大学道徳教育研究会」については，現場の多忙化により継続的な参加者が限られており，研究内容の連続性や発展性を理解した上での討議が難しくなっていることが課題である。現状では同じ内容で2回研究会を実施することで参加しやすくしているが，参加者がいないために中止となることも多い。

　この課題についても，今年度は新型コロナウイルス感染防止対策のためZoomでの研究会になったことで，ある程度解決できる見通しが立っている。特に遠隔地からの参加者が自宅から参加することで往復の時間を削減できるメリットは非常に大きい。そのため今後対面での研究会を実施する際にもZoomにより自宅などからの参加もできる対面と遠隔のハイブリッド型で実施したい。さらに，将来的には若手教員の道徳授業についての悩みや課題を把握し，それらを解決する研修的な内容で研究会を実施することにより，山形県の道徳教育の発展により貢献することも検討したいと考えている。

教職大学院における道徳教育の取組
—上越教育大学教職大学院を中心に—

―――― 早川　裕隆

第1節　教職大学院の使命と上越教育大学教職大学院の特徴

1 新構想の教育大学としての上越教育大学

　上越教育大学（以下，本学）は，1978年10月1日に，当時の国立学校設置法に基づいて兵庫教育大学，鳴門教育大学と共に「新構想」の教育大学として設置され，今日に至っている。この3大学に共通しているのは，現職教員の大学院（当時は修士課程のみ）における研修により，高度な専門的力量を備えたリーダー的存在として活躍できる人びとを教育界に送り出すこと，そして，学部段階では，実践的指導力に優れた新人教員を養成することを基本的な任務としていることである。本学では，特に2000年度改革から「臨床」をキーワードとした改革の取組を行ってきた。

　そんななか，「今後の教員養成・免許制度の在り方について（答申）」（中央教育審議会，2006）では，それまでの新教育大学での取組を評価しつつ，「我が国の大学院制度が研究者養成と高度専門職業人養成との機能区分を曖昧にしてきたこともあり，また実体面でも，高度専門職業人養成の役割を果たす教育的展開が不十分であったことから～（中略）～学校現場での実践力・応用力など教職としての高度の専門性の育成がおろそかになっており，本来期待された機能を十分に果たしていない」と指摘された。この指摘は「新構想」教育大学そのものに対する限定的批判ではないものの，本学では，これまでの取組の成果を基礎として生かしつつ，さらに答申での提起を盛り込んだ専門職学位課程＝教職大学院を，修士課程とは別に，2008（平成20）年度に設置した。

2 教職大学院の目的・機能

　前出の答申では，「学部段階での資質能力を修得した者の中から，さらによ
り実践的な指導力・展開力を備え，新しい学校づくりの有力な一員となり得る
新人教員の養成」と「現職教員を対象に，地域や学校における指導的役割を果
たし得る教員等として不可欠な確かな指導理論と優れた実践力・応用力を備え
たスクールリーダーの養成」の２つをその目的・機能として求めている（ここ
でいう「スクールリーダー」とは，校長や教頭などの管理職や特定の職位を指すもので
はなく「学校単位や地域単位の教員組織・集団の中で，中核的・指導的な役割を果たす
ことが期待される教員」を指す）。また，専門職大学院設置基準（第26条第１項）
でも，「高度の専門的能力及び優れた資質を有する教員の養成のための教育」
に目的を特化している。このように，教職大学院には，道徳科や道徳教育に関
しても，「高度の」指導力・実践力を有した教員を養成する教育内容や教育方
法を展開することが求められていると考えられる。

3 本学教職大学院のカリキュラムの特徴

　本学における教職大学院と従来の大学院との相違点の代表的なものとして，
次のようなことがあげられる。

- 必要修得単位数は，45単位以上（本学は，46単位以上。修士課程は30単位以
  上）。
- 教育方法は，事例研究，模擬授業，実地調査，双方向・多方向検討等。
- 学校における実習10単位以上及び共通科目の必修。
- 必要専任教員の４割以上を実務家教員。
  （実務家教員の要件：一定の勤務経験を有することにより優れた教育実践を有する者
  であるとともに，実践的・実証的研究成果の発表記録等から，専門分野に関する高度
  の教育上の指導能力を有すると認められる者）
- 研究指導・修士論文審査は必須としない。

　そして，本学教職大学院では，教育実践を構成する「即応力」，それを支え

図表4-1　本学教職大学院の授業科目と履修単位

区分			単位	
臨床共通科目 ※ 現在は，共通科目	教育課程の編成及び実施に関する科目		20 ※ 現在は 18	必修科目5科目20単位を修得（各領域に必修科目1科目を開設） ※現在は，全領域にわたり18単位以上を修得（5つの各領域に，複数の選択科目を開設）
	教科等の実践的な指導方法に関する科目			
	生徒指導及び教育相談に関する科目			
	学級経営及び学校経営に関する科目			
	学校教育と教員の在り方に関する科目			
コース別選択科目	学校支援プロジェクト科目	学校支援リフレクション	16 ※ 現在は 18	「学校支援リフレクション2科目8単位」と「学校支援プレゼンテーション2科目2単位」を含み，計16単位以上を修得 ※現在はそれぞれ2科目4単位以上又は2科目2単位以上とプロフェッショナル科目と合わせて18単位以上を修得
		学校支援プレゼンテーション		
	プロフェッショナル科目			
実習科目	学校支援フィールドワーク		10	2科目10単位修得 ※1年制プログラム等例外あり。

る「臨床力」と「協働力」を重視しながら，学校現場の教育課題を解決する過程，それ自体をカリキュラムとして実現している。すなわち，現場の各学校の教育課題を解決する過程に参加し，その経験（実習）を通して，実践的問題を解決する諸能力を高めるために，後述する「学校支援フィールドワーク」（年間150時間以上の実習科目を2科目10単位）を中心とした「学校支援プロジェクト」とよんでいる動的方法をその核としていることが，最大の特徴である。図表4-1に本学の科目と履修単位を示す。

第2節　科目での学びの実際

■1 臨床共通科目（2018年度までの必修科目）での学び

　本学の臨床共通科目では，道徳に関しては，30時間（1時間は90分）（4単位）として開設された「教科等の実践的な指導方法の実践と課題」での，オムニバスによる12時間の講義のうちの1時間と，課題探究活動として10時間，プレゼンテーションとして4時間，レポート作成4時間で展開された。具体的には，1時間道徳の時間（当時）と道徳教育について，演習を含めた講義をした後，いくつかの少人数で編成されたグループのひとつに，道徳に関する探究課題を与え，グループで探究した内容を全体にプレゼンテーションし，最後に，各自で学びについてレポートするという内容で構成された。

　探究課題については，たとえば，「『いじめ問題への対応の充実』における道徳のあり方について，授業構想（計画）や授業の工夫の観点から具体的に提案する。」(2018年度)，「道徳教育推進教師，あるいは，教育委員会の研修担当の立場に立ち，道徳授業に関して，どのような研修を行うか。道徳授業づくりの観点から，演習を交えた具体的な研修の1コマを提案しながら，その内容を企画した根拠を簡潔に説明する。」(2017年度，2016年度) を課し，単に知識としての理解を深めるだけではなく，「即戦力となる新人教員」や「指導的立場から進むべき方向を示す教員」の養成を目指している。なお，教職大学院では，2018年度入学入試までは，現職教員か小・中・高等学校・幼稚園または養護教諭のいずれかの教育職員免許（1種）を有する者であることが，受験資格となっていた。2019年度入学入試から受験できるようになった免許状がない学生は，教員免許状を取得するプログラムを受講することを入学の要件とし，3年間で大学院の教育課程と学部の教員養成カリキュラムを履修。1年目には大学院の実習科目「学校支援フィールドワーク」は履修できない。

② プロフェッショナル科目（選択）での学び

　筆者は，プロフェッショナル科目として「道徳教育の理論と実際」を開設している。本科目は選択科目である。そのため，道徳を学びたい院生たちが履修する。だが，これまで，道徳に関しての十分な実践や研究を積み重ねて受講する者は，ごく少数である。むしろ，「よく分からないから」「今まで実践してきたものがはたして良かったのか指導してもらったことがないから」「自信がないから」などの動機がほとんどである。しかし，「道徳は大切だ」「充実した道徳科の授業ができるようになりたい」という思いがある者であることに間違いない。そのため，手応えが感じられる，やりがいのある科目である。

　本科目は，特に，授業づくりや模擬授業の実施，とりわけ，役割演技の活用の具体による実感的理解を特徴とする。以下，その実際の一部を報告する。

(1)　模擬授業「およげない　りすさん」の実際

○椅子をりすに見立てて，池に浮かぶ島に渡りたいと懇願するりすの願いを断る動物たちを演じた。「危ないからね。」「わがまま言わないの。」とりすの願いを断った動物たちが演じられた。演じ終わった後の話し合いで，椅子のりすがどんな表情に見えたかを観客に問うと，「下を向いて涙がこぼれているように見えた。」「とぼとぼと寂しく一人で帰って行く姿が見えた。」などの発言があった。すると，演者たちの表情がみるみる変わっていくのが見て取れた。

　この後，島に渡って遊んでもちっとも楽しくない動物たちの気持ちを明らかにした後，翌日，池のほとりでりすに再会する場面を演じた。なお，ここからは，椅子をりすに見立てるのではなく，受講者が実際にりすを演じた。
○動物たちはりすに謝り，亀は「僕の背中に乗って」と提案する。するとりすは笑顔になって亀の背中に乗り，途中他の動物達も代わる代わる自分の背中にりすを乗せて，島に渡りきることができた。演じ終わった後の話し合いで，亀は途中みんなにゆっくり泳ぐように強く求めた理由を，「『リス子』ち

ゃんが波がかかると怖がると思ったから。」と説明し，りすは，「みんなが優しかったから，ちっとも怖くなかった。」と感想を語った。

(2) 受講者の学び（抄）

- 今までいじめに対する嫌悪感を感じさえすれば，いじめはなくなっていくものと考えていたが，いじめについての話と思わなく自然と「友達と仲良くしよう。優しくしよう」というプラスの気持ちになっていた。
- 演者の表情や感情を聞いて「いつ，何が悲しかったのか。それが，いつから，どんなことによって，うれしさに変わったのか」などを実感的に熟考できた。
- 演じている人だけでなく，みていた自分も印象に強く残り，双方の立場で考えることができる効果の大きさを身をもって感じた。
- 自分のなかの道徳的価値の意義について，理解が深まったと感じられた，自分事として考える時間であった。これまで読解指導に陥っていたが，生き生きと自分の考えが深まり気付くこの体験を，子どもたちにもさせたい。
- 演者の表情や気持ちに対する観客の解釈を手掛かりに，主題やねらいに迫っていることがわかった。

(3) 学びの意義

　本科目では，道徳科の目標や道徳教育との関連，学習指導要領の理解や道徳性に関する諸説の概要，指導案の作成と主題やねらいの在り方など，講義と演習で学ぶ。さらに自分たちでつくった指導案を基に模擬授業を行いながら，道徳科授業について理解を深め，その後，指導方法の工夫として，前述のような模擬授業を体験している。この過程で，評価のあり方や視点も，明確化してくる。さらにこの後，筆者と受講者とで授業者になって行う模擬授業も実施している。等身大の受講者による模擬授業が他の受講者の課題と重なるため，当事者意識がさらに高まり，実感的な理解や，具体的な道徳科のイメージの再構築が成されるとともに，授業者として解決すべき課題も明確にもてるようになる

など，受講者の主体的な学びの展開が可能となっていると考えている。

　このように，本科目を通じて道徳教育の理解はもとより，より充実した道徳授業実現の，具体的なイメージやモデルを獲得していると考える。

第3節　「学校支援プロジェクト」での学びの実際

　本学教職大学院では，専任教員の指導するチームと連携協力校（以下，実習校）と協議の上設定したテーマや内容に基づいた実習を展開し（「学校支援フィールドワーク」：実習科目…年間150時間×2年），実習校や大学において随時協議して実習校の課題解決に向けた計画を改善したり，実習後に諸活動を省察・評価する（「学校支援リフレクション」）。そして，それらを整理し，プレゼンすることで，実習校に成果を還元する（「学校支援プレゼンテーション」）。これら，実践・省察・還元を融合する一連の活動を「学校支援プロジェクト」と総称し，カリキュラムの中核に位置づけているところに，大きな特徴がある。

　筆者の指導するチームは，設置当初は，院生の全員かほとんどが，現職教員で構成されていたこともあり，テーマは，「よさを認め合い助け合い活動する児童の育成」「人間関係づくりの基盤となる道徳の時間の創造とその支援」「体験を道徳的体験として実現するためのプログラムの開発」など，学級経営や生徒指導の要素が強く，院生は，要としての道徳の時間の授業の充実を担った。

　その後，全国の国立大学に教職大学院が設置される流れのなか，本学教職大学院における他県からの現職教員の人数が激減し，学卒院生の占める割合が高くなってきたこともあり，本来の協働，すなわち，院生も実習校の教員も「一緒に学ぶ」姿勢がより自然となってきた。そのころから現在までのテーマは，たとえば，「道徳授業の指導の充実を図る協働研修のあり方」「小・中学校が連携した道徳教育のあり方」「多面的・多角的な思考を促し，自己のあり方についての考えを深める道徳の創造〜役割演技を用いた道徳科の授業づくり〜」「道徳性を育む道徳科授業の充実・推進―子どもたちの道徳性を育成する教師の指導力向上の実践的研究を中心に―」など，ニーズが道徳科の授業の充実や道徳の授業力向上に焦点化されるように変わってきた。

　ところで，道徳科は他の教科などと違い，実習前から実習校で授業展開ができる能力と，授業を評価し改善する視点を養うことに，多くの時間が費やされる。ゼミでも，授業づくりの実際や模擬授業を何度も経験して，実習に出している。ゼミで培われた能力や視点を，実習校において協働した授業づくりに生かしながら，その効果を子どもとの授業から確認することを繰り返すことは，院生の授業力の向上だけでなく，実習校の教員の道徳科授業の理解や授業力向上に及ぼす効果や，子どもたちの学習効果も認められているところである。院生たちや実習後の教員は，その効果を目の当たりにすることで，取組の意義を実感的に理解してきた。

　さらに近年では，実習校の教員の道徳科の研究授業の展開に向け，指導案の検討や実習校の教員による模擬授業の実施，修正模擬授業の実施と研究授業の展開の一連の研修活動に，筆者も出向いて指導・助言することも増えている。

　院生と実習校の教員とは，「教える―教えられる」関係ではなく，主題やねらいの設定，発問の吟味，補助発問の工夫，役割演技の進め方や話し合いのポイントの確認，子どもの反応の解釈，リアクションペーパーの解釈やインタビューによる追跡調査等を一緒に行いながら，具体的な課題や悩みを共に共有し，考え合い，議論し合い，協働して新たな授業を生み出す繰り返しが実現している。この「学校支援プロジェクト」を通して，院生はもちろんのこと，実習校の教員も，道徳科や道徳教育の意義や在り方を実感的に理解し，学級や学校における道徳教育を推進する確かな実力が拡充していると確信する次第である。

● 参考文献 ●

菅原友和・早川裕隆（2017）「役割演技を用いた道徳授業における教師の監督技量を養成する研修プログラムの開発についての研究」『道徳教育方法研究』22：41-50
中央教育審議会（2006）「今後の教員養成・免許制度の在り方について（答申）」
早川裕隆（2012）「教職大学院における役割演技を導入した道徳授業研修の効果」『道徳と教育』330：107-116
文部科学大臣　遠山敦子（2003）「専門職大学院設置基準（平成15年文部科学省令第16号）」

第5章 教員養成大学における道徳教育の取組 ―福岡教育大学における発展的科目 と教育実習を通じた指導―

――――堺　正之

第1節　福岡教育大学の初等教育教員養成カリキュラム

1 カリキュラムの概要

　福岡教育大学は教員養成を目的とする単科大学である。教育学部に初等教育教員養成課程，中等教育教員養成課程，特別支援教育教員養成課程を有し，入学定員はそれぞれ385名（幼児教育選修15名を含む），170名，60名である。

　2016年度に発足した現行カリキュラムでは学部の科目構成が大きく変更され，「基礎学力修得科目」「教育者素養育成科目」「教育実践力育成科目」「教育フィールド実践科目」「学士総合力科目」という独自の科目区分により編成されることとなった。これらのうち特に道徳教育にかかわるのは「教育実践力育成科目」である。本章で取り上げる初等教育教員養成課程の場合，「教育実践力育成科目」は「教育内容科目」と「教育指導法科目」から構成され，さらに「教育内容科目」は「小学専門科目」（必修20単位）と「教材開発研究」（選択必修4単位）から構成される。後述する「道徳教材開発研究」は「教育内容科目」に属していることが特徴である。一方，必修科目「道徳の指導法」と選択科目「道徳授業実践研究」は「教育指導法科目」に属している。

　また，教育実習に関わる科目は「教育フィールド実践科目」として，「学校教育課題研究（卒業研究）」は「学士総合力科目」として位置づけられている。

2 道徳教育関連科目の設置と変遷

　教育職員免許法施行規則の一部改正（1959年7月25日）により，小学校また

は中学校教員免許状取得に要する単位として「道徳教育の研究」2単位が必修とされて以来，資格要件としての道徳教育の単位数は今日に至るまで変更されていない。1964年に教育職員養成審議会（当時）が教員養成大学，学部に限定して3単位とする考えを示したことはあるが実現しなかった。また記憶に新しいところでは，道徳教育の充実に関する懇談会の報告（2013年12月26日）において「教員養成課程における履修については（中略）履修単位数を一定程度増加させることも検討すべきである」とされた。しかし，教科化決定後は目立った動きもなく，今回の教育職員免許法及び同法施行規則改正（2019年4月1日施行）では必修2単位の枠組みが維持された。福岡教育大学の現行カリキュラムでは必修科目の名称を「道徳の指導法」とし，2年次に開講している。

　道徳教育に関する科目として，本学では長らく必修科目しか開設されず，一種免許状取得のための最低基準は満たすものの，それ以上の単位を修得しようとしてもできないカリキュラムであった。1999年度の改革で「道徳教育特論」（3年前期・2単位・講義・選択）を隔年開講として開設し，最低基準に上積みすることが可能となった。現在の「道徳教材開発研究」の前身である。また，2005年度には「道徳授業実践研究」（3年前期・1単位のち2単位に変更・演習・選択）を新設し，道徳の授業技術を向上させることを目指している。

第2節　「道徳教材開発研究」

1 設置の経緯とその後の展開

　先述の「道徳教育特論」（選択）は2016年度から「道徳教材開発研究」の名称により選択必修科目として位置づけられた。道徳は各教科と比べると教職課程に教科内容に相当する科目がないため，授業を構想するための十分な基盤を築くことが難しい。結果として授業は指導過程という枠組みに頼りがちである。教育実習生が相互に授業を評価する際も，道徳の内容が児童にどのように理解されたか，児童が何を考えたかという点に基づく評価が不十分であった。内容研究を軸とする道徳の指導能力を育成するプログラムが必要だったのである。

　2016年度発足の現行カリキュラムでは，「教育内容科目」として「小学専門科目」（必修20単位）のほかに「教材開発研究」（選択必修4単位）が設定された。このうち「道徳教材開発研究」は国語，社会，算数，理科，英語，総合的学習の各教材開発研究とひとつのグループを形成しており，学生はこのなかから1科目2単位を修得する。もうひとつのグループは音楽，図画工作，家庭，体育により形成されており，このなかから1科目2単位を修得する。

　選択必修科目になったことで，開講初年の2018年度に「道徳教材開発研究」を履修登録した学生は前・後期合わせて140名を超えた。2019年度は198名，2020年度は212名を数える。2019年度からは後期に教職大学院所属の教員が1クラスを担当しており，この受講者も加算される。初等教育教員養成課程の入学定員は385名（うち15名は別カリキュラムの幼児教育選修）であるから，最近2年間は本課程学生の約半数がこの科目を選択履修したことになる。

2　授業の概要

　「道徳教材開発研究」では，小学校道徳科の内容についての理解を深めると共に，授業で用いる教材の分析方法を習得し，教材の開発とこれに基づく指導案の作成に生かす。各自で発掘・開発した教材は，筆者が作成したセルフチェックシート（23項目）により自己評価し修正を加える。また，完成した教材には仲間の評価，改善意見を添付し，最後に指導案を作成する。このような作業を通じて確かな内容観をもつことの大切さを理解させ，道徳教育の計画を内容の視点から読み解いていくことができるようにしている。

　学生が開発する教材の形式，ジャンルは限定しない。ただし(1)自身の経験，構想などをもとに創作した完全な自作教材，(2)原典は別に存在するが，これを自身の視点から教材化したもの，いずれかに該当することを条件としている。なお，この場合の「原典」とは「教科書，副読本，そのほか道徳授業用の教材として作成されていないもの」のことである。

　授業の概略は以下のとおりである。まず，受講学生の理解度の違いを考慮して，必修科目「道徳の指導法」における学習内容を確認する。「教材開発に関

する課題」提示後は「道徳の教材」をめぐる学習を行う。途中,「教材開発の構想」をレポートとして提出させ,教員からアドバイスを返す。この間,以下の内容に関する知識・理解が深まるように配慮している（項目のみ示す）。

道徳の教科化と教材
　(1)道徳授業における教材の意義　(2)道徳科教科書の誕生　(3)道徳科教材の要件
道徳科における教材
　(1)道徳科における教材の意義　(2)教材と指導観
教材分析の視点と授業構想
　(1)教材分析，教材解釈　(2)道徳の授業構想に資する教材研究　(3)交流型の教材研究　(4)教材開発へ

---

3 授業改善のための評価

　大学として実施する授業評価アンケートとは別に,「この科目をよりよくするためのアドバイス」を感想カードに記載してもらったところ① グループでの教材作成, ② 現職小学校教員の経験談に関する要望が多くみられた。

　① については, 当初, 自身のオリジナリティを重視したい学生が多いのではないかと考えていた。またグループ作業にすると特定の学生に負担が集中する, すなわち他人任せにする学生が出てくるという心配もあった。しかし,「考え, 議論する道徳」を実現するためには, 教師も教材をめぐってもっと議論する必要がある。したがって, この点は学生の意見の方が正しいと思われる。グループでの教材作成にも取り組めるようにしたい。受講学生が, 次年度の受講学生に対して, 自身の開発した教材による模擬授業を行うことも考えられる。

　② については, 自作教材に取り組んだことのある小学校教員を教員養成実地指導講師として招聘し, その経験などを紹介してもらうよう改善を図った。講師は, 本学大学院修士課程に現職教員として入学し道徳の時間の指導に関する修士論文を提出した経歴をもつ近隣学校の教員（現校長）である。

第3節　「道徳授業実践研究」

1　設置の経緯

　道徳の授業方法に関する科目として，2005年度から「道徳授業実践研究」を毎年開講している。この科目は2004年度から文部科学省の委嘱をうけて福岡県教育委員会と福岡教育大学が取り組んだ「道徳教育の充実のための教員養成学部等との連携研究事業」の一環として設置されたものである。

　「道徳授業実践研究」の名称は1999年カリキュラムの「教育実践開発研究」において，「教育実践を構想する力」を養うための試みとして学生が授業提供者と共に「授業をつくる」ことの意味と方法を探索し，道徳授業の教材研究―指導案検討―授業見学―授業記録作成―授業分析のプロセスをたどりながら，これに参画していった実践研究（堺・石硯，2001）に由来する。この研究では，通常の単発の授業参観ではえられない意義が確認された一方で，学生の主体性がどこまで発揮できるかという課題が残った。すなわち「学生が自分たちの裁量で決定したり操作したり，体験したりできる幅がどれくらいあるのか」という点である。そこから「授業のなかで，自分たちが実習で行う予定の題材を分析したり，指導案を全員が書いたりする授業も可能ではないか」という附属学校教員の指摘を生かしながら，大学の授業科目として構想したものである。

2　授業の概要

　「道徳授業実践研究」では，マイクロティーチングや模擬授業を毎回実施する。受講学生が主体的に道徳授業を設計し，協力しながら実施し，評価し合うという，授業づくりのPDCAサイクルを体験させることで，当事者意識を保ちながら授業改善を図ることの意義を理解させている。

　15回の授業計画の前半はマイクロティーチングを実施する。マイクロティーチングは小グループの学習者を対象とし，限られた教材を用いながら，5～15分程度の模擬指導を行い，その後，観察結果および評価について協議する

ことにより，授業の基礎的指導力を訓練する方法である。毎年ひとつの教材を決めて，学生たちは「導入グループ」「展開①（資料提示）グループ」「展開②（発問，話し合いなど）グループ」「展開③・終末グループ」にわかれて各回を担当する。4週間かけてひとつの授業が完成するのである。学生は発問，予想される子どもの反応，前回までの展開をうけた板書計画を考え，指導案を作成し，それをもとに，毎回，グループの代表者が担当部分の模擬指導を行う。直後の検討会では，担当箇所の指導案を配布し，授業者が自評を述べた後，全員で協議する。模擬指導の様子はビデオに収録しているので，再生して細かい言葉づかいや机間指導のしかたなどをふりかえることもできる。さらによい授業にするにはどうすればよいかとアイデアを出し合い，違う方法でもう一度，模擬指導を試みることもある。検討会で話し合われる内容は，指導技術にとどまらず，ある場面における児童（役の学生）の発言の取り上げ方などを糸口として教材解釈や内容観，指導観を相互に深く問い直すことも多い。なお，担当教員は模擬指導ならびに検討会の進め方について，適宜，批評および助言を与える。

　授業計画の後半は45分の模擬授業と授業検討会を行う。各グループは授業時間外に教材を選択，分析し，指導案を作成して，模擬授業に臨む。模擬指導・模擬授業を行うなかで基本的な指導技術についての理解が深まり，それにつれて検討会で全員が積極的に意見を述べるようになると共に，発言も質的な高まりをみせる。例年，この時期は，附属学校での教育実習を控えた3年生にとって実習で担当する教材が決まるので，実習のために作成した指導案に基づく模擬授業を行う学生も多い。

第4節　教育実習などとの関連

1 「基礎実習」（2年次）と指導案指導（3年次）

　教育実習（本実習・3年次）における査定授業に向けて行われる取組として，2年次の「基礎実習」および3年前期の「指導案指導」を紹介する。

　基礎実習は各教科の授業を構想する力を培い，本実習の基礎をつくるために，２年後期の必修科目として位置づけられ，毎週の授業として実施される。例年の内容は以下のとおりである。

- 小学校の授業づくりと指導案の作成に関する指導（2回）
- 公立学校での授業参観，協議会とその事前指導（1回），事後指導（1回）
- 附属小学校での授業参観，協議会とその事前指導（1回），事後指導（1回）
- 模擬授業（6回）（学生が6グループにわかれ，各1回を担当する）

　授業参観などは授業回数としては各2回分に相当するので，全体としては16回分の授業になる。

　授業外の取組として，学生の査定授業教科などの最初の授業について大学教員が指導案の指導を担当している。3年の6月から8月にかけて，学生が作成した指導案について個別に指導する。道徳科で査定をうける学生はほぼ基礎実習の受講者と一致するが，これに教職大学院の小学校教員免許状取得コースの学生が数名加わるので，対象は40名程度となる。各自の授業づくりに際しては，道徳教育関連科目の学修の成果が適切に生かされるよう努めている。

2 「学校教育課題研究（卒業研究）」と「教育総合インターンシップ実習」

　2016年度入学生（現行カリキュラム第1期生）のうち筆者が4年次「学校教育課題研究（卒業研究）」の指導教員を務めた学生は29名おり，全員が道徳教育に関わる研究テーマを設定した。指導に際しては研究テーマのキーワードによってA〜Dの5グループを編成し，相互の意見交換による研鑽を奨励した。

　グループA：ノート／書く（3名）評価（2名），グループB：発問（3名）表現活動（3名），グループC：情報モラル（2名）教材研究（4名），グループD：道徳の内容（4名）指導体制／カリキュラム（2名），グループE：生と死／家族（4名）郷土・ふるさと（2名）

　「教育総合インターンシップ実習」（4年後期）は，教職を強く希望する学生を対象として，1年次から3年次までの系統的な教育実習の上に，大学での学

44

修成果を総合・統合し，附属学校や協力校（公立学校など）での実践に応用することにより，教師としての資質及び力量を高めることを目指す教育実習である。学生は，各教科などの学習指導，学級運営，生徒指導などの職務に加え，学校の教育活動の運営に関する事項などについて学ぶ。

　筆者が指導教員を務めた上記学生のうち14名が「教育総合インターンシップ実習」を行い，このうち2名がその取組を卒業研究に明確に位置づけた。具体的には，① 研究内容を踏まえた授業構想，② 学習指導案に関する説明，③「教育総合インターンシップ実習」での授業記録，④ 授業評価（本時の成果と課題）という形で論文の最終章に記載されている。実践的テーマによる卒業研究には検証の難しさが伴うが，「教育総合インターンシップ実習」では一定程度の検証が可能になる。また，3年次の教育実習（本実習）で行った授業（同一教材）を改善して再度試みることができるというメリットも認められた。

・**参考文献**・…………………………………………………………………

堺正之・石硯昭雄（2001）「教員養成段階における道徳授業実践研究の意義」日本道徳教育方法学会『道徳教育方法研究』：7

堺正之・小林万里子（2006）「教員養成段階における道徳授業実践研究の意義(2)─『道徳教育の充実のための教員養成学部等との連携研究事業』の取り組みを中心に─」日本道徳教育方法学会『道徳教育方法研究』：11

堺正之（2019）「『道徳教材開発研究』開講初年度の工夫点と課題」（学部カリキュラムに関する調査研究報告書）福岡教育大学教育総合研究所

堺正之（2020）「道徳科の教材分析，教材研究」上地完治編著『道徳教育の理論と実践』ミネルヴァ書房

山田昇（1971）「教員養成制度再編成の動向」海後宗臣編『教員養成』（戦後日本の教育改革：8）東京大学出版会

教員研修における
道徳教育
―道徳教育の
実践的指導力の取組―

概要　第Ⅱ部を考察するにあたって

島　恒生

1　教員研修に求められるもの

　教員研修に関わっては，平成 27 年 12 月 21 日付の中央教育審議会「これからの学校教育を担う教員の資質能力の向上について～学び合い，高め合う教員育成コミュニティの構築に向けて～（答申）」において，教員の資質能力向上はわが国の最重要課題であるとし，次のようなことを求めている。

○教員の大量退職，大量採用等によって教員の経験年数の均衡が顕著に崩れ始め，先輩教員から若手教員への知識・技能の伝承をうまく図ることのできない状況があり，継続的な研修を充実させていく必要がある。

○各教科などの指導に関する専門知識を備えた教えの専門家としての側面，教科等を越えたカリキュラム・マネジメント力，アクティブ・ラーニングや学習評価の改善に必要な力などを高めていくことが必要。

○教員が多様な専門性を持つ人材等と連携・分担してチームとして職務を担い，学校の教育力・組織力を向上させることが必要。

　以下のことを基に，これからの教員に育てたい資質能力としてあげられたのが，以下の3つである。

○これまで教員として不易とされてきた資質能力に加え，自律的に学ぶ姿勢を持ち，時代の変化や自らのキャリアステージに応じて求められる資質能力を生涯にわたって高めていくことのできる力や，情報を適切に収集し，選択し，活用する能力や知識を有機的に結びつけ構造化する力。

○アクティブ・ラーニングの視点からの授業改善，道徳教育の充実，小学校における外国語教育の早期化・教科化，ICT の活用，発達障害を含む特別な支援を必要とする児童生徒等への対応などの新たな課題に対応できる力量。

○「チーム学校」の考えの下，多様な専門性を持つ人材と効果的に連携・分担し，組織的・協働的に諸課題の解決に取り組む力。

　当然，これらのことは，道徳教育においても同様のことである。なかでも，これまでの道徳の授業に関しては，優れた取組もあった一方で，質・量共に，十分ではなかった学校が少なくなかった。このため，教員自身が，道徳の授業をうけた経験のなさや，どちらかといえば魅力的ではない道徳の授業しかうけてこなかったという実態にもつながっている。

2 教員研修の実際

　先述の答申は，国，教育委員会，学校，その他の関係者などが一体となり，チームとしての学校の力の向上を図る措置を講じることによって，研修のための機会を確保した上で，大学などを含めた関係機関との有機的連携を図りながら，教員のキャリアステージに応じ，教員のニーズも踏まえた研修を効果的・効率的に行う必要があると述べている。

　特に，道徳教育は，道徳科を要とし，教育活動全体を通して行われることから，チーム学校として組織的・協働的に取り組む研修が求められる。ここに，今般の道徳の時間の教科化と，さらに，「主体的・対話的で深い学び」を柱のひとつとする学習指導要領の完全実施が相まって，「考え，議論する道徳」としての道徳科の実現に向けての研修に取り組む学校も増えてきている。

　そこで，「Ⅱ　教員研修における道徳教育─道徳教育の実践的指導力の取組─」の第6章から第14章では，文部科学省，独立行政法人教職員支援機構（旧教員研修センター），教育委員会，大学や附属学校，道徳教育や公民科・社会科教育の研究会，各学校などにおける教員研修のための取組を紹介したい。そこでは，教員の授業力の向上に留まらず，新たな研修プログラムの開発・普及，研修指導者の育成，研修ネットワークの構築など，多種多様な方向で取り組まれている。これらの取組が有機的に関連し合い，各学校や地域での道徳教育の推進や道徳科の授業力向上がなされることを切望する。

第6章　文部科学省の取組

――――飯塚　秀彦

第1節　文部科学省による具体的な取組

1　道徳教育アーカイブ事業

　文部科学省では，2015年3月27日に学校教育法施行規則及び小学校学習指導要領，中学校学習指導要領，特別支援学校小学部・中学部学習指導要領の一部改正をうけ，2018年度から小学校，2019年度から中学校で，道徳が「特別の教科」化されることを見据え，全国の教育委員会で作成されている指導資料や郷土教材，各学校の実践事例を収集，整理し，一元的にWEB上で発信することにより，今後の道徳教育の推進に役立ててもらうことを目的として「道徳教育アーカイブ」を設置（2017年5月31日）した。

　道徳教育アーカイブは，以下の6つの内容から構成されている。

(1)　映像資料

　実際の授業映像と授業者へのインタビューを通して，「考え，議論する道徳」の授業づくりの参考となる工夫のポイントを紹介する映像資料集である。

　2020年12月31日現在，小学校での実践6事例，中学校での実践5事例が掲載されている。各事例では，実施学年，教材名，主題，ねらい，授業のポイント（特色）が示され，1事例約20〜40分程度に編集されている。主に校内研修などで視聴し，発問や板書の工夫，学習形態などについて「自分ならばこういう工夫をする」というような話し合いをしてもらうことを想定している。

　なお，掲載されている映像資料のなかには，平成20年告示の学習指導要領

下においての実践もあるが，いずれも「考え，議論する道徳」を見据えた工夫がなされているものを取り上げている。

(2) 指導上の工夫事例（指導案）

　各都道府県などで実際に行われている道徳の授業の実践例（指導案）のうち，「考え，議論する道徳」の授業づくりの参考となると考えられる事例を紹介している。都道府県・指定都市教育委員会提供資料のうち，有識者による選定を経たもので，いずれの事例も，特定の「型」にはめるのではなく，児童生徒の実態や，取り扱う内容，教材の特性などに応じた工夫がされている。2020年12月31日現在，小学校での実践4事例，中学校での実践4事例が掲載されている。

(3) いじめ防止を扱う実践事例

　各都道府県などで実際に行われている，いじめの防止に関わる具体的な問題場面を取り扱った取組事例を紹介している。道徳の授業における実践例に加え，特別活動の一環として取り組む事例も紹介している。2020年12月31日現在，小学校での実践3事例，中学校での実践6事例が掲載されている。

(4) 教育委員などが作成した指導資料（手引き）

　都道府県などの教育委員会が教員向けに作成した道徳教育の授業づくりのポイントなどをまとめた指導資料や実践事例集を紹介している。主な掲載資料としては，後述する文部科学省の委託事業である「道徳教育の抜本的改善・充実に係る支援事業」の成果報告，道徳の教科化に関する啓発，解説資料，教師用指導資料，教育委員会作成教材集など，2020年12月31日現在，25件の資料が掲載されている。

(5) 授業で使える郷土教材

　道徳教育推進のため，都道府県などの教育委員会が作成した，郷土の伝統や

文化，偉人などに関する教材を収録した郷土教材を紹介している。2020 年 12 月 31 日現在，54 件の資料が掲載されている。

⑹　道徳教育を知るための基礎資料及び文部科学省作成教材

　道徳の教科化に伴う学習指導要領の一部改正の経緯や学習指導要領解説と，これまで文部科学省において作成してきた「わたしたちの道徳」及び「私たちの道徳」活用のための指導資料，「小学校道徳　読み物資料集」「中学校道徳読み物資料集」を掲載している。

2　道徳教育の抜本的改善・充実に係る支援事業

　道徳教育の抜本的改善・充実に係る支援事業には，2 つ趣旨が設定されている。第 1 に，2015 年 3 月 27 日の学習指導要領一部改正などにおいて，従来の「道徳の時間」を「特別の教科　道徳」と新たに位置づけ，問題解決的な学習などの指導方法の工夫を図ることとしたことなどを踏まえて，「考え，議論する道徳」へと質的に転換を図るため，改正学習指導要領を踏まえた効果的かつ多様な指導方法の普及などによる教員の指導力向上，家庭・地域との連携強化などの地域の特色を生かした取組を推進するとともに，その結果得られた道徳教育に関する成果などについて全国的な発信を行うことである。第 2 に，2018 年 3 月，高等学校学習指導要領を改訂し，人間としての在り方生き方に関する教育として，学校の教育活動全体として行う高等学校における道徳教育の充実を図ったことを踏まえ，新高等学校学習指導要領を踏まえた校長の方針の下に，道徳教育の推進を主に担当する教師（以下「道徳教育推進教師」という。）を中心に，全教師が協力して道徳教育を展開する取組を推進することである。

　この 2 つの趣旨の下，都道府県教育委員会，指定都市教育委員会，中核市教育委員会，学校法人，附属学校を置く国立大学法人を委託先（1 年間）として公募を行っている。受託団体は，設定されている事業の内容から選択して実施することとされている。以下は，2019 年 3 月 13 日に一部改正の委託要項において設定された事業の内容である。

(1)　地域の特色を生かした小・中学校における道徳教育の取組

　以下から一つないしは複数の取組を行うこととされ，この事業の内容を実施する都道府県教育委員会，指定都市教育委員会，中核市教育委員会は，(2) の事業の内容も併せて実施することとされている。

- 道徳教育に係る外部講師派遣
- 家庭・地域との連携による道徳教育の取組
- 「私たちの道徳」を含む道徳教育用教材を活用した道徳教育の取組
- その他，地域の実態や課題に応じた特色ある道徳教育の取組

(2)　「道徳教育パワーアップ研究協議会」の開催

　改正学習指導要領を踏まえた効果的かつ多様な指導方法などについて研究協議などを行い，その共有・普及を図るため，指導主事や教員などを対象とした会を開催することとされている。

(3)　道徳教育の抜本的改善・充実に係るシンポジウムなどの開催

　改正学習指導要領を踏まえ，今後の道徳教育について，教員や保護者，教育関係者などがそれぞれの立場から考え，議論するためのシンポジウムなどを開催することとされている。

(4)　高等学校における道徳教育の取組

　学校の校長の方針の下，道徳教育推進教師の役割について検討するとともに，学校における教育活動全体を通じた道徳教育に取り組むこととされている。

❸　初等教育資料及び中等教育資料

　文部科学省では，初等中等教育局教育課程課及び幼児教育課編集による『初等教育資料』と，初等中等教育局教育課程課編集の『中等教育資料』という月刊誌を発行している。

　『初等教育資料』は，1950 年に創刊され，2020 年 11 月の記念増刊号で 1000

号の節目を迎えた。誌面構成は，通常2つの特集記事と連載記事で構成されている。特集Ⅰは，学習指導要領で重視されている教育課題の周知と理解についての記事，特集Ⅱは，学習指導要領に基づく授業づくりの考え方と具体的な実践方法の紹介記事となっている。

　教科化の方向性が打ち出された教育再生実行会議第一次提言「いじめの問題等への対応について」が，2013年2月26日に出されているので，2013年4月号以降の特集で，道徳教育に直接的に焦点を当てているものを，以下に列記する。

　2013年11月号
　　特集Ⅰ：学校の教育活動全体を通じて行う道徳教育
　2014年2月号
　　特集Ⅱ：道徳　学習指導要領における指導のポイント―道徳的価値の自覚
　　　　　　を深める道徳の時間の展開
　2014年7月号
　　特集Ⅰ：『私たちの道徳』教材の特質と活用のポイント
　2015年3月号
　　特集Ⅱ：道徳　学習指導要領における指導のポイント―「道徳に係る教育
　　　　　　課程の改善等について（答申）」が求めること
　2015年7月号
　　「特別の教科　道徳」
　2016年4月号
　　特集Ⅱ：道徳　学習指導要領における指導のポイント
　　　　　　道徳教育におけるカリキュラム・マネジメント
　2016年5月号
　　特集Ⅰ：「特別の教科　道徳」の実施に向けた道徳教育の推進
　2017年10月号
　　特集Ⅱ：道徳　新学習指導要領に向けた指導の在り方
　　　　　　「考え，議論する道徳」の実現に向けて

2018 年 1 月号

　　特集Ⅰ：道徳科の全面実施に向けて

2018 年 11 月号

　　特集Ⅱ：道徳　今，求められる授業の質的転換

2018 年 12 月号

　　特集Ⅰ：道徳科を要とした道徳教育の展開—変わること，変わらないこ
　　　　　　と，求められること—

2019 年 4 月号

　　特集Ⅰ：各教科等における道徳教育の充実

2019 年 12 月号

　　特集Ⅱ：道徳　子供が自らの成長を実感し，意欲の向上につながるような
　　　　　　道徳科の評価

2021 年 1 月号

　　特集Ⅱ：道徳　今，求められる心の教育

　　一方の『中等教育資料』は，1952 年に創刊され，2019 年 9 月号で 1000 号の節目を迎えた。誌面構成は，通常ひとつの特集記事と連載記事で構成されている。特集記事は，学習指導要領のねらいや授業の実践，中学校及び高等学校教育における教育課題などについて取り上げている。また，連載記事の「各教科等の改善／充実の視点」は，各教科などの担当視学官，教科調査官による執筆となっており，道徳教育関連の連載は年 9 回となっている。

　　『初等教育資料』と同様，2013 年 4 月号以降の特集で，道徳教育に直接的に焦点を当てているものを，以下に列記する。

　2014 年 2 月号

　　特集：自他の生命を尊重する心を育成する道徳教育の推進

　2014 年 9 月号

　　特集：中学校学習指導要領実施上の課題とその改善 4 〈道徳，総合的な学
　　　　　習の時間，特別活動〉

2014 年 10 月号

　　特集:『私たちの道徳』を活用した道徳教育の推進

2015 年 6 月号

　　特集:「特別の教科　道徳」の特質と展開

2016 年 6 月号

　　特集:「特別の教科　道徳」全面実施に向けて

2017 年 11 月号

　　特集:中学校学習指導要領の改訂と各教科等の展望(4)〈特別の教科　道
　　　　　徳，総合的な学習の時間，特別活動〉

2018 年 1 月号

　　特集:「特別の教科　道徳」の全面実施に向けた指導の改善

2018 年 5 月号

　　特集:「特別の教科　道徳」の全面実施に向けた授業改善と評価の取組

2019 年 5 月号

　　特集:変わる中学校・高等学校の道徳教育

2021 年 3 月号

　　特集:道徳教育の更なる推進・充実に向けて

第2節　国立教育政策研究所における取組

　国立教育政策研究所では，学習指導要領に基づく教育課程が円滑に実施されるために，特に重要な課題について研究テーマを示し，指定校や指定地域で実践的な研究を進める「教育課程研究指定校事業」を行っている。

　国立教育政策研究所のウェブサイトにおいて，各指定校が実施する公開研究会などの情報発信の他，研究成果報告書を公開するなど，成果の普及に努めている。

　また，国公私立の幼稚園，小学校，中学校，高等学校，中等教育学校及び特別支援学校における学習指導について，指導上の課題や困難がみられる内容などに関する優れた実践などを検証し，その成果を広く普及し，もって学校にお

ける学習指導の改善充実に資することを目的として,「学習指導実践研究協力校事業」を実施している。

　なお,「教育課程研究指定校事業」及び「学習指導実践研究協力校事業」は,令和3(2021)年度より国公私立の幼稚園,小学校,中学校,義務教育学校,高等学校及び中等教育学校などにおいて,幼児児童生徒が学習に取り組む様子の観察などを通じて,学習指導上のさまざまな実践を客観的に検証することや全国的な学力調査などと学習の実現状況を相補的に捉えることにより,教育課程の基準の改善充実などに必要となる情報の収集などを行うことを目的とする「教育課程実践検証協力校事業」に再編されることになっている。

第7章 教員研修センターの取組

──── 小林　園

第1節　教員研修センターから教職員支援機構へ

　長年，教職員等中央研修や教育課題研修としての「道徳教育指導者養成研修」を実施してきた「教員研修センター」は，平成28（2016）年教育公務員特例法が改正され，平成29（2017）年4月に「教職員支援機構」として再スタートを切った。

　筆者は，この4月に研修プロデューサーとして着任し，2年間道徳教育指導者養成研修に携わったため，本章を執筆することになった。

　教員研修センターは，平成13（2001）年に発足しており，20年の歴史しかない。しかしながら，教員研修センターと教職員支援機構が実施した道徳教育指導者養成研修を受講した教職員数は16,000人を超えている。筆者が担当した平成30年度は，教職員支援機構で実施したすべての研修の受講者は約8,000人で，そのうち道徳教育指導者養成研修（中央研修，ブロック別研修合わせて）の受講者は約1,000人であった。教職員支援機構の研修事業において大きなウェートを占めていると同時に，教育現場におけるニーズの高さが窺える。

　現在の教職員支援機構が実施している道徳教育指導者養成研修は，文部省が実施していた「道徳教育校長等指導者養成実践講座」を引き継いでいる。平成9年度以降の資料しか残されていないが，平成9年，10年度は年に1回4日間の日程で実施され，各260人程の小学校，中学校の校長，教頭及び教育委員会などの指導主事が受講している。平成11年，12年度は中央で行う研修に加え，各都道府県教育委員会と連携して全国の自治体でも実施し，道徳教育の指導者養成に力を注いだ。

第2節　道徳教育指導者養成研修の趣旨（目的）及び受講資格の変遷

　本研修は，教職員支援機構に資料が残っている平成9年度から一貫して，「道徳教育推進の中核的指導者」の養成に焦点を当てて実施してきた。令和元年度までの本研修の趣旨（目的）及び受講対象者をみてみると，平成9年度から平成16年度までは，校長，教頭及び指導主事（それに準じる者）となっており，学校や地域の道徳教育推進に強い影響力を発揮するであろうと考える立場の方々を対象としている。平成11年度から16年度は，PTA関係者も本研修に一部参加していた。近年，「地域とともにある学校」の推進が求められているが，このころからすでに，地域と一体となって教育を進めることの重要性を強調していたことが窺える。

　平成17年度からは，これらに教諭が加わっている。ただし，本研修を受講した者が，各地域で行われる道徳教育指導者養成研修（ブロック別指導者研修）の講師などになることを想定している。平成20年度改正学習指導要領で，小学校，中学校には道徳教育推進教師を置くものとされ，本研修も表題に「道徳教育推進教師の育成に向けて」を副題に加えている。

　以下，平成9年度からの趣旨と受講資格についての変遷である。

【平成9，10年度道徳教育校長等指導者養成実践講座（中央各1回）】

〈趣旨〉　　　道徳教育実施上の重要問題について専門的な研修を行うことにより，道徳教育推進の中核的指導者となる人材を育成し，もって，小学校及び中学校における道徳教育の一層の充実を図る。

〈受講資格〉　原則として公立の小学校または中学校の校長若しくは教頭で，今後，道徳教育推進の中核的指導者となる者。

　なお，平成10年度は，行政担当者養成講座と合同で実施した資料が残っている。本講座の趣旨は，「道徳教育について，より適切な指導や助言を行うことができる指導行政担当者を養成することによって，地域及び学校における道徳教育の一層の充実を図る。」とし，受講資格は，「都道府県または市

町村の教育委員会において, 道徳を担当する指導主事」とされている。平成
11 年度以降はひとつの講座として実施することになったようである。

【平成 11 年度 (中央 2 回), 12 年度 (中央 1 回) **道徳教育連携・推進講座**】

〈趣旨〉　　道徳教育について, 教員をはじめ保護者や地域住民が, 道徳教
育に関心を払い, 学校の指導に積極的に参加するとともに, そ
れぞれ道徳教育の重要性について自覚し, 道徳教育の課題や指
導方法などについて指導力を高めることによって, 中核となる
指導者を養成し, 連携して道徳教育の一層の充実を図る。

〈推薦人員〉　校長若しくは教頭, 指導主事, PTA 関係者

【平成 11 年度道徳教育連携・推進講座 (都道府県講座)】

〈趣旨〉　　道徳教育の基本問題及び指導上の諸問題について研修を行い, 教
員の実践的指導力の向上を図るとともに, 保護者や地域住民との
交流を深め, 学校及び地域社会における道徳教育の一層の充実に
資する。

〈参加者〉　指導主事, 国・公・私立学校の教員, PTA 関係者 (保護者・地域
住民) (校長及び教頭も可)

【平成 12 〜 16 年度道徳教育連携・推進講座 (都道府県講座)】

〈趣旨〉　　道徳教育の基本問題及び指導上の諸問題について都道府県教育委
員会との連携・協力の下で研修を行い, 教員の実践的指導力の向
上を図るとともに, 保護者や地域住民との交流を深め, 道徳教育
推進の中核的指導者・協力者となる人材を育成し, 学校及び地域
社会における道徳教育の一層の充実に資する。

〈参加者〉　平成 11 年度と同じ

【平成 13 〜 15 年度道徳教育連携・推進講座 (各年中央 2 回)】

〈趣旨〉　　道徳教育の重要性について保護者や地域の人びとの理解を促
し, 学校の教育活動に積極的な参加をえて, 学校・家庭・地域
社会が連携した道徳教育を進めるとともに, 指導計画, 指導方
法の工夫・改善を進めていくことのできる, 道徳教育の中核と

なる指導者を養成し，道徳教育の一層の充実を図る。

　〈推薦対象〉　校長，教頭，指導主事

【平成 16 年度道徳教育を推進するための中核となる指導者の養成を目的とした研修〔中央指導者研修〕（道徳教育連携・推進講座）2 回】

　〈目的〉　　　各都道府県，指定都市及び中核都市において道徳教育を担当する指導主事などに対し，児童生徒の実態に即した道徳教育の推進，社会奉仕体験活動の活用などについて，必要な知識等の修得をはじめ資質・能力の向上を図るとともに，受講者により，各地域において本研修内容を踏まえた研修の講師等としての活動や各学校への指導・助言等が行われるようにする。

　〈受講資格〉　都道府県・指定都市・中核都市教育委員会の指導主事及び教育センターの指導主事並びにそれに準じる者

　　　　　　　　「平成 16 年度道徳教育推進のための指導者養成研修（地区別研修講座）」等の講師等として，各地域において本研修内容を踏まえた研修を実施することができる者

【平成 17 ～ 19 年度道徳教育を推進するための中核となる指導者の養成を目的とした研修〔中央指導者研修〕1 回】

　〈目的〉　　　道徳教育を担当する指導主事等に対し，児童生徒の実態に即した道徳教育の推進，社会奉仕体験活動の活用等について，必要な知識等を修得させ，各地域において本研修内容を踏まえた研修の講師等としての活動や各学校への指導・助言等が受講者により行われることを目的とする。

　〈受講資格〉　都道府県・指定都市・中核都市教育委員会の指導主事及び教育センターの指導主事並びにそれに準じる者

　　　　　　　　小学校，中学校，高等学校，中等学校並びに特殊教育諸学校（平成 19 年度からは特別支援学校）の校長，教頭及び教諭であって，「道徳教育を推進するための中核となる指導者の養成を目的とした研修（ブロック別指導者研修）」等の講師等としての活

　　　　　動を行う予定である者

【平成 17 〜 19 年度道徳教育を推進するための中核となる指導者の養成を目的
とした研修（ブロック別指導者研修）】

　〈目的〉〈受講資格〉　平成 17 年度中央指導者研修と同じ

　※平成 11 年度から平成 16 年度の都道府県講座及び地区別研修講座は各都道
　　府県で実施していたが，平成 17 年度は全国を 5 ブロックに分け，平成 18
　　年度からは 6 ブロックに分けて実施することになった。

【平成 20 〜 27 年度道徳教育指導者養成研修〔中央指導者研修〕〜道徳教育推
進教師の育成に向けて〜 1 回】（副題の「道徳教育推進教師の育成に向けて」は平成
30 年度まで同じ。）以下は省略する。

　〈目的〉　　　道徳教育を担当する指導主事等に対し，発達の段階に応じた指
　　　　　　　　導内容の重点化や道徳教育推進教師を中心とした指導体制と道
　　　　　　　　徳教育の展開，魅力的な教材の活用等道徳の時間の指導の充
　　　　　　　　実，体験活動や実践活動の推進等について，必要な知識等を修
　　　　　　　　得させ，各地域において本研修内容を踏まえた研修の講師等と
　　　　　　　　しての活動や各学校への指導・助言等が，受講者により行われ
　　　　　　　　ることを目的とする。

　〈受講資格〉　都道府県・指定都市・中核都市教育委員会の指導主事及び教育
　　　　　　　　センターの研修担当主事並びにそれに準じる者
　　　　　　　　小学校，中学校，高等学校，中等教育学校並びに特別支援学校
　　　　　　　　の校長，副校長，教頭，主幹教諭，指導教諭及び教諭であっ
　　　　　　　　て，「道徳教育指導者養成研修（ブロック別指導者研修）」等の講
　　　　　　　　師等としての活動を行う予定である者

【平成 20 〜 27 年度道徳教育指導者養成研修〔ブロック別指導者研修〕6 ブロック】

　〈目的〉　　　平成 20 〜 27 年度中央指導者研修と同じ

　〈受講資格〉　中央研修の規定から「道徳教育指導者養成研修（ブロック別指
　　　　　　　　導者研修）等の講師等としての活動を行う予定である者」を除
　　　　　　　　く

【平成 28 年度道徳教育指導者養成研修〔中央指導者研修〕1 回】

〈目的〉　道徳教育を担当する指導主事等に対し，発達の段階に応じた指導内容の重点化や道徳教育推進教師を中心とした指導体制と道徳教育の展開，魅力的な教材の活用など道徳の時間の指導の充実，体験活動や実践活動の推進等，について，必要な知識等を修得させ，各学校や地域における本研修の内容を踏まえた研修のマネジメントを推進する指導者の養成を図る。

〈受講資格〉　都道府県・指定都市・中核都市教育委員会の指導主事及び教育センターの研修担当主事並びにそれに準じる者
小学校，中学校，義務教育学校，高等学校，中等教育学校並びに特別支援学校の校長，副校長，教頭，主幹教諭，指導教諭及び教諭であって，「道徳教育指導者養成研修（ブロック別指導者研修）」等の講師等としての活動を行う予定である者

【平成 28 年度道徳教育指導者養成研修〔ブロック別指導者研修〕6 ブロック】

〈目的〉　平成 28 年度中央指導者研修と同じ

〈受講資格〉　平成 27 年度ブロック別指導者研修と同じ

【平成 29 年度道徳教育指導者養成研修〔中央指導者研修〕1 回】

〈目的〉　道徳教育を担当する指導主事等に対し，校長のリーダーシップの下，学校の教育活動全体を通じて行う道徳教育や道徳教育推進教師を中心とした指導体制と道徳教育の展開，「特別の教科道徳」の実施に向けた指導と評価，魅力的な教材の活用，実践活動や体験活動の推進等について，必要な知識等を習得させ，各学校や地域における本研修の内容を踏まえた研修のマネジメントを推進する指導者の養成を図る。

〈受講資格〉　平成 28 年度までの受講資格に加え，当機構の修了証書をもって単位認定を行う（予定を含む）教職大学院の学生

【平成 29 年度道徳教育指導者養成研修〔ブロック別指導者研修〕6 ブロック】

〈目的〉　平成 29 年度中央指導者研修と同じ

〈受講資格〉 平成27年度ブロック別指導者研修と同じ

【平成30年度道徳教育指導者養成研修〔中央指導者研修〕1回】

〈目的〉 「魅力的な教材の活用」と「各学校」が削除

〈受講資格〉 平成29年度と同じ

【平成30年度道徳教育指導者養成研修〔ブロック別指導者研修〕6ブロック】

〈目的〉 平成30年度中央指導者研修と同じ

〈受講資格〉 平成29年度ブロック別指導者研修と同じ

【令和元年度道徳教育指導者養成研修（中央指導者研修）2回】

〈目的〉 道徳教育を担当する指導主事等に対し，校長のリーダーシップの下，学校の教育活動全体を通じて行う道徳教育や道徳教育推進教師を中心とした指導体制と道徳教育の展開，実践活動や豊かな体験活動の充実，「特別の教科 道徳」の指導と評価等について，必要な知識等を習得させ，各学校や地域における本研修の内容を踏まえた研修のマネジメントを推進する指導者の養成を図る。

〈受講資格〉 平成29年度と同じであるが，第1回は小学校，中学校部会は指導主事を対象とし，「小学校，中学校，義務教育学校，高等学校，中等教育学校並びに特別支援学校の校長，副校長，教頭，主幹教諭，指導教諭及び教諭であって，『道徳教育指導者養成研修（ブロック別指導者研修）』等の講師等としての活動を行う予定である者」は第2回のみ受講できることとした。

　なお，研修日数は，中央研修は平成9年度から16年度までは4日間，平成17年度からは5日間の日程で実施している。各都道府県やブロック別での研修は平成11年度から令和元年度までは3日間の日程である。

　主催は平成9年度から12年度までは文部省，平成13年度からは文部科学省と教員研修センターで，平成16年度から文部科学省は共催者になっている。教員研修センターは平成29年度教職員支援機構に改称。また，各都道府県やブロック別での研修は，これらに開催都道府県教育委員会が加わっている。

第3節　研修内容について

　研修内容は，当然各年度の趣旨（目的）に合わせて考えられている。平成16年度からは，研修名が「道徳教育を推進するための中核となる指導者の養成を目的とした研修」となり，主な受講対象が指導主事とされ，「道徳教育の充実のための研修プログラムの作成」の演習と「研修講師となるために」という課題協議が設定されている。この演習と協議は，形態が変わってはいるが，令和元年度まで引き継がれている。

　平成17年度からは，高等学校部会が設置され，「人間としての在り方生き方に関する教育」に係る演習や協議が中央研修では2日間，ブロック別研修では1日設けられた。同年度から小学校，中学校部会では，授業づくりに係る演習がこの年度から取り入れられ，学習指導案の作成や模擬授業の演習が始まった。ブロック別研修では指導案の作成までで，模擬授業は実施していない。

　平成9年度から平成24年度までは，「心の世界を探る」（平成9），「子どもの心を育てる道徳教育」「熱き感動を求めて」（平成13），「アメリカ道徳教育事情」（平成14），「諸外国の道徳教育から我が国の道徳教育を考える」（平成16），「若者の感性と道徳教育」（平成20），「人間としての在り方生き方を考える」（平成22）などの広く道徳教育について考える機会としての講演・講義が設定されていたが，平成25年度からは，より具体的な指導方法等を学ぶ講義や演習が増えていった。

　学校における道徳教育の取組事情については，地域や学校ごとに温度差があり，本研修のプログラム作成には本当に苦労した。しかし，参加される受講者や推薦される教育委員会などの本研修に対する期待は大きい。今後もさらなる工夫改善を重ね，充実した研修になることを期待している。

大学における教育委員会，学校等と連携した取組

───── 植田　和也

第1節　連携による道徳教育研修の推進

1 連携による道徳教育研修「道徳ラボ」の取組

　道徳教育に関する校内研修の機会の少なさや各教員の学習指導要領解説等の理解不足が，道徳科の授業への不安や疑問の背景として少なからず感じられる。大学がこのような課題に，行政機関と連携・協働して道徳教育について学べる研修機会を提供してきた取組を紹介する。具体的には，香川大学教職大学院（以下，教職大学院と略記）で2016年度から継続的に実施してきた「道徳ラボ」を核とした事例をもとに，教育委員会，学校等との連携について考える。

　「道徳ラボ」のラボには，コラボレーション（collaboration）やラボラトリー（laboratory）の意味を込めて，覚えやすくよびやすい愛称とした。2016年度にスタートし，2016，2017年度は「かがわ道徳ラボ」，2018年度は，「四国道徳ラボ」，令和元年度からは「道徳ラボ」として実施してきた。通称「道徳ラボ」と，運営担当者だけでなく参加者にも道徳教育研修名として親しまれてきた。

　「道徳ラボ」は，教職大学院が，香川県教育委員会，香川県教育センターとの連携・協働による事業として，2016年度から，nits（独）教職員支援機構の委嘱事業「教員の資質向上のための研修プログラム開発支援事業」の採択をうけながら，継続的に取り組んできた研修の場である。具体的に取り組んだ主な内容は，下記の通りである。

図表8－1　道徳ラボの概要図（2018年度の四国道徳ラボの取組）

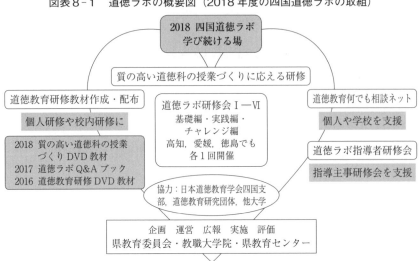

図表8－2　2016年度から2019年度までの「道徳ラボ」概要

年度	主な内容　　参加者数	
2016	道徳ラボ公開講座2回，道徳ラボ研修会2回，道徳ラボ指導者研修会1回，	383名
2017	道徳ラボ公開講座2回，道徳ラボ研修会4回，道徳ラボ指導者研修会1回，	553名
2018	道徳ラボ研修会6回，（香川3回，四国他県各1回）道徳ラボ指導者研修会1回，	601名
2019	道徳ラボ研修会3回（英語ラボ2回），	261名（道徳のみ）

出所）道徳ラボ実施報告書2016～2019

2 連携による研修の実際

(1) 道徳ラボ公開講座

　教職大学院では，道徳教育を柱とする特色あるカリキュラムを編成し，道徳教育に関する授業科目を3科目設定している。その授業内容の2回分を公開講座として実施し，教科化に係る最新の情報や道徳教育，道徳の授業づくりについて，学校の教員に無料で教職大学院生と共に学ぶ機会を提供してきた。

　また，2019年度からは県教育センターとの連携事業として，教職大学院の道徳関係の授業の一部が連携研修として位置づけられるようになった。

⑵　道徳ラボ研修会

　道徳ラボ研修会は，土曜日の午後に，講演会，シンポジウム，実践報告，授業づくり演習，何でも Q&A など多彩な内容で実施した。研修会の講師招聘では，日本道徳教育学会の多くの会員に依頼して協力をえることができた。

　また，2018 年度は香川県だけでなく，日本道徳教育学会四国支部などの協力もえながら四国各県で実施した。内容も，参加者が抱く「研修での学びを授業に生かしたい」というニーズを大切に，勤務校でもやってみたいと思えるチャレンジ編として，6 月は発問中心に，10 月は板書構成に，12 月は模擬授業に焦点を当てて，校内研修で活用できる演習を位置づけてきた。その際，県教育センターの協力をえて実践的な内容の充実を図ることができた。

⑶　道徳ラボ指導者研修会

　香川県内の全指導主事が対象となる指導主事研修会の開催時に，道徳ラボ指導者研修会を設定した。指導主事としての道徳の教科化に関する指導力向上につなげてほしい目的で，指導主事会と連携をして 2016 年度から 3 年間実施した。普段の担当内容が道徳教育ではない全指導主事を対象として道徳の教科化に関する基本的事項の確認や学校訪問などで出された質問について協議する内容とした。限られた時間だが，基本的事項のミニ講義を行い，その後グループで出された質問に教職大学院の担当教員が可能な範囲で答えていった。

⑷　相談や質問への対応と支援～道徳教育何でも相談ネット～

　学校現場や個人の道徳科に関する不安や悩みなどに答えるために，「道徳教育何でも相談ネット」を実施してきた。方法として，電話，大学への来訪，電子メールでのやりとり，公開講座の個別相談時間や道徳ラボ研修会での「道徳何でも Q&A」の時間，研修会の終了後の時間の活用など多様である。

　寄せられた相談や質問は，県内外から毎年約 30 ～ 40 件程である。返答の際にも，道徳研究指定校や県内道徳関係団体，日本道徳教育学会四国支部会員などの協力をえながら，実践者同士をつなぐ役割も意識してきた。

相談・質問内容は，評価，今後の教科書や教材について，全体計画・年間計画の修正の手順やポイント，道徳教育に関する図書の紹介や問合せ，道徳科の趣旨を踏まえた授業づくり，校内研修の工夫や教員への共通理解について，が主なものである。以下にメールで寄せられた質問や相談の一部を紹介する。

A小学校道徳教育推進教師からメールでの質問や相談
　道徳的価値についての深い理解が重要だと感じますが，具体的に価値の理解を深めることが難しいです。道徳的諸価値の勉強はどうすればよいですか？
B中学校教頭先生よりメールでの質問や相談
　先進校視察の推薦，研究会と〇〇学校の授業参観，感謝です。さて，〇〇道徳教材について，地域の方に来校いただき，お話と教材をどのようにつないだらよいか見通しがつかないことなど，悩んでいます。

第2節　連携において大切にしてきた点

1 目的の共有と相互理解

(1) 目的の共有を図りできることからの実践

　連携して研修の場を創設するにあたり，担当者間において目的を共有することが何より大切である。多様な形の連携があるが，双方にとって研修に関する目的の共有を図りながら，進め方や内容を工夫していく過程で連携がより深まる。互いの依頼したい内容を一方的にお願いする場合やギブアンドテイクのように条件を設定する場合もみられがちだ。それ自体が悪いのではないが，互いに共有する目的を明確にして何ができるのか，その一歩を話し合うことからである。目的に向かって共につくっていこうという姿勢を大切にしてきた。

(2) 互いの道徳教育に関する内容の理解と多様な情報交換

　道徳科の全面実施に加えて，県全体の道徳教育推進のために大学に何ができるのか，行政機関と連携しながら大学の知見や人材がどのように生かせられるのか，情報交換をしながら知恵を出し合ってきた。また，打ち合わせや研修会

実施の過程において，大学の担当教員が県の道徳教育研修内容を理解すること，行政機関の担当指導主事が大学の道徳授業科目の内容を理解することなど，互いの養成・研修の実施内容への理解が深まってきた。

　さらに，研修を協働して構築するよさには，大学教員が把握しにくい学校現場のニーズや現状を具体的に担当指導主事から教えていただき，研修内容や演習の方法などに活かすことがあげられる。教員養成や教職大学院の立場で何ができるのか，養成と研修の一体化を推進したい。

2 組織体制づくりと柔軟な運営

(1)　共に研修をつくる組織を意識

　教職大学院が行政機関との連携・協働に加えて，日本道徳教育学会四国支部や四国内の道徳教育研究団体とも協力しながら，より広範囲に周知・啓発して協力をえてきた。そのような組織体制づくりを通して，大学や行政が具体的に何をすべきなのか，研修の在り方も含めて考えてきた。複数の機関や立場の違う人によって行われる連携・協働となる道徳教育研修の場を創設しようとする過程が基盤をより強固にしてきたといえる。その過程では，事前協議や打ち合わせを実施し，その後，連携協議会を実施してきた。特に，大学では，事務担当にも組織に加わっていただいたことは効果的であった。

(2)　開催時期と開催場所

　研修会などを企画する際に行政機関から，他の研修日程などの情報をえながら開催日の決定を検討したい。公開講座（2019年度からは連携研修）では，教職大学院の授業が平日のために，小・中学校が夏休みの半日（平日）を開催にあてた。学校現場の先生方が他の研修や道徳関係の研修との重複はないのか，検討を重ねて配慮した。道徳ラボ研修会は，土曜日の午後としたが，同様の配慮を重ねながら実施した。公開講座は当初，教職大学院の授業でもあり大学で実施したが，道徳ラボ研修会や連携研修では，県教育センターを開催場所とすることもあり，参加者が県教育センターの駐車場を利用することができ，研修へ

の参加意欲の後押しともなった。

3 参加者の声を大切に改善

　毎回，参加者のアンケートや自由記述の感想などをもとに，学校現場のニーズに応えられる内容のヒントを探してきた。その過程で，実践につながる研修や学校に広げられる内容の改善を強く意識してきた。たとえば，2018年度の研修内容は，前年度の参加者の声に応えて，授業づくりに焦点をあてながら，授業づくりの① 基礎編，② 実践編，③ チャレンジ編と，研修の内容構成をできる限り3層としてきた。内容や教材などに応じて演習を取り入れて，具体的なポイントを学びながら，ステップアップできる研修を意図した。たとえば，一回3，4時間の研修のスタートは，基礎編から，そして実践編やチャレンジ編へと展開するイメージである。そのような構成の意図は，基礎的なことから実践につながるように計画することで，道徳科の目指す授業像を意識しながら力量形成を図っていきたいと考えたからである。

　また，下記のような参加者の声に励まされて継続できたともいえる。

　「学校現場での実践を念頭においた研修会であり，勉強になることばかりでした。たとえば"30分でできる校内研修"の演習では，個人的に発問の工夫を学ぶことができたことに加え，道徳教育を充実させるための研修として所属

図表8-3　2018年度の道徳ラボ研修内容（一部抜粋）

研修内容に基礎編，実践編，チャレンジ編の位置付け（H30 一部抜粋）
基礎編：総則や解説「特別の教科　道徳」の基本的事項をもとに是非，理解してほしい内容をもとに構成
○「道徳科の授業づくりに係る基礎的事項の確認」
○「いじめ問題に関する道徳教育での基本的な確認」
実践編：道徳科の実践を学んだり，授業づくりのイメージが広がったりする内容を構成
○実践報告・ディスカッション「道徳科1年目の実践から」
○実践紹介「道徳科における○○小学校での取り組み」
チャレンジ編：個人や校内研修で取り組んでみようと思える内容を演習的活動に取り入れて構成
○「校内研でやってみよう　発問づくり」
○「校内研でやってみよう　板書構成の検討」

校へ還元するという側面からも大変参考になりました。」

　道徳ラボに参加した方は，研修会の資料を活用して校内研修の場を設定するなど，何をすべきかの方向性や不安軽減に少なからず役立てたようである。

4 学びの広がりや深まりを支援する道徳教育研修教材の作成

　個人研修や校内研修に活用できる道徳教育研修教材を毎年冊子やDVDとして作成し配布してきた。4年間の作成教材は図表8-4の通りである。

図表8-4　道徳ラボで作成してきた道徳教育研修教材

2016年度道徳教育研修DVD教材「かがわ道徳ラボ」教科化の背景や趣旨の理解に関する教材

2017年度道徳教育研修教材「かがわ道徳ラボQ&A」：道徳科に関する基本的な内容のQ&A式研修教材

2018年度四国道徳ラボ道徳研修DVD教材「質の高い道徳科の授業づくりをめざして」：授業づくりの基本的な内容を示した研修教材

2019年度道徳ラボ―校内研修の充実―30分で挑戦！演習用シート教材集：短時間でもできる校内研修や学年団研修に活用できる研修教材

　これらの教材が参加者の学びの広がりに繋がった事例の一部を紹介する。

事例1　2016年度の教職大学院生の置籍校がDVD研修教材を校内研修で活用→各教員の疑問や悩みを「道徳何でも相談ネット」でやり取り→複数教員が2017年度道徳ラボに参加→夏休み校内研修を支援・協力→2018年度も継続的に参加。

事例2　2017年度作成教材を他県の指導主事が，研究指定校などへ紹介し活用→2018年度四国道徳ラボに参加→県を超えて道徳教育に関する情報交換と研修情報の共有。その後も，継続的に参加し研修教材の活用と使用後の反応の報告など。

5　連携の継続と発展

2019年度より，「道徳ラボ」はNITS四国アライアンスの研修講座としても位置づけて研修の場として提供している。さらに，2016年度には道徳ラボ公開講座としていた教職大学院の道徳に係る授業科目の一部を，2019年度より香川県教育センターの教職員研修として受講できるように試みてきた。連携を継続するなかで改善を積み重ねながら，受講者のニーズに応じた研修の場づくりを今後も提供していきたい。

• 参考文献 •
香川大学教職大学院・香川県教育委員会・香川県教育センター（2016，2017，2018，2019）『教員の資質向上のための研修プログラム開発支援事業実施報告書』

教育委員会の取組

第1節　広島県の取組

―――――大橋　美代子，渡辺　剛

　広島県教育委員会では，県内すべての子どもたちの「心の元気！」を育てるため，平成14年度から道徳教育の充実を図るさまざまな施策を展開してきた。

　その結果，県内の市町に道徳教育推進協議会が設置されるなど推進体制が確立されると共に，道徳教育に関する専門的な力量を高めた推進リーダーを中核として，各地域の特色を踏まえた取組が推進されてきている。ここでは，これまでの本県における道徳教育の推進のための主な取組について，「基盤・体制づくり」「人材育成・体制づくり」「中身づくり」の3つの柱を基に紹介する。

1 基盤・体制づくり

　広島県教育委員会は，1998（平成10）年に，教育内容及び学校の管理運営の問題について全体的な見直しを図り，道徳教育においても，適正・的確に実施するため，全国に先駆けて道徳教育係を設置し，道徳教育の充実に取り組んだ。

　平成14年度から17年度まで，主に道徳教育推進のための「基盤・体制づくり」を行った。

(1)　「豊かな心を育むひろしま宣言」の発信（平成14年度）

　広く県民が力を合わせて道徳教育を推進する気運の醸成を目指し，県教育委員会としても積極的に道徳教育の推進に取り組むことを宣言するものとして，「豊かな心を育むひろしま宣言」（図表9-1）を発信した。まさに，広島県における道徳教育の新たなスタートであった。

74

図表9-1 「豊かな心を育む
ひろしま宣言」

(2) 道徳教育実践研究指定事業の実施 (平成14〜17年度)

　平成14 (2002) 年度から，小・中学校における道徳教育を進めるための学校体制の確立と道徳の時間の指導改善を通して道徳教育の充実を図るため，「広島県道徳教育実践研究指定事業」を実施した。

　本事業では，平成17 (2005) 年度までの4年間で，県内全域に合計60校（小学校32校・中学校28校）の実践研究校を指定し，道徳教育に集中的に取り組むための教員を加配し，主に次のような業務を担うこととした。

○道徳教育の全体計画及び道徳の時間の年間指導計画について実践研究を行い，充実を図る。
○全学年における道徳の時間の授業計画の立案及びティーム・ティーチングによる協力的な指導を行い，優れた道徳の授業が展開できるようにする。
○道徳の授業の優れた取組を実践事例として蓄積する。
○家庭・地域との連携の推進者としての役割を担う。
○道徳教育の校内研修を推進するとともに，近隣校の道徳教育担当者を含む研修を企画・運営する。
○広島県教育委員会が開催する定例報告会（年間10回実施）に出席し，実践研究の報告を行う。

　その結果，実践研究校では，道徳の授業改善が進み，「道徳の時間が楽しい。」「道徳の時間はためになる。」など，道徳の授業を大切だと考える児童生徒が増えるとともに，暴力行為やいじめなどの問題行動も減少するといった効果もみられた。また，実践研究校に地域拠点校としての役割を担わせた結果，実践研究校周辺地域の学校を含めた協議会が組織され，近隣の学校でも道徳教育の研究が行われるようになった。さらに，平成18年度には県内すべての市町に道徳教育推進協議会が設置され，各地域の実態や特色を生かした取組が推

進されるなど各市町が主体的に道徳教育を推進する基盤が整った。

⑶　高等学校道徳教育推進指定校における取組の推進

　高等学校においては，平成16年度，文部科学省「児童生徒の心に響く道徳教育推進事業」の指定校として，松永高等学校，瀬戸田高等学校，福山明王台高等学校の３校が取組を始めて以降，これまで計23校で道徳教育の研究を推進してきた。

　瀬戸田高等学校（平成16～17年度指定）では，道徳教育の基本方針を示した全体計画の作成を柱に，また可部高等学校（平成18～19年度指定）では，国語力向上・生徒指導・道徳教育の３つを柱に研究を進めた。さらに三次高等学校（平成21～22年度指定）では，平成21（2009）年３月に告示された高等学校学習指導要領総則に示された「学校の教育活動全体を通じて行う道徳教育」の視点を踏まえ，道徳教育全体計画の作成と効果的な活用，推進体制づくりなどに取り組んだ。このように，取組の初期においては，学校全体で道徳教育を推進するための体制の整備に重点をおいて取り組んだ。

　平成23年度からは，小学校・中学校・高等学校において，学校間や異校種間等との連携に視点をおいた「小・中・高等学校道徳教育実践研究事業」を実施し，学校段階における道徳教育の充実に取り組んできた。

　たとえば，戸手高等学校（平成23年度指定）では，地域にある福山市立新市中央中学校区で開催される小中合同の道徳教育に係る研修会（模擬授業，研究授業，研究協議）への参加，生徒会による，小中学校の児童会・生徒会の合同ボランティア活動の企画及び実践などの取組を進めた。

　また，西条農業高等学校（平成23年度指定）では，全教職員が参画して，特別活動（ホームルーム活動）で活用できる読み物資料を作成した。また，教材の活用にあたっては，「道徳性育成の視点」を学習指導案に明示し，指導する教師自身が意図的に道徳教育を実践していくことができるよう取り組んだ。

　このように，高等学校においては，異校種との合同研修や合同の体験活動の実施，自主教材の開発・活用など，中身づくりに重点をおいて取り組むこと

で，児童生徒の発達の段階に応じた一貫性のある道徳教育の推進に資すること
ができた。

⑷ 「心の元気！」1000人フォーラムの開催

　平成16年度から，道徳教育関係指定校における取組の成果を県内すべての
小・中学校などに普及させ，道徳教育の一層の充実を図るため，県内すべての
公立小・中学校等の道徳教育担当者など約1,000人の参加をえて，「『心の元
気！』1000人フォーラム」，平成26年度からは「道徳教育パワーアップフォ
ーラム」として，現在も継続して開催している。

図表9-2　パワーアップフォーラムの様子

　フォーラムでは，指定校の実践報
告，模擬授業，演習や講演など多様な
研修を実施し，道徳教育担当者の指導
力の向上を図るとともに，平成17年
度からは保護者や地域の人びとの参
加・協力もえて，地域全体で道徳教育
を推進する重要性を発信する場として
いる。

2 人材育成・体制づくり

　平成18年度から，各市町が主体的に道徳教育を推進できるよう，各市町道
徳教育推進協議会を支援するため，以下の2つの取組を中心に，各市町におい
て推進の中核となるリーダーを育成し，各市町や各学校の指導体制を構築する
ことを目指した。

⑴ 心の元気を育てる道徳教育推進リーダー養成事業の実施（平成18
　　〜20年度）

　各市町教育委員会が推薦した教諭（3年間　計72名）を対象に，「道徳教育推
進リーダー養成プログラム」研修会を年間10回程度実施し，各市町の道徳教育

図表9-3　平成20年度道徳教育推進リーダー養成プログラム年間計画

月	テーマ・研修内容	研修方法
5月	道徳教育の計画的な進め方と基盤づくり • 道徳教育推進リーダーの役割 • 道徳の指導計画作成のポイント　等	模擬授業，協議，講義
6月	道徳の時間の特質と心に響く授業づくり • 道徳の時間の特質を踏まえた指導 • ねらいに迫る発問づくり　等	研究授業，協議，講義
7月	魅力的な教材の選定・開発や多様な指導方法による授業づくり • 資料選定や開発のポイント • 思いや考えを引き出す教具等の工夫　等	研修報告，協議，模擬授業，講義
8月	これからの道徳教育の在り方	ポスターセッション，模擬授業，協議，講義
9月	各教科等との関連や体験を生かした道徳教育 • 体験的活動を生かした道徳の時間の指導 • 道徳学習プログラム作成のポイント	研究授業，演習，協議，講義
10月	家庭・地域との連携を生かした道徳教育 • 保護者や地域人材を効果的に生かした道徳授業のポイント	研究授業，演習，協議，講義
1月	道徳教育の課題—規範意識を育てる道徳教育— • 「心のノート」の活用　等	協議，講義
2月	研修報告会 • 平成20年度道徳教育実践研究事業推進校実践発表 • 各市町推進協議会実践発表　等	実践発表，模擬授業

図表9-4　道徳教育推進教師が作成した資料　図表9-5　各市町道徳教育推進協議会の様子

を牽引するリーダーの育成を図った。このプログラムでは，主に次のような内容の研修を計画的に実施し，道徳教育に関する専門的な力量の向上を図った。

> ○道徳教育に係る指導力の向上を図るための授業研究，演習，講話の実施
> ○各市町道徳教育推進協議会での研修内容の充実に向けた情報提供
> ○研修会ごとに事前に示されたテーマ，課題についての実践交流や研究協議

⑵　広島県道徳教育推進連絡会議の実施

　平成18年度から，各市町道徳教育推進協議会の企画・運営の実務を担当する教員や各市町教育委員会の道徳教育担当者を対象に，広島県道徳教育推進連絡会議を年間3回開催し，道徳教育に関する情報交換や実践交流を行っている。

　また，各市町道徳教育推進協議会運営の活性化や各校の道徳教育の充実を図るため，以下の内容を協議し，各学校の指導に生かしている。

> • 道徳教育推進リーダー養成プログラムなどの受講者の効果的な活用について
> • 各市町道徳教育推進協議会の研修内容や研修方法について
> • 各市町道徳教育推進協議会の研修内容の各学校への還元について
> • 各学校の道徳教育担当者を中心とした推進体制づくりについて
> • 道徳の授業公開の推進について

　本事業の取組により，各市町道徳教育推進協議会では，道徳教育推進リーダー養成プログラムや道徳教育に係る他の研修の受講者が，協議会の運営や模擬授業・演習などの研修講師としての中核的な役割を担い，各学校の指導体制の確立や授業改善につながる研修の充実が図られている（図表9-3）。

3　中身づくり

　平成21年度からは，さらに道徳教育の中身を充実させるために，以下の3つの取組を実施し，学習指導要領の趣旨などを踏まえた道徳教育の中身づくりを視点に取り組んだ。

⑴　広島県道徳教育指導資料（地域教材開発・活用の手引）の作成

　平成21年度・22年度では，「心の元気を育て
る道徳教育充実事業」として，学習指導要領の趣
旨を踏まえ，地元の身近な素材を活用，心に響く
授業が行えるよう，広島県道徳教育指導資料を作
成した。平成21年度は第一部として，各市町の
道徳教育を推進するリーダーの先生方を中心に，
地域の素材を活用した魅力的な教材の開発の手順
などを掲載した「地域教材開発の手引」を作成し
た。この手引を活用することで，市町の道徳教育
推進協議会や各校で，地域の「ひと・もの・こ
と」といった素材を活用した教材づくりが積極的

図表9-6　地域教材開発の手引

に行われ，県内各地で，その地域ならではの特色ある教材が数多く作成される
ことにつながった。

　平成22年度には，作成した教材を効果的に活用できるように，第二部及び
第三部となる「読み物教材例集」及び「授業展開例集」の作成に取り組み，
「先人の伝記」「自然」「伝統と文化」「スポーツ」の4つの分野を題材とした地
域教材について，児童生徒の発達の段階や特性などを考慮した創意工夫ある指
導を行うことができるように，展開例や資料分析表，板書例やワークシートな
どを掲載した。また，授業に活用できるように，教材やワークシートを県のホ
ームページからダウンロードできるようにすることで広く還元を図った。

⑵　小・中・高等学校道徳教育実践研究事業（平成23〜25年度）

　中学校区を指定地域とし，学校間や異校種間等との連携による創意工夫を生
かした道徳教育の実践研究を進めるとともに，高等学校の道徳教育の推進に力
を入れるため，複数の高等学校を指定校として，取組を推進し，中身づくりの
充実を図った。

　また，「心の元気を育てる地域支援事業」では，指定校ごとに，学校・家

80

庭・地域が一体となった「地域まるごと宣言」を設定し，その宣言の実現に向け，学校・家庭・地域が一体となって体験活動を行うことを中心とした道徳教育に取り組んだ。

⑶ 「道徳教育改善・充実」総合対策事業（平成 26 年度〜）

　平成 26 年度からは，これまでの本県の道徳教育の事業や取組の成果を基盤に，学習指導要領（平成 27 年 3 月）の改訂を踏まえ，「特別の教科　道徳」（以下，「道徳科」という）の全面実施（小：平成 30 年 4 月　中：平成 31 年 4 月）に向け，道徳科の授業の質的転換を見据えた 3 つのメニュー方式による「『道徳教育改善・充実』総合対策事業」を行っている（図表9-7）。

　本事業は，問題解決的な学習などの指導方法の工夫を図ることが示されたことなどを踏まえて，「考える道徳，議論する道徳」へと質的に転換を図るため，学習指導要領改訂の趣旨を踏まえた効果的かつ多様な指導方法や評価方法の普及などによる教員の指導力向上，家庭・地域との連携強化などの地域の特色を生かした実践研究を行っている。

　また，指定校・指定地域の取組の成果の普及や，各学校における道徳教育のさらなる充実に向けて，前述の「道徳教育研究協議会」や，各市町の道徳教育推進協議会などを支援する「広島県道徳教育推進連絡会議」等を有機的に関連

図表9-7　「道徳教育改善・充実」総合対策事業

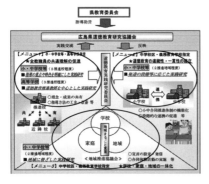

図表9-8　推進リーダー教師による演習の様子

させている。

　さらに，実践研究を行う指定校・指定地域の推進リーダー教師に対しては，「道徳教育実践研究委員会」を定期的に開催し，情報交換や授業研究，演習・協議，講師の講話などを行い，本県道徳教育を推進するリーダーとして育成するとともに，県内にその成果を還元している。

4　今後に向けて

　本県では，このように，「基盤・体制づくり」「人材育成・体制づくり」「中身づくり」の３つの柱を中心に戦略的に取組を推進し，その成果をさまざまな機会を通して各校に発信することで，県全体への普及に努めてきた。

　今後は，さらに，学校の実態や児童生徒の発達の段階に即した道徳教育が推進できるよう，これまで本県の築いてきた基盤をもとに，学習指導要領の趣旨を踏まえた指導方法の工夫や評価，道徳教育の核となる道徳教育推進教師の機能化などの充実を図り，本県道徳教育の質的向上に努めていく。

第2節　石川県の取組

——————日向　正志

1　石川県教育委員会における道徳教育に係る取組

　改正教育基本法の理念を踏まえ，2008（平成20）年改訂「学習指導要領」では，① 発達の段階に応じた指導内容の重点化，② 児童生徒が感動を覚えるような魅力的な教材の開発や活用，③ 道徳教育推進教師（以下，推進教師）を中心とした指導体制の充実，④ 道徳の時間の授業公開，家庭や地域社会との共通理解・相互連携などが示された。この改訂を機に，推進教師の役割を明確にし，推進教師が学校全体を掌握しながら，全教師の参画・分担・協力の下に道徳教育を推進していくことができるように，そして本県道徳教育の充実のために，県教育委員会として何をすべきか，どのようなことができるかを検討してきた。

当時，県内道徳担当指導主事の会議では，学校現場の現状として，

- 授業時数は確保されてきているが，内容に課題あり。「〜のときはどんな気持ち？」を多用し，登場人物の心情を理解させるだけの授業が多い。
- 児童生徒が考える時間，考えを交流する時間が少ない。
- 模範となるような授業を参観したいが，参観する機会が少ない。どんな授業展開が望ましいのか知りたい。
- 子どもたちの心を揺さぶろうという教員の思いを感じる授業の増加。

などがあげられていた。教員の道徳授業への意識や取組方は変わりつつあるも，その進み具合は遅々たるものであることが共通認識であった。

　そこで，これまでの事業・研修の見直しを図ると共に，文部科学省事業を活用して，2009（平成21）年度から「いしかわ道徳教育推進事業」を開始した。以下，本事業の内容を記す。

2 「いしかわ道徳教育推進事業」の主な取組

(1) すべての小中学校で道徳授業の公開（平成21年度〜）

　以前は，「道徳授業の積極的な公開」と掲げ取り組んできたが，2009年度からは「すべての小中学校で道徳授業の公開」とした。主たるねらいは，①すべての小中学校の教員に道徳授業への意識を高めてもらうこと，②保護者・地域の方々に学校での道徳授業への理解を深めてもらうこと，③学校と家庭や地域社会との連携を図った取組を進めることの3点である。

　教育事務所（以下，事務所）・市町教育委員会の丁寧な働きかけと，管理職の意識の変容などにより，現在もすべての学校で意図的・計画的に道徳授業の公開を実施している。全学級で公開している学校も多く，小学校においては半数以上である。また，外部人材を活用した授業の増加もこの頃からである。

(2) 道徳教育推進校の指定　（平成23年度〜）

　2011年度以前は，文部科学省委嘱事業として，県内5地区（4事務所管内と金沢市）の小中学校に研究指定校（県全体で5〜7校，2年間の指定）を設け，取り

組んできた。研究の中心は，外部人材の活用，心のノートの活用，家族愛やふるさとを愛する心を育むなどであり，学校・家庭・地域が連携した取組を進め，指定校においては十分な成果がみられた。さらにこの取組を充実させるために，2011 年度から県内 19 市町すべてに道徳教育推進校（以下，推進校）を，市町規模に合わせて小中学校 1 校もしくは複数校を設けた。その数は，県全体で 2011・2012 年度は各 22 校，2013 ～ 2018 年度は毎年 30 校，2019・2020 年度は各 15 校である。県内の小中学校数は約 300 校。例年約 10 分の 1 程度の小中学校が推進校となったわけである。各市町教育委員会の判断で，推進校は単年または 2 年の取組期間とした。2011 年度以降から数えると延べ 250 校を超えたことになる。ここまで推進校を拡充させ，単年指定を設定したねらいは大きく 3 点である。①「授業づくり」と「家庭・地域との連携」の充実をさらに加速させること，② 2 年間で深まりのある研究を求めるよりも，短期間であっても道徳教育の研究に携わった教員を増やすことを重視，③ 各市町単位という小エリアに推進校を設けることにより，授業参観や講師招聘の研究会参加の機会が増えること。この 3 点から特筆すべきは ③ といえよう。文部科学省教科調査官をはじめ，遠方の大学教授などにも何度も足を運んでいただき，「授業づくり」のご指導を仰いだ。多くは研究授業を実施したのち，授業整理会・意見交換・指導助言などの研修会で，当該校単独または近隣の学校も含めた少人数によるものであり，「模範となるような授業を参観したい」という教員のニーズに合致したこともあり，この機会に質問をしたい，学びたいという積極的・主体的な研修への参加がみられた。

　県教育委員会では，「授業づくり」と「家庭・地域との連携」の方向性は継続して大切にしているところであり，現在は，「『考え，議論する道徳』について学びたい」「多様な指導方法を取り入れたい」「家庭や地域と連携した授業について知りたい」「評価はどのようにすればよいのか」といった教員のニーズに応じたものとなるように，県教育委員会の設定による研究課題を大切な視点として，自校の実態に合わせて複数選択し，研究を進められるようにしている。

　また，推進校では「人と地域を生かした道徳教育講座」を開催し，保護者や

地域の方々への道徳教育への理解を図るとともに，教員に対しては取組の成果の普及・啓発に努めている。30校の推進校を設けていた期間は，年間約5,000人の教員・保護者・地域の方々が道徳授業や講演会などに参加した。学校，行政，保護者や地域の方を交えたパネルディスカッション，親子で一緒に聞き考える親子講演会，授業整理会への保護者の参加など，各学校がさまざまな工夫を凝らした取組を行っている。本講座は，公開授業などを通して，これから目指すべき授業の方向性，組織的な推進方法，家庭や地域との連携などについて，教員が具体的に学べる貴重な場となっている。このような取組は，学校・教職員の努力の傾注によるものだが，推進校と協議を重ねながら，丁寧かつこまめな指導助言に当たっている事務所・市町教委などの指導主事の存在も忘れてはならない。なお，2020年度以降は，推進校において，研究発表会を実施している。

　本事業を通して，いわゆる「道徳授業の名人・達人」を育成することよりも，多くの教員が道徳授業に興味をもち，日常的に道徳授業を語り合い，試行錯誤しながら実践を積み重ねる教師集団の土壌づくりにつながったと捉えている。

⑶　いしかわ版道徳教材「ふるさとがはぐくむ　道徳いしかわ」の開発・作成・活用（平成23年度〜）

　県では，改正「教育基本法」，「学習指導要領」および「県教育振興基本計画」に基づき，学校と地域が連携し，地域のよさをさまざまな角度から学ぶ教材の開発と活用を進めてきた。道徳教材においては，学校現場から「道徳の指導のねらいに迫る適切で良質な地域教材がなかなか作成できない，道徳の授業が進めにくい」という声もあった。そこで，本県の偉人や伝統文化などを取り上げた，本県独自のいしかわ版道徳教材「ふるさとがはぐくむ　道徳いしかわ」（以下，いしかわ版道徳教材）を，2011年度に小学校低学年用，2012年度には小学校中学年用・高学年用，中学校用を開発・作成した（各冊子約20教材を掲載）。

　作成委員会は，委員長に白木みどり上越教育大学大学院准教授（現金沢工業大学教授）を迎え，退職校長，現職校長の合計13名で構成。県内全市町から小中学校43名の教員と16名の県教育委員会指導主事で構成したワーキンググル

ープ。大勢の教員などの労力と多くの時間を費やした大きな取組であった。教材にしたい素材は数多くあるものの，どう教材化すべきか，どの場面でどんなことを子どもたちに考えさせたいのか，暗中模索のなかの作業であった。しかしながら，教材作成・指導案作成・検証授業などを通して，メンバーの教材・授業づくりの力は着実に高まり，その後は各市町の道徳教育を牽引するリーダーとなったことはいうまでもない。

　2014・2015年度には，いしかわ版道徳教材を，さらに効果的に活用するための映像資料集（DVD）を作成・配布した。内容はいしかわ版道徳教材を，児童生徒が臨場感をもって理解するための映像資料や，本県出身でその分野において活躍しており学校に招くことが難しい人からのメッセージ（松井秀喜氏，辻口博啓氏，篠井英介氏など）のインタビュー映像を，授業で活用しやすいように内容や時間などに考慮して作成したものである。

　これらのことから，いしかわ版道徳教材は各学校に定着し，教科化された現在でも年間指導計画に位置づけて教科書と併用し活用している。

③　教職員研修について（県教員総合研修センター）

(1)　「道徳教育推進教師研修」（平成21年度〜）

　2008年改訂「学習指導要領」に道徳教育推進教師（以下，推進教師）が明示されたことをうけ，各学校における道徳教育の充実を図るために，機能的な協力体制や道徳授業への指導の充実，体験活動や実践活動の推進などについて，その中心となる推進教師の資質向上を図ることをねらいとして，2009年度は年間3回（5月・8月・1月）の悉皆研修として実施した。

　研修を通して，少しずつ推進教師の役割や道徳教育を充実させていくための方策は理解できてきたようであった。だが，実際には校内の推進役としては十分に機能せず，まだまだ心配や不安が多かった。特に，推進教師が提案しても，他の協力が得にくく，推進教師がひとりで対応を迫られる場面もあった。学校長の理解・支援を切実に願う声も聞いた。このような推進教師を支援するため，県教員総合研修センター（以下，センター）「自主研修サポート事業」の

活用をよびかけてきた（後述）。

　また，市町教育委員会と事務所による学校訪問の際に，推進教師と指導主事との懇談時間を設定し，推進状況の確認や実践を通しての悩みを聞いたり，アドバイスしたりする機会としている。

　本研修は，年間2回（5月・1月）実施の期間を経て，2019年度以降は年間1回（5月）の実施としている。留意していることは，「学習指導要領」についての正確な情報の伝達および具体的実践事例の提供である。事例紹介では，推進校の実践や具現化に向けた推進教師の働きを説明したり，「年間スケジュール」や「具体的な仕事内容」などをまとめた資料を作成・配布し，新任の推進教師でも取り組みやすいよう支援したりしている。

(2)　自主研修サポート事業（平成21年度〜）

　センターでは，「自主研修サポート事業」というシステムを構築している。これは，学校からの要請により，センターの指導主事が県内の学校（学校種・教科など問わず）に出向き，各学校のニーズに合わせたテーマで出前講座（講義や演習など）を行い，その後の実践や校内研修に生かしてもらうものである。本事業開始当初は，道徳教育に係る要請は本事業全体の約6％であったが徐々に増え，道徳教育への意識の高まりや道徳の教科化により，2018年度では15％を占めている。最近の要請内容は，「考え，議論する道徳の授業づくり」や「評価の在り方」などが多い。研修方法などの要望は，講義，演習，模擬授業，指導案や授業実践に対する助言など，さまざまであるが，学校ごとに対応する本研修の存在は，きめ細かな支援を可能にしており，学校のニーズが高いといえる。

■4　取組の成果と今後に向けて

　本事業や研修を通して，子どもたちの道徳授業に対する受けとめの向上を検証するために，毎年4月に実施する県基礎学力調査質問紙調査の項目「道徳の時間が好きだ」（図表9-9），「道徳の授業で学習したことが，将来の生活を豊かにしたり，社会に出たときに役立ったりすると思う」（図表9-10）を指標と

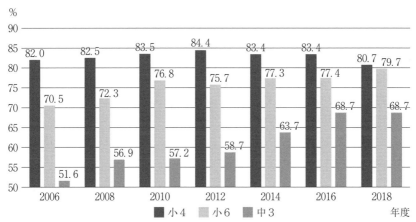

図表9-9　「道徳の時間が好きだ」肯定的回答

出所）石川県基礎学力調査質問紙調査

した。

　図表9-9では，小4は80%強で推移しているが，小6は70%から80%近くまで増加している。中3においては，50%から70%弱と20ポイント近く増加している。要因としては，まず道徳の授業を確実に行いはじめたこと，次に推進校での取組（特に授業づくり）が少しずつではあるが，県内に広がり，子どもたちに浸透してきているということではないだろうかと捉えている。学校訪問などで授業を参観すると，「読み物教材の登場人物の心情理解のみに終始する授業」や，「望ましいと思われることを言わせたり，書かせたりする授業」からの脱却が少しずつ図られてきていることがわかる。今後も，子どもたちも教員も「道徳の時間が好きだ」といえる授業を構築できるようにすることが大事であろう。

　図表9-10では，小6では約15ポイント，中3では約32ポイント増加している。要因としては，子どもたちが考えたくなる，話し合いたくなるように発問を吟味していることが考えられる。今後，さらに「答えが一つではない道徳的な課題を一人一人の児童生徒が自分自身の問題と捉え向き合う『考える道徳』，『議論する道徳』へと転換を図る」ことにより，この数値の向上につなが

図表9-10 「道徳の授業で学習したことが，将来の生活を豊かにしたり，社会に出たときに役立ったりすると思う」肯定的回答

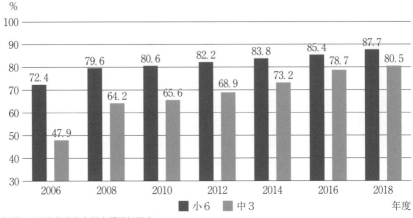

出所）石川県基礎学力調査質問紙調査

るものと考える。

　現在，学校を訪問し授業を参観する機会が多いが，子どもたちが真剣に考え，話し合う授業が増えてきている。特に，若手教員がしっかりと授業力をつけてきており，たくさんの方に参観されながらも堂々と公開授業に臨む姿は頼もしい。小さな波が大きなうねりをもたらし始める次の段階に入ってきたと感じる。

● 参考文献 ●...

石川県教育委員会（2018）「特集Ⅰ　道徳科の全面実施に向けて　事例7『特別の教科　道徳』の実施に向けた教育委員会の役割」『初等教育資料』963：38-41

岩木智子（2013）「特集Ⅱ　道徳　学習指導要領における指導のポイント―道徳の時間における魅力的な教材開発の実際―　事例2『ふるさとがはぐくむ　どうとくいしかわ』の作成」『初等教育資料』895：52-53

第10章　全国小学校道徳教育研究会の取組

―――――針谷　玲子

1　研究会設立の経緯

　全国小学校道徳教育研究会（以下全小道研という）は2015年度に創立50周年を迎えた。令和の時代の幕開けとともに，「特別の教科　道徳」がスタートしたが，本研究会を構成する全国各地の半世紀にわたる歴史と今後の展望などが凝縮された50年である。2019年に全国大会を始め日本各地で全小道研を中心として道徳研究大会が開催され，多くの小学校教員が熱心に道徳科の指導計画や指導方法などについて議論を重ねた。これまでの諸先輩のご苦労を振り返ると共に現在の全小道研の取組について述べたい。

(1)　創設期の研究会

　文部省は1958年4月から道徳の時間が教育課程に位置づけ，道徳の時間の目標，内容，指導計画の作成および指導上の留意事項を示し，計画的な指導により道徳性に係る内面的自覚を深めることを次官通達で各都道府県に要請した。子どもたちが人間としてよりよく生きるための内面を養うことにその目的があったにもかかわらず，「修身」の復活として，文部省に反対し，授業を行わない教員が多くみられたと全小道研の創設期の記録にある。

　（以下引用「創立50周年記念誌『未来へつなぐ』」）

> 　当時学校が，「道徳」を実施するには，周囲の状況は極めて強い反対や抵抗があって，実施は困難を極めた。私は昭和32年，都内の道徳教育に熱心な先生方によびかけ，西戸山小で研究を始めた。

90

(2) 創設期の全国大会

1965 年 12 月東京都千代田区立錦華小学校（現お茶の水小学校）において第 1
回全国大会が開催された。テーマは「道徳教育の全体計画と『道徳の時間』に
おける指導のあり方」。多くの先生方が出席され，成功裡に終了したと記録に残
されている。しかし，問題は 1966 年第 2 回大会の開催であった。全小道研の
活動を打ち上げ花火で終わらせない
ために，次の大会開催地の確定に山
野辺薫初代会長は尽力し，「奈良県
は日本の文化発祥の地」「これから
日本の教育に欠かせない道徳教育の
大会を日本人の心の故郷奈良でお願
いしたい」と関係者を説得し，奈良
県の大谷甚太郎会長が第 2 回大会を
引き受けられた（奇しくも 2019 年度
の全国大会は奈良県奈良市で開催されて
いる）。ビートルズが来日し，『全国
道徳』が創刊されたのも 1966 年である。「教育が目指す人間像と道徳の時間」
をテーマに開催された。

図表 10- 1　第 1 回全国大会の大会紀要

出所）全国小学校道徳教育研究会

2 全国小学校道徳教育研究会・会則

全小道研の大きな活動は，全国大会・夏季中央研修講座・研究発表大会が主
たる 3 つの活動である。これらの活動を運営するとともに，年 2 回の全国理事
会を開催し，全国的に道徳教育が進展するように，都道府県庁所在市の各会長
や全国大会の実行委員会と連携しながら情報の共有を図っている。ここでは全
小道研の会則について述べる。

〈全国小学校道徳教育研究会・会則〉

(1)　名称および事務所

　① 　この会は全国小学校道徳教育研究会という。

　② 　この会の事務所は会長の定めるところに置く（会長の勤務校）。

(2)　目的および事業

　③ 　この会は全国の小学校における道徳教育研究の交流，情報の交換などに
　　　よって，道徳教育の推進と充実を図ることを目的とする。

　④ 　この会は前条の目的を達成するために次の事業を行う。

　　　　1 　道徳教育についての研究ならびに調査

　　　　2 　全国研究大会，講演会などの開催

　　　　3 　会報，研究物などの発行

　　　　4 　個人並びに地方研究団体の研究活動についての奨励助成

　　　　5 　研究資料の交換

　　　　6 　その他，必要と認める事業

(3)　組織

　⑤ 　この会は，全国都道府県の道徳教育研究団体，教育関係者をもって組織
　　　する。ただし，事情により都市単位の加入を認める。また，個人の加入を
　　　認め，その細則は別に定める。

　⑥ 　この会の目的を達成するために，次の地区研究会を組織する。

　　　・北海道地区小学校道徳教育研究会

　　　・東北地区小学校道徳教育研究会

　　　・関東地区小学校道徳教育研究会

　　　・中部地区小学校道徳教育研究会

　　　・近畿地区小学校道徳教育研究会

　　　・中国地区小学校道徳教育研究会

　　　・四国地区小学校道徳教育研究会

　　　・九州地区小学校道徳教育研究会（沖縄県を含む）

　⑦ 　この会に次の役員を置く。

　　　　会　　　長　　　1名

　　　　副 会 長　　　12名（北海道・東北・関東・中部・近畿・中国・四国・九

州・東京・本部 3)

理　　事　　若干名

常任理事　　若干名

幹　　事　　3名

（以下　略）

3 全小道研事務局各部の活動

　会則に基づき，会の目的を達成するために事務局を設け，諸事業を運営している。活動状況について簡単に述べる。

(1)　会誌『全国道徳』の発刊

図表 10-2　本研究会誌『全国道徳』

　全小道研と共に歩んできた会誌『全国道徳』は，2020 年 2 月に 109 号となった。会誌の第 1 号は 1966 年 8 月に印刷を完了し，11 月に発行，各県に配布した。

　当時は全小道研の発足から 1 年を経た時期であり，財政的にもゆとりがなく，初代会長山野辺薫先生や当時尽力された小島弥四郎先生の努力に当時の千代田区立錦華小学校の保護者で印刷会社を経営されていた左右田甲氏が無償で引き受けてくれたとの記録が全小道研 30 周年記念誌のコラムにある。

　会誌『全国道徳』は創刊号より，表紙の体裁や装丁は一貫して変わらないことも伝統のひとつである。

(2)　研究発表大会の発足から現在まで

　本会では，創立以来毎年全国大会を各地で巡回的に開催し，その成果をあげ

図表 10-3　第 42 回研究発表大会実践
　　　　　発表者への表彰

図表 10-4　研究発表大会発表校に贈呈さ
　　　　　れる盾と授業者への記念メダル

てきた。しかし，全国各地にはここで発表される以外にも優れた研究や実践を
している学校や先生方も多数存在する。その成果を発表し，研究の交流を行う
ことは，道徳教育の振興・充実に寄与するとともに，本会の研究活動をはじめ
組織や運営を充実し，事業の発展・拡充になるという趣旨から，1979 年 2 月
23 日に東京都港区立赤羽小学校において第 1 回研究発表大会が開催された。
はじめての企画であり，この会の運営など一切の費用は原則として参加者負担
としたが，120 余名の参加者が発表のみでなく質疑・応答も活発に行われ充実
した研究発表大会となった。
　2020 年 2 月には第 41 回研究発表大会を東京都台東区立蔵前小学校で行っ
た。

⑶　中央研修講座の発足から現在まで

　全小道研の組織化が進み，毎年恒例の全国大会も盛会を極めるようになった
とはいえ，道徳の時間をはじめ道徳教育の課題は山積していた。各地の研究会
では中堅層が育っていない，指導者が不足しているという声があり，指導者養
成のために研修講座を企画した。
　都道府県会長の推薦により 1 ～ 2 名の受講者を対象とし，2 日間にわたる講

座は分科会における研究発表・提案・質疑応答・助言者による指導助言，講演は文部省（当時）の教科調査官をはじめとする道徳教育の権威者の指導をうけるという質の高いものにすることであったとの記録がある。

1980年第1回夏季中央研修講座を開催し，研修部が担当した。当時の研修部長高橋壮之先生の計画により，全国各地から推薦をいただいた優れた研究者による研修に対して，文部省の青木孝頼先生など優れた先生からのご指導をいただき成果をあげることができた。

2019年度には第39回中央研修講座を台東区民センターにおいて盛大に行うことができた。

第39回夏季中央研修講座報告
第1日目　2019年8月1日（木）
〇「自己の生き方についての考えを深める道徳科授業の実現に向けて」
（パネラー）　聖徳大学大学院教授（第28代会長）　　吉本　恒幸先生
　　　　　　　世田谷区立池之上小学校指導教諭　　橋下　ひろみ先生
（進　行）　全国小学校道徳教育研究会　会長　　針谷　玲子
　　　「道徳科の評価について」「道徳科の授業で大切にすべきこと」「適切な評価を進めるための工夫について」「授業の中での学習状況の把握及び評価について」
〇分科会報告　　〇講評

図表10-5　前文部科学省教科調査官赤堀博行先生の講演

〇講演1　演題「より良い指導と評価の在り方」
　　　帝京大学大学院教職研究科教授（前文部科学省教科調査官）
　　　　　　　　　　　赤堀　博行先生
〇講演2　演題「21世紀を生きる子供たちに育成したい力」
　　　番町法律事務所弁護士　　菊地　幸夫先生

4 全国大会開催地とブロックの組織化について

(1)　全国大会の開催

　第 2 回全国大会が奈良県で開催されてからしばらくの間は，次期大会開催地決定のために本部事務局は東奔西走していた。全小道研創立後，東京に近い関東地区の各県の道徳教育研究会長を本部の常任理事とし，組織運営を目指した。そのため，関東では早くからブロックを結成し，

図表 10-6　第 55 回全国研究大会奈良大会開会式

輪番で研究大会が開催されてきたが，1983 年度には規約も整備され大会開催県の会長をブロック会長として運営するようになってきた。

　全国的に見ると 1980 年頃までには，北海道，関東，四国，九州の各ブロックで研究大会が開催されるようになり大きな成果が上がっていた。その後ブロック組織強化に重点がおかれ，1984 年度『全国道徳―特集　全小道研 20 周年記念誌―』には第 20 回全小道研全国大会開催地までに 8 ブロックすべての地区で開催されており，また各ブロックからの報告が掲載されている。発足されて 20 年で全国規模まで拡大したことは当時の関係者の尽力がいかに大きかったか，道徳教育の充実に向けた並々ならぬ思いが強かったかが感じられる。

(2)　ブロックの組織化

　全小道研創立後，東京に近い関東地方各県の道徳教育研究会長を本部の常任理事に加え，組織運営に尽力をお願いしてきた。したがって，関東地区は早くからブロックを結成し輪番で研究大会を開催してきた。さらに，昭和 58 (1983) 年度には規約も整備されてきた。

　全国的に見ると，昭和 55 (1980) 年頃までに，北海道，関東，四国，九州の各ブロックで研究大会が開催されるようになり大きな成果をあげてきており，

昭和 57（1982）年頃には全国各地域の協力位により，中国・東北・中部・近畿
ブロック組織化が進み，全国 8 ブロック制が整った。現在はブロックごとの研
究大会もローテーションにより行われている。

5 その他の活動

⑴ 全小道研 OB 会

　OB 会の設立は，昭和 50 年代には準備会がもたれたが，全国へのよびかけ
には至らず，昭和 63（1988）年頃から設立趣意書や会則案など具体的な準備作
業が行われた。平成元年 2 月研究発表会当日，台東区立田原小学校において，
設立総会が開かれ，全小道研 OB 会が発足した。

　本会では，会員相互の情報交換や親睦を図るため，OB 会報や通信の発行を
はじめ，必要な情報を年 2 回全国に発行している。

⑵ 今後の全小道研活動の継続に向けて

　令和 2 年度は，新型コロナウイルス感染症拡大防止のための緊急事態宣言を
うけ，3 月より 5 月末まで学校が休校となった。児童は約 3 ヵ月，自宅での学
習を余儀なくされるとともに，休校解除になっても不自由な生活を送ることに
なった。こうした状況のなかで心配されたことは，学力の保証と心のケアであ
る。さらに，全小道研がこれまで積み上げてきた夏季中央研修講座や全国大会
など，各地区大会を中止または大きな変更をせざるをえなくなった。こうした
危機を乗り切り，再び全小道研の活動を軌道に乗せることを強く誓い，本章を
終えたい。

第11章　全日本中学校道徳教育研究会の取組

─────菅野　由紀子

第1節　全日本中学校道徳教育研究会の歴史と事業

　全日本中学校道徳教育研究会（以下「全中道研」という）は，1966（昭和41）年12月に発足した。2020（令和2）年で54年目を迎え，全国の道徳教育団体をもって組織している。全中道研の歴史を紹介するにあたり，1991（平成3）年10月に，全中道研設立25周年に刊行された「会報『全中道研』総集編第二巻」（会報集録第109号〜第228号・会報集録第229号〜第287号）掲載の全中道研第14代会長　久川茂夫先生の挨拶の一部を引用する。

　顧みますと本会は，昭和41年12月8日に国立教育会館において結成大会が開催され，全国の教育関係者の期待と激励のもとに誕生しました。初代会長小野五兵衛先生の陣頭指揮のもとに，精力的活動により昭和42年7月7日には，会報『全中道研第一号』が刊行され，翌8月には，会長校であった東京都港区立三河台中学校を会場として第1回全国大会が開催され，全国の中学校道徳教育の普及充実への大きな貢献の第一歩をしるしました。この足跡をまとめて本会の発展への糧とするために，昭和51年8月の第10回記念大会（東京大会）に際して，会報『全中道研』の総集編が刊行され，本会の歴史を語る重要な資料となっています。

　本年度は，ここに第25回記念全国大会（徳島大会）に当たり，その第二巻（昭和51年9月〜61年8月）及び第三巻（昭和61年9月〜平成3年7月）を編集刊行致しました。両巻のうち，この第二巻に関係した10年間の全国大会主題は，「人間性の理解と人間の生き方」に集中されています。発足当時の社会的な強い要請にもかかわらず誤解と偏見が多く存在するなかで，本会の誠実で地道な活動が困難の満ちた道程を乗り超えて道徳教育本来の課題へと見事に進展していることを示しています。

「第二巻」「第三巻」には，道徳教育が着実にその地を固め，確かな歩みを進

めてきた全国各地の状況や成果が記されている。その推進の原動力となって活躍された多くの教員の道徳教育振興にかける崇高な熱意と実績が，全国各地の道徳教育発展の大切な糧となった。

　「全日本中学校道徳教育研究会会則」（昭和41年12月8日制定）によると，全中道研の事業の目的は『第3条　本会は，中学校道徳教育研究の充実発展をはかり，広く道徳教育の振興に寄与することを目的とする』と示されている。また，事業の内容については第4条に示されており，『1研究ならびに調査　2研究大会，講義会，見学会の開催　　3会報・研究物などの発行　　4その他必要と認められる事業』とある。このように全中道研の歴史と事業は，「教師が生徒と共に考え，共に語り合う」を要に令和の時代に引き継がれ，今後は「特別の教科　道徳」としての使命を果たすべく前進する。

第2節　全国各ブロックの取組

(1)　北海道ブロック（令和元年度　全中道研　副会長　鈴木康裕）

　北海道道徳教育研究会は，本道の道徳教育に関する研究を進めると共に，会員の見識の向上に努め，道徳教育の振興を図ることを目的に，道徳教育に関心のある北海道内小・中学校の教育関係者を会員として昭和41年2月に設立された。以来毎年，全道5ブロックでの研究大会開催を基本に据え，道内の道徳教育振興のために必要な調査と研究，大会紀要・収録・機関誌の発行，学習会・講演会の開催，そして全国規模の研究大会開催に関わる事業を行い，組織的・計画的な実践研究を積み重ねてきた。小・中合同で運営しているゆえの困難さもない訳ではない。しかし，近年，グローバル化や情報化の急速な発展，科学技術の進化によるAIや生命倫理という新たな問題，そして，そうした変化の激しい社会のなかで，道徳教育が「深刻ないじめの本質に向かうこと」や「決まった正解のない予測困難な時代を生きること」など，大きな役割を担ったことでもある。そうした自覚に立ち，研究主題を「主体的に学び合う児童・生徒の育成」と掲げ，小中の連携を一層密にしていくことを再確認した。小・中共に教科化となったことも踏まえ，今後もそれぞれの校種ならではの課題を

整理しつつ，義務教育 9 年間を見通して児童生徒に必要な道徳性を養うための研究を進めていく所存である。

(2)　東北ブロック（令和元年度　全中道研　副会長　千葉康彦）

　東北地区道徳教育研究会は，青森，秋田，岩手，宮城，山形の 5 県で構成されている。研究大会は，令和元年度の岩手大会で 17 回を数えた。毎回，開催県から提案のある授業が展開されてきた。秋田大会では，教材文の母親の心根に感動して，また，主人公と同様に友達に支えられている自分を痛感して，ともに中 3 男子が授業中であるのに涙する姿に心打たれた。山形大会では，楽天が初の日本一になったあの試合の 9 回，昨日打ち込まれた田中将大の登板シーンを取り上げ，田中をみつめる星野監督やチームメイト，ファン，田中の家族の気持ちや田中自身の心情を考えさせるといったまさに多面的多角的な提案があった。手前味噌ではあるが，中学校道徳としては，レベルの高い研究大会が開催されてきていると自負している。

　各県会長で構成される役員会での情報交換も，年 2 回という回数ではあるが，東北の絆を固くすることに役立っている。

(3)　関東甲信越ブロック（令和元年度　全中道研　副会長　堀内俊吾）

　関東甲信越中学校道徳教育研究会は，全日本中学校道徳教育研究会の前身として神奈川県と埼玉県の教員を中心に発足し，現在は神奈川県，埼玉県，山梨県，茨城県，千葉県，群馬県，栃木県，長野県，新潟県の 9 県で構成されている。各県の代表者は本会の理事としてご活躍いただくとともに，全日本中学校道徳教育研究会の常任理事も兼ねている。

　本研究会は，関東甲信越はもとより，日本の道徳教育をリードするという自覚と使命をもち，いつの時代も道徳教育の本質に迫る研究・実践を展開することをねらいとしている。

　活動内容としては，年 2 回の役員会及び各県交替で開催する研究大会がある。

○役員会

　各県の道徳教育の推進状況（成果と課題）を確認するとともに，研修や研究大会の運営などについて協議を行う。

○研究大会

　毎年秋に開催しており，令和元（2019）年度に48回を数えた。公開授業，課題別分科会，講演会などで構成され，毎年教室や体育館は参会者で一杯になる程の盛会となる。公開授業では，学習指導要領並びに時代が求めている道徳教育の在り方を十分研究し，ねらいに迫るためのじっくり語り合う授業が展開される。課題別分科会では，各県の先進的な取組が紹介され，熱心な研究協議が行われる。講演会では，文部科学省関係の指導者を招聘し，研究大会の指導評価と道徳教育の喫緊の課題などに係る指導をうけている。「関東甲信越は，授業で勝負！」を合言葉に，毎年新たな学びのある充実した時間を過ごすことができ，各県の道徳教育の充実に大きく寄与していると自負している。

　道徳が「特別の教科」となり，その重要性はますます高まっている。子どもたちが自他の幸せを願い，よりよい生き方を求めて力強く生きていく力を身に付けることができるよう，本会は今後も一層の充実を図っていく。

⑷　**東京ブロック（令和元年度　全中道研　副会長　臼倉美智）**

　東京中学校道徳教育研究会は，昭和33（1958）年6月22日に発足し，令和2年度に63年目を迎え，東京都の中学校における道徳教育の充実・発展に資することを目的としている。そのため，研究会の開催と参加，教育資料の収集と交換，内外の道徳教育の研究・調査，道徳教育実践の成果の発表などをとおして，教師一人ひとりの指導力向上を主眼としている。

　具体的な取組としては，総会・研修会（年1回），部員総会・研修会（年2回），研究発表大会（年1回）を開催し，会員相互の研修や情報交換を行っている。なかでも，研究部では，年間の研究主題に基づき，研究部会（年12回）をとおして指導方法の工夫改善や教材の活用などについて研究し，実践的指導力の向上に努めている。特に，平成27（2015）年度からは，研究発表大会を開催

し，研究部員による公開授業，研究協議，文部科学省教科調査官による指導講評をとおして研究成果を発表しているが，毎年全国から多くの参加者があり，熱気溢れる大会となっている。さらに，毎年発刊している研究紀要は，令和2（2020）年度に第50集を数えるまでに至っている。

　本会では，引き続き「考え，議論する道徳」に向けて研究を深め，研究成果を全国に向けて発信していく。

(5)　東海・北陸ブロック（令和元年度　全中道研　副会長　金澤竜也）

　東海・北陸ブロックは，愛知，岐阜，静岡，石川の4県で構成されており，各県で道徳教育の研究実践を積み上げながら，研究大会などにおいて成果を紹介し合ったり，情報交換を行ったりしている。

　平成28年度には石川県において，研究主題を，「大地と人に学び　主体的に考え　心豊かでふるさとを愛する心の育成〜アクティブ・モラル・ラーニングを通して考え，話し合う道徳の指導法の工夫〜」として全国大会が開かれた。そのなかの課題別分科会では，4県それぞれから分科会のテーマに沿った提案がなされ，各研究実践をもとに学び合うことができた。

　また，筆者の所属する愛知県道徳教育研究会では，毎年小中合同で道徳教育研究大会を開催している。令和元年度は，一宮市立浅井中学校・浅井中小学校にて，研究主題を，「『探究』と『対話』を重視した道徳教育の創造〜小単元構想を中心とした『しなやかな道徳授業』の実践から〜」として，全学級の授業公開や分科会（小学校低学年・中学年・高学年・中学校の4分科会），記念講演を行った。毎年の研究大会には，県内を中心に多くの教員が集まり，道徳教育の研修を深める場となっている。

　今後も，東海・北陸ブロック4県で連携を図りながら，新時代の道徳教育の在り方について研究を積み重ね，道徳教育の推進・発展に努めていきたい。

(6)　近畿ブロック（令和元年度　全中道研　副会長　石川裕子）

　近畿中学校道徳教育研究会は，平成7（1995）年に発足し，「近畿はひとつ」

をモットー（合言葉）として，近畿の子どもたちの心を耕し道徳教育の充実と発展に努め，令和元年で25年目を迎える。近畿2府4県の各地区の中学校道徳教育研究団体の相互の連絡連携を進め，研究活動を通して中学校道徳教育の充実・振興を図ることを目的に活動している。具体的には，理事会において情報交流を図り，年1回の研究大会を行い，研究成果をまとめた研究冊子「近畿はひとつ」を発刊している。

　大会運営については，平成7年の第1回滋賀大会に始まり，近畿6ブロックを順番に巡る形で大会を継承してきた。各年代の道徳教育を取り巻くさまざまな課題に応じた研究主題のもと，公開授業，課題別分散会，及び記念講演を実施し，研修の場としてきた。また，研究冊子「近畿はひとつ」には，研究大会の記録をはじめ，各ブロックの取組を掲載し，研究大会に参加できなかった方への情報提供やブロック間の実践交流に役立てている。

　道徳科の授業が始まり，道徳教育への教員の関心はますます高くなってきている。子どもたちの気持ちを引き出し，互いに認め合い，深く考え続けることで，よりよく生きる生き方を追求する力をつけることを目指して，今後も授業研究の交流を行い，道徳教育の充実と発展に努めていく。

⑺　中国ブロック（令和元年度　全中道研　副会長　村尾行也）

　中国中学校道徳教育研究会は，平成25（2013）年8月20日に第1回岡山大会を岡山市で開催したのを皮切りに活動を開始した。道徳教育は従前より各県，各学校において貴重な研究成果を示していたが，こうした研究成果が十分に伝播・活用しきれていない現状があった。

　中国5県がひとつとなり，道徳教育のさらなる発展を期すため本研究会を立ち上げた。そして研究大会を中国5県が隔年で持ち回り開催することにした。第1回岡山大会では大会主題を「豊かな心をもち，共によりよく生きようとする力をはぐくむ道徳教育」とし，各県，各学校の研究を持ち寄った。この大会主題は，第2回広島大会（平成27年10月16日），第3回島根大会（平成29年11月17日）まで継続され，研究協議を重ねた。

　第 4 回大会は，第 53 回全日本中学校道徳教育研究大会を兼ねて鳥取県で開催した。鳥取大会では「人間としての生き方について自らの考えを深める道徳教育の在り方～道徳科としてのこれからを試行する～」を主題として，教科となった道徳科のあるべき姿を全国に向け発信した。実在した人物の生き方に学ぶ道徳授業を公開し，今後求められる道徳授業の在り方を提言した。

　第 5 回大会は，令和 3（2021）年度に山口県で開催予定であり，現在着々と準備が進められている。「特別の教科　道徳」として新しくスタートした道徳科が，従前の「道徳」のように埋没してしまわぬよう，学校現場に携わる私たちは肝に銘じておかなければならない。

⑻　四国ブロック（令和元年度　全中道研　副会長　島内祥夫）

　四国小・中学校道徳教育研究会は，「四国は一つ」を合言葉に，昭和 42（1967）年 11 月に発足し，令和元（2019）年で 52 年目を迎え，四国地区の小学校及び中学校における道徳教育の充実・発展と振興に寄与することを目指していることもあり，小学校と中学校の教員が合同で研究を行っている。愛媛県及び高知県は小学校と中学校とが合同で研究を行う組織となっている。各県が持ち回りで 2 年に一度研究大会を開催し，四国各県の先生方が道徳教育，なかでも道徳（科）の授業実践を柱として相互交流し，大会紀要・収録としてまとめてきた。

　また，日本道徳教育学会四国支部が行う研究活動と連携を図り研修を深めたり，各県の研究会が独自に開催する研究大会などの研究活動を通して実践交流したりするなど，切磋琢磨しながら道徳教育の充実に向けた取組を行うと共に，実践的指導力の向上に努めている。

　学習指導要領の改訂による道徳の特別の教科化に伴い，道徳教育に求められる役割は，ますます重要となっている。道徳の授業では，生徒が自分自身に問いを発し，自分自身の在り方や生き方を考える先に，それぞれの自分自身のよりよい生き方の追求があると考える。生徒が問いをもつ授業を志向するとともに，自分自身への問いをもち続ける生徒を育成する道徳授業を構想できるよう

今後も研究活動を行っていく。

⑼　九州ブロック（令和元年度　全中道研　副会長　大塚淳之）

　九州地区中学校道徳教育研究協議会は，昭和50（1975）年11月に発足し，令和元年で45年目を迎えた。この間，道徳教育の充実・発展のために，九州各県を単位としてローテーションを組み，毎年九州大会を開催してきた。

　研究大会の内容は，授業公開・研究協議と課題別分科会（①道徳科の工夫，②体験活動との関連，③家庭・地域との関連）の実践発表で構成されている。道徳教育を充実させようという熱意をもった多くの先生方が九州各県から集い，研究大会の成果は年を追うごとに高まっている。

　第45回九州大会は，大会主題を「豊かな心を育み，未来を切り拓こうとする生徒の育成」と定め，佐賀県唐津市立浜玉中学校で開催された。道徳教育を推進していくために「授業づくり」「環境作り」「家庭・地域との連携，体験活動との関わり」の3つの視点が提案された。特に「授業づくり」では，「自我関与」「問題解決」「体験的な活動」それぞれを促す発問の工夫や「出し合う」「比較する」「まとめる」などの目的に応じた話し合いの工夫など，研究の成果が紹介された。参観いただいた先生方の道徳教育推進の一助になったと確信している。第46回九州大会は，大分県で開催される予定である。

第3節　「特別の教科　道徳」の充実に向けて

　教員が志を高く掲げて，学びの要となる授業力向上への研鑽を積み上げていくために，今後も全中道研は教員研修に重点を置き，生徒が自分らしい幸福な人生を歩むための「特別の教科　道徳」の充実発展と振興を推進する。

第12章 高等学校における道徳教育の取組

―――― 河村　敬一

第1節　全公社研における「倫理」教育と道徳教育

　現在，全公社研（全国公民科・社会科教育研究会）では，毎年，全国研究大会を開催し，「倫理」及び「政治・経済」の分科会で教科教育の実践的な協議を行っている。全公社研は，それまでの公社全協（公民科・社会科教育全国協議会）と全倫研（全国高等学校公民科「倫理」「現代社会」研究会）が，2002年度に統合して誕生した経緯があるため，「倫理」教育への積極的な提言をはじめとする研究協議や実践報告がなされている。なかでも，道徳教育との関連でいえば，全倫研が主体的となって「倫理」との関係から倫理と道徳の関係を中心に論じられてきた。前述のように教科教育の立場から全公社研へと研究会が変遷したなかで，分科会において道徳教育への発言を見出すことができる。そこで，「倫理」教育を中心に道徳教育の取組及び研究会活動の課題を見出し，いかなる教育活動が必要であるかを考えてみなければならない。特に，道徳教育の中心的な役割を担っている公民科の授業はどうあるべきなのか，実際の「倫理」教育の中心がどうなっているのか，そこから今までの研究会活動と共に課題と実践のあり方についても述べていくことにしたい。

　研究会の実践報告では，今までにコールバーク（Kohlberg,L.）の道徳発達理論を援用することで，高校生にとっての道徳性が必要であるかどうかが論じられてきた。これはまた公民科教育全体にわたる課題でもあり，道徳教育の在り方そのものを追求していかなければならない課題でもある。

　では，「倫理」教育を中心に何が問われているのか。予てより全国研究大会で盛んに論じられていたのが，学習指導要領で打ち出された「人間としての在

り方生き方」に関する見方・考え方である。特に,「在り方生き方」について
は,「在り方」と「生き方」に焦点があてられ,これらを別々に考えると Sein
と Sollen の関係で,Sein（在り方）としての自己から Sollen（生き方）としての
自己が求められていた。しかし,このことは「在り方」と「生き方」を別々に
考えるのであって,本来,これは「人間として」と共に,「在り方生き方」で
なければならず,両者は一体であると考えるべきである。となれば,それを
「倫理」では,どのように生徒に提示すべきか,つまり思想を手掛かりにした
授業がなされているのかが問われなければならない。1990 年代頃から研究会
で盛んに論じられていたのがコールバークの道徳発達理論を援用した授業実践
であった。コールバークのモラルジレンマを通して「倫理」の授業やホームル
ーム活動の一環として取り入れようとする試みは,今も検討されている。特
に,「現代社会」が登場してからは,「倫理」の履修が少なくなったのである
が,「人間としての在り方生き方」を考えさせるには,どうしても道徳との関
連を無視することができないため,教科教育だけではなく,「総合的な学習の
時間」をはじめホームルーム活動をも含む幅広い実践が必要となっていた。し
かしながら,コールバークの理論は男性的な思考が中心であるとの批判もうけ
がちであって,2000 年代になると,しだいにその影を薄くしたといえなくも
ない。代わって登場したのが,「現代の諸課題と倫理」を中心に生命倫理の分
野に関係したギリガン（Gilligan,C.）などにみられるケア（care）の倫理である。
このような流れをうけて,今も全公社研の全国研究大会で論じられているのが
「倫理」教育と道徳教育の関連である（コールバークは 2018 年度大学入学共通テス
ト試行調査で出題された）。

　ところで,「倫理」の教科書をみてみると,確かに思想家の多くが登場して
くる。日本学術会議哲学委員会の調査によると,教科書に再録された人名数
（平成 26 年度版『倫理』教科書）の調査結果は,293 名（外国人 169 名,日本人 124
名）とのことである（日本学術会議,2015：26）。

　したがって,少ない時間数（2 単位）においては精選化して授業を展開せざ
るをえない。実際上,道徳教育の中核的な役割を担う「倫理」とはなりえてい

ないのが事実ではなかろうか。そこで，2022年度より始まる新課程の『高等
学校学習指導要領解説　総則編』の「総則編第1章第3節」は，次のように述
べている（カッコ内は頁数，以下同じ）。

　　　『……公民科に新たに設けられた「公共」及び「倫理」並びに特別活動
　　を，人間としての在り方生き方に関する教育を通して行う高等学校の道徳
　　教育の中核的な指導の場面として関連付けるなどの改善を行った（12）。』
　さらに，「第3章　教育課程の編成」では，「道徳教育は，豊かな心をもち，
人間としての在り方生き方の自覚を促し，道徳性を育成することをねらいとす
る教育活動」（28）と述べられている。

　「倫理」と道徳教育との関連を『高等学校学習指導要領解説　公民編』では，
次のように説明する。

　　　『「倫理」は，高等学校における道徳教育としての人間としての在り方生
　　き方に関する教育において重要な役割を担っている。……「倫理」の指導
　　においては，このように中学校の道徳教育における指導を受け継ぐよう，
　　十分な関連を図る必要がある。これらの関連を図る際，生徒の発達の段階
　　を考慮し，指導内容が中学校から高等学校へと一層深化，発展したものと
　　なるよう配慮する必要がある。「倫理」も中学校の道徳教育と同じく，他
　　者と共に生きる主体としての生徒の人生観，世界観ないし価値観の基礎を
　　培うことを目指すのである……（118）。』

　この内容を踏まえて，「倫理」の授業から倫理と道徳，さらには自己への内
面化と，自己の外化ともいえるものを探究するのが「倫理」であるといえる。
言い換えると，個々人としての在り方や行為を自らが吟味し，社会に対しては
自らの倫理的な責任なり役割を自覚していかなければならない。

　それらを踏まえて議論しているのが，全公社研の研究活動でもある。

第2節　「倫理」の学びと倫理的概念

　「倫理」における先哲からの学びについては，まず源流思想（ギリシア哲学，
キリスト教，イスラーム，中国思想，仏教）に注目したい。というのも，倫理と道

徳の違いから考えてみると，道徳は人間への義務化を中心に，人としての正しさやどのように行動するかといった判断・行動基準が求められているのであって，規範性がかなり強いといえよう。それに対して倫理はこのような道徳的な生き方を含んだうえで，人間としての行為や意志決定における健全な正当性が求められ，それらを吟味・判断するところにあると考えられる。

「倫理」のなかでも生徒がもっとも注目を示す傾向にあるのが源流思想であるが，西洋的な倫理理論と東洋的な倫理理論の違いについてどのような考え方をもつことができるのか考えてみなければならない。また，源流思想にとどまることなく，西洋的倫理概念からすると，徳に関する倫理，行為（動機）を中心とした義務論，他者に配慮した功利主義などが考えられる。東洋的倫理概念からは，中国思想の場合，特に儒教（なかでも孔子・孟子）では徳と人間性を基盤としたなかで公共的な道徳ともいえるものがあると同時に，政治的道徳が語られている。いわば社会秩序の形成が中心概念となっている。仏教においては出家と在家の双方に倫理が求められている。源流思想を中心とする際に形成されようとする倫理的概念は，生き方が中心となっているのであり，源流思想に限ることではないが，人間観が前提としてある。それをどのように捉えさせるかがひとつの課題となるのであって，先哲の生きざまをいかに考えさせるかである。

青年期を生きる生徒は，人生の途上にあって自らの将来への進路，現実的な苦悩（友人関係，学力や部活動など），他者にはいえない自分だけの悩み・ジレンマ等々を抱えているであろう（2017年度，全公社研高校生意識調査参照）。

そこで，源流思想の立場からソクラテスや孔子の人生と思想を考えてみるとわかる。ソクラテスは「知者」とよばれたことに疑問を感じ，政治家や芸術家など一流の人びとと問答を繰り返し，「無知の知」に至る。この「知」とは一体何か，を考え問うことでもって単なる知識でないことを捉えさせる。また，孔子の「仁」には人を大切にする心があることに気づかせる。それはいずれも「～すべきである」の倫理ではなく，「～かもしれない」の倫理でもよくはないかというもので，状況やそれぞれに関係している者の価値観にふさわしいもの

を見出すことであって，「～するのもありだろう」くらいに考える柔軟性もあってよいといえるのではないか。つまりどちらが正しいかというような厳格な判断を迫るのではなく，そこには倫理的感受性と自らの意志による倫理的判断に繋がるものがあることを見出すだけでもよいといえなくもない。

第3節　倫理的感受性や判断の育成を支える授業

　青年期の真只中にある高校生は，ゲーテ（Goethe.J.W.）ではないが「どうしたら自分自身を知ることができるか」というように，まず「私とは何か」を問い，さらに「人生とは」「社会はどうあるべき」等々の疑問を抱くとともに，さまざまな葛藤を感じていることだろう。青年期の心理に関する学習において，優越感（自信）と自己嫌悪（劣等感）の対立といった自我感情のかたより，私自身がみている自己と他人からみられている私の対立である自我像の違い，さらには理想の自我と現実の自我の対立などのように相反する意識のずれを感じることだろう。このような状況にあるなかで，自我とはどのような働きをすることなのか，それ自体を探究するとともに，倫理的感受性がもっとも敏感になる時期が高校時代といえる。したがって，倫理的感受性について考えて見ると，それらを育成するためにも「倫理」の役割が重要になってくる。

　自我には，自らの感情を受け入れることや他者に対して自分とは異なる存在を認める感情もある。そのためには共感性ともいえる感情が必要になるが，これを感性として捉えてみると，先哲であるカント（Kant.I.）の説く道徳論に手掛かりを求めてみることも可能ではないか。カントは，ソクラテスのように人生は「単に生きることではなく，より善く生きること」が目標であったので，この目標を命じる道徳法則（道徳律）を考えなければならない。道徳法則は，「幸福を求めることではなく，幸福を受けるにふさわしい生き方」をせよと命じるのである。理性が命じる道徳法則も重要であろうが，そこには常に理性の働きが求められるものの，欲望や衝動などの感性は理性とのたたかい，理性によって感性を制御されなければならない。だが，感性をすべて否定するのではなく，むしろ感情として道徳法則にとって重要な位置を与えられていたとも考

えられる。厳密すぎるほどの義務論を展開するカントであるが，彼の説く道徳法則には生きることの是非を考えさせられる。自分は何をなすべきかではなく，自分は道徳的に何を負っているのかという視点から判断させる手掛かりを与え，自分の義務や責任をいかに果たしていくかを考えさせるようにしてはどうだろう。

　では，判断それも倫理的判断とはどのように形成されるべきだろうか。この判断には，ある種の規範性があるのか無いのかといったものが想起される。とすれば，「倫理」の学習の倫理的課題のひとつである生命倫理の分野から終末期の医療と関係した医療行為のことが考えられる。今を生きる高校生がどれ程に注目するか難しい素材ではあるが，それを看護という立場から考えることは可能ではないか。看護師は，患者とその家族，医療従事者の主体である医師との間にあってさまざまなジレンマに遭遇するのではないか。看護師は治療（cure）ではなく，ケア（care）を中心に従事している。そのケアという立場から倫理的判断を考えさせることができないだろうか。ただ，判断とはいってもAかBかのどちらかを選択・優先させるのではなく，両立できるものを探し出すための対応を考えてみてはどうか。「倫理」の教科書で扱われることはないが，アンソニー・ウエストン（Weston,A.）の考えが倫理的判断の実践にひとつの対応策を提供しているだろう。要約すると「耳を傾け独断を避ける，自己正当化しない，権威を後ろ盾にしない，規則を疑う，選択肢を広げる」（ウエストン，2004）等々の８つほどをあげているが，これらが判断力のために有効な指針となるだろう。ジレンマの解消のためには，二者択一や優先するのをどれにするかなど直ちに判断し結論を急ぐのではなく，判断する道筋を考慮することでジレンマを乗り越えていくことでなければならないと思われる。「生きることの意義」についての思索をもっとも考えさせるのに有効なのが生命倫理の単元であり，学習指導要領には「老いや病，障害とともに生きる意義と社会の在り方といった視点から倫理的課題」（公民編，114）への探究もまた，道徳教育の一環と考えられるので，先述のようなケアの問題に触れることが重要であろう。ケアの倫理を専門とするホスピスの必要性を説いたギリガンや，さらには

「一人の人格をケアするとは，もっとも深い意味で，その人が成長すること，自己実現することである」（メイヤロフ，1987：13）と述べたものに関心を向けるのもよいだろう。ここに自己実現が語られるが，メイヤロフ（Mayeroff,M.）によれば，ケア関係，つまりケアされる人の自己実現とケアする人の自己実現の相互の関係により全人格的に相手を信頼することでなければならないのがケアである。ケアの倫理を考えた際，まずは自己に対しての配慮からしだいに他者への配慮へ，そして他者との対等な関係を築くことでなければならないだろう。そこに内在するものこそ道徳性である。そのことを気づかせるのも「倫理」の授業の役割のひとつだといえるだろう。

　こうした実践的な授業内容についての成果を全公社研としては取り上げてはいるが，今後も継続して議論する必要がある。

第4節　高等学校における道徳教育の目標と課題

　「倫理」で行う道徳教育の推進は，きわめて限定的であるため，今後は「公共」も科目の特性からしてその一翼を担うことになるだろう。

　しかしながら，道徳の時間がない状況にある高校では，学習指導要領に示されているように学校教育活動の全体を通して推進しなければならない。以前からあるように人権教育推進のための教員が配置されていると同様に，今後は道徳教育推進教師の役割が求められている。

　学習指導要領解説総則編では，かなり詳細な記述が展開されており，特に，道徳教育推進教師について，次のように述べる。

　　　『道徳教育推進教師には，人間としての在り方生き方に関する教育を学校の教育活動全体を通じて推進する上での中心となり，全教師の参画，分担，協力の下に，その充実が図られるよう働きかけていくことが望まれる（177）。』

　内容的には，人権教育と同様な方法で，推進しなければならない。さらには内容の全体計画を策定し，それに基づいた校内研修を実施し，周知徹底を図ることで推進される必要がある。「道徳教育の目標（第1章総則第1款2(2)の3段

112

目）」の「エ　主体的な判断の下に行動する」で説明されている「人間として
の在り方に根ざしよりよく生きていくためには，道徳的価値についての理解を
元に，自己を見つめ，人間としての在り方生き方について深く考え，道徳的価
値を実現するための適切な行為を自分の意志や判断によって選択し，実践する
ことができるような資質・能力を培う必要がある」(31) との観点から，あら
ゆる教科科目を通して実践するものでなければならない。そのためには，各教
科科目で何ができるかを明確にしておかなければならない。

　高等学校における道徳教育の推進には，公民科が深く関係していることは理
解できようが，とかく公民科だけに押しつけかねない。道徳科がない以上，生
徒の心の琴線に触れるような授業を展開し，生徒の成長，特に自己実現への一
助を提供するのが，これからの高等学校における道徳教育に望まれることとい
えよう。

　その意味でも，「倫理」を中心にした授業の在り方を支えていく研究会活動
における支援の取組がますます求められているのであって，活発な議論がなさ
れていかなければならない。本章は，研究会活動の取組の内容とともに，「倫
理」教育の方向性としての一視点をも考えてみたものである。

参考文献 •···

ウェストン, A. 著，野矢茂樹・高村夏輝・法野谷俊哉訳（2004）『ここからはじま
　る倫理』春秋社
日本学術会議（2015）「提言　未来を見すえた高校公民科倫理教育の創生—〈考え
　る「倫理」〉の実現に向けて—」日本学術会議哲学委員会哲学・倫理・宗教教育
　分科会
メイヤロフ, M. 著，田村真・向野宣之訳（1987）『ケアの本質』ゆみる出版
文部科学省（2018）『高等学校学習指導要領解説　総則編』東洋館出版社
文部科学省（2018）『高等学校学習指導要領解説　公民編』東京書籍

第13章　校内での道徳教育研修の取組（小・中学校）

―――――石川　庸子

第1節　川口市立芝小学校における道徳教育研修

1 研究の概要―研修の根幹となる3つのポイント―

⑴ 「学ぶ」ことを問い直す〜教育のパラダイム転換〜

　他者と協働し，違いやコンフリクトがあっても共に生きていくことが楽しいと実感できるような学びが今求められている。渡邉満は，「『教育は，子どもたちの共同活動と大人による子ども集団へのかかわりという二つの視点を共に含まなければならない』。それには『子どもの社会化という観点から教育を考えるとき，教育は大人と子どもの相互行為と，子どもと子どもの相互行為という二つの相互行為によって成り立つと考えなければならない』」（渡邉，1999）と述べる。つまり，教育にはこの2つの複合的な相互関係が必要だという。換言すれば，子どもたちの学びの場が「主体―対象関係」から「相互主体的関係」

図表 13-1　教師と子どもの関係性

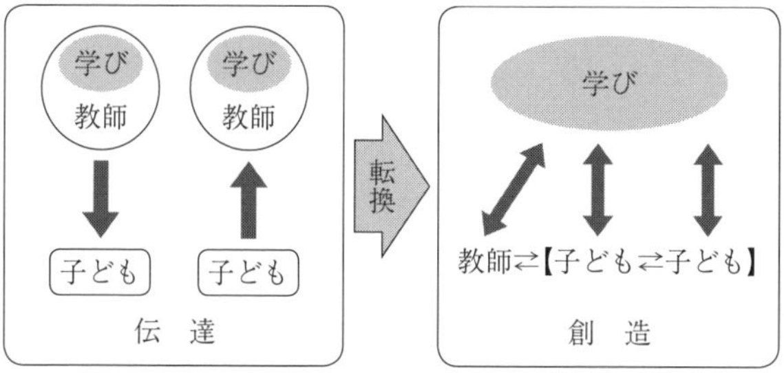

へ転換することがパラダイム転換を図る契機となる。

(2)　いじめ問題に正対する道徳科の授業

　現在，生徒指導上の諸問題は学校教育の大きな課題になっている。そのような状況に対し，カウンセリングマインドを生かしたさまざまな取組がされている。しかし，個別的な対応だけでは，補完関係は継続される。それは，「教室という社会」の在り方が依然として変容しないからである。

　ミード, G.H.（G.H.Meed）は社会の結合の仕方を2つに区分する。

A　同じ反応傾向をもつことで生じる結合，皆同じだとする連帯感からくる結合

B　異なる他者たちが総合に役割を果たしながら分業し，社会としてはひとつの有機体をなしているという連帯感からくる結合

　この社会的結合の在り方を，「教室という社会」の結合の仕方に置換してみよう。前者においては，初めは安定した関係であっても同質性がますます強調され，窮屈な社会構造となる可能性がある。また，社会はすでにあるべきものという前提を引き受けてきたのではないだろうか。一方，後者においては，異質性が前提となるため，他者は決して排除されてはならない存在となる。それぞれが異質な存在でありながらも，全体として社会を形成しているという結合となる。それぞれが異なっているために他者には果たせない役割をそれぞれが担う。そして同時に，その他者なしには社会は成立しない。それゆえ，一人ひとりの発達と共に「教室という社会」の発達という観点による道徳の授業が必要である。

(3)　「教室という社会」の「規範構造」を組み替える

　子どもたちの成長と共に，社会や集団において人間関係は，より複雑化すると同時に，規範の集合もより複雑なものになる。社会が統一性を保つためには，諸規範の集合それ自体に統一性がなくてはならない。

　ハーバーマスは，その諸規範の集合の構造を「規範構造」として想定したうえで，文化，道徳，集団としてのアイデンティティなどの「規範構造」が，シ

ステム命令に単純に従うのではなく独自の論理に従って進化していくと捉え，「規範構造」の変化が社会の進化を導くと主張する（ハーバーマス, J., 2000）。

　子どもたちの遊びを考察してみよう。飛び道具は使うな，弱い者いじめするな，謝ったらそれ以上攻めてはならない，甲乙つけがたい時にはじゃんけんで決めるなど，状況によっては，合意に基づき規範は更新され，その仲間全員が納得して遊びに熱中した。こうして子どもたちの世界は文化を創造し，遊びをとおしてルールや人間関係の在り方など「規範構造」を先取り的に学ぶ場があった。しかし，今日では，子どもたちにそういった規範構造を組み替えていく場は少なくなったように思われる。ともするとトラブル解決の主体が大人となりうる場合もある。ますます子どもたちは主体的に根拠や理由を示しながら規範構造を組み替えていく場と力を失っていくのではないかと危惧される。まさに，OECD が示す 2030 年に向けた学習の枠組みや「主体的・対話的で深い学び」「考え議論する道徳」といったキーワードは，教育そのものをこれまでの枠組みから転換していこうとする未完のプロジェクトである。校内研修それ自体も子どもの学びを中心に置きながら，職員一人ひとりのよさを活かすとともに，学び合う関係性を大切に進めてきた。

2 校内研修構想図

〈道徳科の特質〉

道徳科は，児童一人一人が，ねらいに含まれる一定の道徳的価値についての理解を基に，自己を見つめ，物事を多面的・多角的に考え，自己の生き方についての考えを深める学習を通して内面的資質としての道徳性を主体的に養っていく時間である。

（小学校学習指導要領解説　特別の教科　道徳編　P75）

〈目指す方向性〉　　　　　　　　授業改善を目指す！

「自ら進んで，他者と共によりよく生きる児童の育成」
—道徳科における「主体的・対話的で深い学び」を目指す授業づくり—

「子どもたち自身が人間としてよりよい生き方を求め，生きていく上で必要な事柄（道徳的価値）について，自分の問題として考え，学んだ内容を現在及びこれからの生活において活かしていく」ために，子どもたちが主体となって学び合える学習。

そのためには

学校の指導方針や子どもの発達の段階や特性　多様な　実態等を考慮し，ねらいに即して行う。
指導方法の
工夫が必要

登場人物への　　　問題解決的な　　　道徳行為に関する
自我関与が中心の学習　　学習　　　　体験的な学習

「主体的・対話的で深い学び」

【主体的な学び】　　【対話的な学び】　　【深い学び】
問題意識のある追及　協働的な話合いや議論　問題解決的な思考
（自分事として考える）　（言語活動を活かす）　（能動的学習に）

【学級経営の充実】
①学習規律の徹底（芝小５つのルール）
②豊かな関わり合い（児童主体）
③互いに認め合う学級経営
　（学級力向上プロジェクト）

【「どのように学ぶか」の焦点化】
①授業スタイルの確立
②芝小心のノートの活用と評価
③思考ツールの活用
④ユニバーサルデザインの活用
⑤家庭・地域との連携

☆一人一人が伸び伸びと安心して自由に発言できる（発言したくなる）雰囲気を日常の学級経営の中で醸成していく。
☆自分たちにとって切実な道徳的な問題について，多様な観点から根拠をもって考えられるようにする。
　低学年：考えに理由をつけて伝え合う，違いや共通点を見つける。
　中学年：自分の考えと比べ，多様な考えに気付き，知る。
　高学年：多様な意見からよいものを見出し，方向性を見定める。
☆一人一人の考え方や感じ方を大切にするとともに，異なる考え（価値観）をもつ人と話し合う場面を設定し，自分とは異なった考えに接する中で自分の考え方や感じ方を明確にしていく。
☆道徳的価値について，どのように捉え，どのように葛藤があるのか，また道徳的価値を実現することにどのような意味を見出すことができるのかなどについて，自分との関わりにおいて捉えられるようにする。
☆相反する道徳的価値のどちらか一方の選択を求められる場合，多くは正解が存在しないので，こうした問題には多面的・多角的に考察し，問題解決的な学習を取り入れ，最善解を導き出す。

出所）埼玉県教育委員会（2020）をもとに筆者作成

3 授業実践（専科担当も含め一人一人授業で学び合う研修）

(1) 子どもたちによる問題づくり（イメージマップや思考ツールの活用）

(2) 発達段階を考慮した段階的話し合いの場づくり

理由をつけて自分の考えを相手に伝える。相手の意見を聴き受け止める（低学年から積み上げる）。

相互指名で考えを深める。教師はその学びを支える。

小グループで相手の理由と比較しながら考えを深める。

(3) よりよい生き方を応援する「芝小心のノート」（低・中・高別）

授業での活用はもとより，学校行事の感想や考えを書く。授業での学びと日常生活を結び付けて思考できるよう工夫。

年度当初，目指す人間像を理由付きで記入。学期ごと学びの振り返りと保護者からの応援メッセージを記入。

⑷ 学びを支える環境づくりの一例

2の1
1回目

教材は，保存。
学校の共有財産
が増えていく。

年間５回の学級力向上プロジェクト。学級状況を可視化し，よさや課題を共有。PDCAサイクルで話し合いながら学級を創っていく。

学びの足跡を子どもたちが短い言葉で蓄積していく。

第２節　川口市立芝中学校における道徳教育研修

１ 研究の概要

　本校では，学区内の小学校の校長先生に講師をしていただきながら，小学校との連携を大切に研修を重ねてきた。道徳科の趣旨を踏まえ，「考え，議論する道徳」を実現するために，特に，問題解決的な授業の実践に取り組んでいる。話合いや討論を充実させることは，生徒が自分のこととして主体的に活動できるようになり，「主体的・対話的で深い学び」の実現につながると考え，授業の充実に取り組んでいる。

２ 実　　践

【校内研修会】

① 　４月の準備出勤中に，道徳開き，授業の仕方，評価などを全体で確認し，学校全体で歩調がそろうようにする。

② 　夏休み中には，模擬授業や授業づくりの実践を行う。

③ 　２学期中に，一人一回，問題解決的なスタイルでの授業を公開し，お互いに見学しながら研修する機会を設ける。

④ 　３学期には，２学期の授業見学会での学びを基に，全クラスが道徳授業を行い，指導者から指導を受け，研究授業も見学し研修を深める。

⑤　道徳通信を発行し，情報を提供したり，共有したりすることができるようにしている。また，小・中連携のために地域の小学校にも配っている。

【授業で大切にすること】

①　話合い・討論…渡邉満先生（広島文化学園大学教授／兵庫教育大学名誉教授）提唱の話合いのルールを示し，話合いや討論を深められるようにする。

②　内面としての道徳と，社会規範としての道徳のつながりを大切にし，社会的な視点で話し合うことを大切にする。

③　考えを可視化して理解や思考を深められるようにする。

④　多面的・多角的に考えられるようにする。

⑤　単元学習で考えを深められるようにする。

⑥　2030年，持続可能な社会の担い手としての資質を育てる。

【道徳ファイル「こころのおと」】

道徳目標や，毎時間の振り返りシートと板書の写真や，毎週金曜日の朝1週間の振り返りなどを書くシートを保存する。学期ごと，1年間の最後にファイルを読み直すことで，自分自身の成長を実感できる。また，評価にも活用することができる。

3　生徒の学び

主体的・対話的で深い学びの実現には，話合いや討論は欠かすことができない。しかし，話合いを深く活発なものにするには，生徒自身が課題をみつけ，問題を解決していくことが重要である。もちろん，教師がめあてや課題を出すこともあるが，生徒自身が課題を設定することは，問題を生徒自身が自分のこととして捉えるので，深く考えることができるようになり，学びが深まるのである。

たとえば，C【勤労】について考える教材「新しいプライド」（東京書籍『新しい道徳1』）では，生徒に「今日は仕事について考えるから自分たちで課題を立てるように」と指示した折，教材の内容を深めた上で，「人は何のために仕事をするのか」という課題を立てた。その問題を解決するため①働くことで

お金以外の何をえることができるのか，②やりがいを感じられる時はどの様な時か，③働くことで社会がどう回っていくのか，といった問いを考え自分たちで課題を解決することができた。どのような課題や問いを選ぶかは想像できず，教師が意図しない方向に進んでしまうのではないかという怖さもあるが，今までの経験のなかでは，筆者自身が考えた課題と大きくずれることはほとんどなかった。それどころか，教師がはっとするような問いも生まれてきた。「自分達で考えながら進めていくのは楽しい」と多くの生徒の声が聞かれた。

4 考　察

　2030年これからの社会をつくっていく生徒の育成のために，他者と協働し問題を解決し，道徳的な問題を考え続けようとする資質を養うために授業改善に取り組んでいる。結果，道徳の時間の課題を自分の課題として考えることができるようになり，道徳的実践意欲や，道徳的判断力の向上につながっている。

● 参考文献 ●

「考え，議論する道徳」を実現する会（2018）『「考え，議論する道徳」を実現する！主体的・対話的で深い学びの視点から』図書文化社

埼玉県教育委員会（2020）〈校内研修構想図〉「埼玉県小学校教育課程指導・評価資料」：232-235

野平慎二（2005）「道徳教育における公共性意識の形成に関する日独比較研究」平成15年度〜平成16年度科学研究費補助金研究成果報告書：99-102

ハーバーマス，J. 著，清水多吉監訳（2000）『史的唯物論の再構成』法政大学出版局

山下祐介（1994）「コミュニケーションと道徳的秩序—デュルケーム，ミード，ハーバーマス—」九州大学編『哲学年報』53：167-185

渡邉満（1999）「コミュニケーション的行為理論による道徳教育の可能性」『兵庫教育大学研究紀要』19：96-100

渡邉満（2015）「学校の道徳教育と道徳授業の可能性を拓く」教育哲学会『教育哲学研究』112：94-113

渡邉満ほか編（2016）『シリーズ「特別の教科　道徳」を考える2　小学校における「特別の教科　道徳」の実践』北大路書房

第14章 校内での道徳教育研修の取組
（附属学校）

―――――尾崎　正美

第1節　附属小学校での道徳教育校内研修

　附属学校は，公立学校に比べて教科の専門性を高めることがより重視されているため，小学校においても教科担当制を採用し，道徳科授業は学級担任ではなく，道徳担当教員が行う学校も多い。そのため，道徳教育を校内研修として取り上げる機会が少ないという実態があった。しかし，平成30（2018）年の「特別の教科　道徳」への転換をきっかけとして，附属小学校教員の道徳教育への意識が高まり，道徳教育の視点を取り入れた校内の課題研究に取り組んだり，道徳科の授業づくりや評価についての校内研修を行ったりする学校が増えてきた。

1 鹿児島大学教育学部附属小学校での取組

　一部教科担任制で，道徳科の授業については，担任が行っている小学校である。大学の教員と連携して取り組む道徳科の授業づくりと評価についての校内研修を行っている。研修は，「特別の教科　道徳」としての授業づくりについて目標の解釈や内容項目の分析，評価の仕方などを学習指導要領に沿って丁寧に学んでいくことから始められている。そのうえで，道徳部が行っている授業の「心の葛藤を乗り越える喜びや楽しさを中心に追究する授業」と「道徳的価値はなぜ大切にされるのかを中心に追究する授業」について模擬授業をしながら授業づくりについて考えていく研修を行っている。模擬授業は，2つの展開の違いがわかるように，ひとつの教材を用いて行われることもある。道徳科授業の基礎を学校全体で共有するとともに，異なる展開方法を提示することで，

道徳科の授業の多様性を高めていくねらいをもって研修が進められているといえる。

2 岡山大学教育学部附属小学校での取組

　教科担任制の学校であるが，「特別の教科　道徳」への転換をうけて，教科担任制の特性を生かしつつ，道徳教育を教科横断的に進めていくための校内研修を行っている。校内の課題研究である「共に創る学び」と道徳科授業を関連させ，他教科にも応用できる授業づくりの力を高めるような研修を組んでいる。教科横断的な道徳教育の推進には，これまで，年間指導計画の別葉作成において内容面のつながりを深めることが行われてきたが，岡山大学教育学部附属小学校の研修では学び方に焦点をあて道徳教育と他教科をつなぐことに目を向けている。研修では，課題研究ベースで子どもに育成したい資質・能力を道徳科の授業ではどのように育てていくことができるかという視点で模擬授業を行っている。課題研究である協働的な学びは，他者と考えを交わし合意形成を図る力が必要となり，それは道徳教育においても育成したい力である。そこで，道徳科の授業において児童の協働性を育成するために，児童自身が問いを生み出していく授業と教師がファシリテーターとしての役割をもちながら児童が主体的に探求していく授業を重視し，それぞれについて模擬授業を通して研修している。教師のファシリテーターの役割に目を向けた模擬授業では，教材「ブランコ乗りとピエロ」を用いて，参加者は児童役ではなく，自分自身として授業に参加し，教師のファシリテートによって自己内対話を深めていく感覚を体験している。教員自身が道徳科の学び方を体験することで，多様な考えを出し合いながらよりよい解をみつけていくという，道徳的課題解決における思考の仕方を校内で共有することができるといえる。道徳教育を学び方の面において他教科との関連の視点から捉えた校内研修である。

3 お茶の水女子大学附属小学校での取組

　学び方から道徳教育を考えるという視点であれば，お茶の水女子大学附属小

学校は，文部科学省の研究開発学校の指定をうけて平成 27（2015）年度から道徳の時間と他教科の関連を図った新教科「てつがく」を創設し研究開発を進めている。この研究では思考力の育成と人間性・道徳性の育成の関連を明らかにしていくことを目指している。新教科「てつがく」では，「多様な思考の場」「他者との

図表 14-1　「てつがく」と他教科との関連

出所）お茶の水女子大学附属小学校（2018：10）

関わり，自己の在り方の追究」「共同体での探究と問い続ける姿勢」という 3 つの柱をもった学習指導要領案を作成し，実践を重ねながら内容の妥当性を検討して，研究を進めている。新教科「てつがく」は，思考の仕方において学校全体での思考力育成の要となっている（図表 14-1）。ここで育成を目指している思考力は，「問い」を多面的に考え，対象や立場を変えながら考え続けることを指しており，この思考力は人間性・道徳性を育成するうえでも必要な力であるといえる。お茶の水女子大学附属小学校では，新教科「てつがく」によって，人間性・道徳性を高める思考力の育成を目指しているということである。研究では，教員自身が「てつがく」する教師となることが目指されている。教員は授業において，児童一人ひとりの考えをしっかりと聴くことを大事にしており，児童が言葉に込めた意味や伝えようとする思いまでを考えて問い返しながら，教員自身の考えを深めていくことを心掛けている。このように，教員も児童と共に「てつがく」していく授業づくりは，答えがひとつでない道徳的課題について協働的に考えていく道徳の学び方の体験ともなり，それを教員間で共有することは，新教科の創設のための教員間の協働にもつながる。この校内研究のように，実際に教員自身が「てつがく」する思考を体験していくことは，学校全体の道徳教育を進めるうえで大きな意味をもつ研究となっているといえる。

第2節　附属中学校での道徳教育校内研修

全国の中学校では「特別の教科　道徳」への転換に伴って，道徳科の授業づくりへの意識が高まってきた。附属中学校においてもその意識の高まりは多くの学校でみられ，同単元を同学年の他クラスにおいても実践する「ローテーション道徳」は，全国的に広がっている。

1 群馬大学共同教育学部附属中学校での取組

「特別の教科　道徳」への転換をうけて，道徳科の授業づくりについて，まずは道徳科の目標，授業などについて，学校内での共通理解を図った校内研修を，教科化の前年度から行っていた。「考え，議論する」場の設定など，道徳科としての授業づくりを実践的に研修していくことに加えて，週提案やワークシートの形式を共通化したり，多様な指導方法を開発したりするなど，道徳科授業の在り方や道徳指導の方向性を全職員で共有しながら進めている。道徳科の授業は，学年の道徳担当教員を中心にして，学年ごとにすべての道徳科の授業づくりを考えている。その授業づくりの検討のなかでは，名前のマグネットシートや2色のプラスチックコップを用いて自分の考えの立ち位置を示させ，生徒の思考を可視化していく授業を重ね，生徒が自分の考えと人の考えの違いに目を向けて対話を生むような工夫も出されていた。一時間一時間を学年の教員で教科を超えて話し合っていくことで，各教科の授業で培ったノウハウを生かしながら，学校全体の道徳科授業の質を向上させていくことができていた。各授業における生徒自身の学びの振り返りを基に，授業の成果と課題を教員全体で共有しながら，研究を進めていくこともできている。日常の教科教育への取組を生かしながら学校全体で日々の授業づくりを核として，道徳教育の研修を進めていくことができている実践である。

2 岡山大学教育学部附属中学校での取組

岡山大学教育学部附属中学校（以下「岡大附中」とする）では，道徳の教科化

が決まるより以前である平成 20（2008）年度から 3 年間，それまでの教科教育
の研究における成果を生かしながら，道徳教育を中心に置いた校内研究に取り
組んだ。その研究では，「強い意志を持ち，主体的に行動する心豊かな生徒の
育成」という研究主題のもと，学校全体で教育活動を考えていくために，道徳
教育に焦点を当てた授業づくりが行われた。それは，中学校において，人間性
の涵養を主題とする広義の道徳教育の在り方を提案することを目的にしてい
た。岡大附中では，教員，保護者のアンケートをとったり，新版道徳性検査
（教研式 New Human）による生徒の道徳性の実態把握を行ったりすることも入
れながら，道徳教育の全体計画を見直すことから研究を始めている。見直され
た全体計画は，実態と目標，各教科における道徳教育の視点が明確になってい
るだけでなく，附属校園，大学との連携も視野に入れた実践的な計画となって
いる。道徳教育を学校全体で取り組む研究とすることで，生徒の成長を全教員
が同じ視点から見ることができるようになった校内研究であったといえる。

3　新潟大学教育学部附属長岡中学校での取組

　平成 29（2017）年度から文部科学省の研究指定をうけて，新領域「いのち」
を創設し，各教科・領域横断型の幼少中一貫カリキュラムの研究開発を行って
いる。新領域「いのち」とは，生命のつながりを発展させたり，生命の基盤と
なる安全な社会を実現したりする資質や能力を育むことを目指した「生命」
「安全」に関する教育に特化した新領域である。道徳科をはじめとした各教科
の時数をいくらか削って新設されている。この新領域は，「よりよい社会を目
指して，納得解や最適解を求め続ける子供」の実現を目的としている。「より
よい社会」の実現の前に立ちはだかる問題の解決方法はいうまでもなくひとつ
ではない。答えがひとつでない問題の解決に向けて働く力を養うことは，道徳
教育のなかでも大事なことのひとつである。お茶の水女子大学附属小学校の研
究と同様に，新領域の創設を校内研究にすることで，教員自身もまた探究的な
学び方を身に付けていくことができ，それは生徒の教育へと生かされていく。
長岡中学校では，幼小中一貫教育も視野に入れていることから，幼少中三校園

図表14-2 長岡小学校・長岡中学校『いのち』年間単元配列表

○『いのち』年間単元配列表（平成31年度案）

学年(時数)	4月	5月	6月	7月	8月	9月	10月	11月	12月	1月	2月	3月
中3 (90)	全校ガイダンス (3)		語り継ぐ平和 (62)							卒業論文テーマ選定・構想 (25)		
中2 (100)		真珠湾攻撃と長岡花火 (42)			沖縄戦と長岡空襲 ～人々の多様なくらしとそのようさ～沖縄との比較を通して～ (30＋25)							
中1 (80)			震災から地域を守る (40)				防災研修旅行 (10)	雪害から地域を守る (27)				
小6 (100)	ガイダンス (3)	100年後も安心して暮らせる長岡市をめざして (33)		人工知能の発達とわたしたちの暮らし (18)		地震災害に備える (12)	長岡花火に生きる人々 (25)			今を生きるわたしたち (10)		
小5 (100)			長岡市とスポーツ (41)			地震災害から命を守る (39)			食品ロスから見える世界 (18)			
小4 (95)	わたしと自然と長岡の未来 (18)		栖吉川の今・昔・未来 (31)			守ろう！わたしたちの栖吉川の植物 (25)			明日を生きるミライのわたし (20)			
小3 (95)	ガイダンス (2)		長岡野菜を調べよう (31)			つながっていく命 (32)			雪害の防止 (10)	わたしたちの町 長岡 (20)		
小2 (120)	学年ごと	さらさら野菜を育てて食べ物のことを考えよう (30)		安全なわたしたちの町 (28)			生まれる (35)			雪道から自分を守る (25)		
小1 (115)		あんしんぶくしょう (20)		生き物 だいすき (45)			あんぜんな学校せいかつをおくろう (30)			わたしと長岡 (20)		わたしとふゆのしぜん (18)

出所）新潟大学教育学部附属長岡中学校（2019：7）

研究開発部会を立ち上げ，附属校園が一体となって「いのち」の実践に向けて動いている。幼小中の学校がそろっている附属校としての強みを生かし，子どもの学びを長期的にみていくことができている。長岡中学校では，月１回を目安に三校園で職員合同研修を行うことで，幼小中教員間の連携がより深まり，求める子どもの姿や育みたい資質・能力などについての共通理解が図られるようになったという。研究では，生徒，教員だけでなく保護者からも「いのち」の授業について評価をえて，継続的なカリキュラム改善にも努めている。新領域「いのち」を中心として，幼小中の附属校教員が同じ方向を向いて取り組むことは，学校全体で生徒の道徳教育に取り組んでいく姿勢を創り出すことにもつながり，それが学校をよりよくしていくPDCAサイクルを回すことにもなっていることがみられる実践である。

第３節　附属校の特性を生かした道徳教育

　以上のように小学校，中学校から各３校ずつの校内研究に基づいた校内研修を紹介した。教科の専門性を生かした教育を行うことが求められるのは，附属校としての特徴のひとつである。それは，附属校としての強みでもあると同時に，各教科で育成する資質・能力が分断されてしまう課題を生み出してしまいかねない弱さともなりうることであった。しかし，学習指導要領が改訂され，教科横断的に子どもの資質・能力を育成していくことが求められるようになった今，これまでの教科教育で培ってきた知識や技能を，学校全体で協働的に子どもを育てていく教育に生かしていくべきである。その際に，学校全体での子どもの学びを考えていく視点のひとつとして，道徳教育は適していると考える。紹介したどの附属校における校内研修でも，道徳教育を取り上げることが，子どもへの道徳教育のノウハウを高めていくことだけにとどまらず，教員間の連携を深めたり，新たな教育の可能性を生んだりすることにつながっていた。また，道徳教育を校内研修として取り上げる場合，附属校では道徳科の授業づくりや学校全体での道徳教育の場面や方法などのように，道徳教育の内容そのもののみを取り上げるだけでなく，教科横断的に活用できる学び方や幼小

128

中が一貫して取り組むことができる資質・能力に目を向けている場合がみられた。この視点は，子どもの資質・能力の育成を重視するなら，他の公立学校においても応用できる視点ではないかと考える。

阿部麗・星野勇希・三好和人・柏木純（2019）『道徳的価値の理解を自分との関わりのなかで深め，よりよく生きようとする生徒の育成』群馬大学共同教育学部附属中学校ホームページ　https://jhs.edu.gunma-u.ac.jp（2020 年 12 月 28 日閲覧）

岡山大学教育学部附属小学校（2019）『令和元年度教育研究発表会紀要』岡山大学教育学部附属小学校

岡山大学教育学部附属中学校（2010）『第 31 回中学校教育研究発表会　研究発表資料』岡山大学教育学部附属中学校

お茶の水女子大学附属小学校（2018）『第 80 回教育実際指導研究会　発表要項「学びをひらく―ともに"てつがくする"子どもと教師―」』お茶の水児童教育研究会

お茶の水女子大学附属小学校（2019）『第 81 回教育実際指導研究会　発表要項「学びをひらく―ともに"てつがくする"子どもと教師―」』お茶の水児童教育研究会

永田佑（2020）『道徳科の授業づくりと評価』鹿児島大学教育学部附属小学校校内研資料

新潟大学教育学部附属長岡中学校（2018）『平成 29 年度　研究開発実施報告書・第 1 年次』新潟大学教育学部附属幼稚園・長岡小学校・長岡中学校

新潟大学教育学部附属長岡中学校（2019）『平成 30 年度　研究開発実施報告書・第 2 年次』新潟大学教育学部附属幼稚園・長岡小学校・長岡中学校

第III部

家庭における
心を育てる取組

概要　第Ⅲ部を考察するにあたって

竹内　善一

　「三つ子の魂百まで」とは，幼少期における子育ての重要性をあらわした言葉である。子育て環境が子どもの成長にとっていかに大切であるかということである。子どもにとって人生の最初の教育の場としての家庭の重要性については誰しも認めるところである。子育てや家庭教育に関する研究や実践例，それらに類する書籍や提言集は百花繚乱巷にあふれている。それほど国民の多くが子育てや教育に関心を抱いている証である。

　近年の社会の変化による家庭の教育機能の低下が指摘され，過保護，過干渉あるいは放任といった親の養育態度も問題とされている。特に，現代の子どもについては，基本的な生活習慣が身に付いていない，忍耐心に欠ける，責任感がない，さらには家庭内暴力，青少年非行などの病理的な現象が社会問題となっている。これらの大きな原因のひとつに家庭があげられる。

　家庭教育が重要といっても，その家庭環境そのものが良い状態でなければ，良い家庭教育は望めない。家庭崩壊や家庭内暴力，幼児虐待など，子育てや家庭における深刻な事件や問題行動も後を絶たないのである。家庭内のことは部外者にはなかなか手の出せない事情もあり，表面化した時には取り返しのつかない状況に陥っている場合がほとんどである。

　家庭教育は本来，親が子に対して行う私的な教育であり，その考え方は個々の家庭により異なる。たとえ教育観が異なろうとも，自立した真っ当な人間として社会に送り出すことは家庭の果たすべき基本的な機能である。こうした家庭の教育機能が十分に発揮されるためには，親が現代の家庭をめぐる状況の変化に対応した家庭教育について学習する必要がある。

　「家庭における心を育てる取組」では，家庭教育の意義を明らかにすると同時に，心を育てる具体的な指導を提示することによって，家庭教育の向上に寄与することを目的に論じている。

　内容は次の5つの章で構成されている。「第15章　家庭教育と道徳教育」「第16章　乳幼児期における家庭での心を育てる取組」「第17章　児童期（小学生）における家庭での心を育てる取組」「第18章　生徒期（中学生・高校生）における家庭での心を育てる取組」「第19章　家庭教育における心を育てる取組」である。これらの取組についてそれぞれの立場から論じている。

　第15章では，わが国の社会経済の変化に伴う人口の都市集中，就労婦人の増加，核家族化，少子化など現代社会が抱えるさまざまな問題点について論じている。

　第16章では，乳幼児期の教育理論をペスタロッチやコメニウス，ルソー，カントなどの教育思想に基づいて論じ，家庭での生活習慣の形成が道徳性の芽生えの基礎であることを論じている。

　第17章では，児童期の家庭における基本的モラルなどの道徳的価値を子どもが身につけていくためには，家庭での道徳教育の実態を明らかにして，その問題点を解決する取組について論じている。

　第18章では，生徒期の心のありように触れ，家庭での役割や教育機能の重要性について具体的な事例を紹介しながら論じている。

　第19章では，家庭での日常生活で特に重要と思われる節度，自立，明朗，家族愛，働く，公徳心，生命尊重，郷土愛の8つの徳目について論じている。

　家庭の教育力の回復の重要性が各方面から提起されているが，次の資料は現代社会における子どもの問題について親が迷うことが多いと思われる事項を重点的に取り上げて具体的に解説しているので大変参考になるので紹介する。

　家庭教育に関する参考資料として，文部科学省が旧文部省時代の1983（昭和58）年から学識経験者からなる「家庭教育に関する資料作成のための懇談会」を設け，子どもの発達段階の家庭教育資料の作成を進めてきた。以下の文献が文部省編『現代の家庭教育―乳幼児期編―』『現代の家庭教育―小学校低・中学年期編―』『現代の家庭教育―小学校高学年・中学校期編』である。さらに，1994（平成6）年から「家庭」の充実を図るため「明日の家庭教育シリーズ」を1号から5号まで作成し普及を図った。

―――― 竹内　善一

第15章　家庭教育と道徳教育

第1節　家庭の現状と問題点

1 家族形態の推移

　人間教育の基盤が家庭にあることは今も昔も変わらない。しかし，家族形態は時代や社会情勢の変化によって大きく様変わりしている。家族形態の推移を時系列でみてみると，1955年の厚生省の「厚生行政基礎調査」によれば，核家族世帯45.4％，三世代世帯43.9％，単独世帯10.8％で，1985年は核家族世帯61.1％，三世代世帯15.2％，単独世帯18.4％，その他の世帯5.3％であった。また，厚生労働省の2015年国民生活基礎調査では核家族世帯60.5％，三世代世帯5.9％，単独世帯26.9％，その他の世帯6.7％である。核家族世帯，夫婦と未婚の子どものみの世帯29.5％，ひとり親と未婚の子どものみの世帯7.3％となっている。

　この調査結果から，現代の家庭はかつての三世代や四世代が同居する大家族ではなく，核家族で構成された家庭が大半を占めている。そして三世代世帯がこの60年間に7分の1強に減少し，また単独世帯が3倍近く増加していることがわかる。その背景は経済社会の発展に伴い産業構造が大きく変わり，第一次産業から第二次，第三次産業への移行が大きな要因となっている。それに伴う労働人口の移動によって農村部から都市部周辺に人口が流入してきたのである。こうした経済や産業の多様化や変化によって，それに従事する人たちの家庭や生活スタイルもさまざまに多様化してきたのである。

　ここで取り上げる家庭教育の対象となる世帯は夫婦と子ども世帯，ひとり親

と子どもの世帯，三世代世帯とその他の世帯のなかの四世代世帯を含めて，子どものいる世帯である。ところが，子どものいる世帯が全世帯の４割にも満たないことがわかる。また，出生率の低下や晩婚化で子どもの数も１人や２人と少なくなっている。子どもの数が少なければそれだけ親は子どもに手厚く関わり子育てができ，また子どもにとっては恵まれた環境のなかで思い切り自分の能力を伸ばすことができるはずであるが，逆に子育てに苦悩する親や自立できない子どもが増えているのである。

　かつては耳にしなかった若者の問題行動を表現する言葉として，モラトリアム，ニート，アパシーなどの用語が日常語として使われ，常態化している。これらの用語は現代の若者の病理現象を表す言葉であるが，事態は改善されているとはいえない。依然として高水準のまま社会問題化してきている。こうした問題も家族形態の変化によって引き起こされた部分が大きいと思われるのである。

2 現代の家庭の問題点

　現代の家庭はかつてのように兄弟姉妹の数が多かった時代に比べ，子どもの数が一人っ子や二人っ子と少なく子どもを取り巻く人間関係が限られた範囲に限定され，親も数少ない子どものことを心配するあまり，必要以上に手をかけ過ぎてしまう傾向がある。子どもにとっても人間関係が希薄になりコミュニケーション活動も減少している。

　こうした家族形態の変化に伴う子どものさまざまな問題行動，具体的にはいじめ，不登校，家庭内暴力，万引き，長時間のテレビゲームなどが指摘されるが，すべての家庭でこうした問題行動が起こっているわけではない。では，子どもが問題行動を引き起こす家庭にはどんな問題点があるのであろうか。その要因となっているものは何なのかを親が理解することが大切である。ところが，問題行動を起こした子どもの親の多くは，自分は子どものために一生懸命に愛情を注いでいると思っている。どうしてわが子が問題行動を引き起こしたのか理解できないのである。

　子どもの問題行動の要因の多くが親の過保護，過干渉，過期待もしくは子ど

もへの無関心，放任などの親の養育態度であるいわれている。こうした親の子どもへの対応が子どもに影響を及ぼしていることが指摘されているが，親はそれに気づかないことがほとんどである。子どもの問題行動が生起してから，親はその深刻さに戸惑うのである。

　子どもを授かった時点で，親は子どもの健全な発達のために何をすべきかを自覚し責任をもたなければならない。子どもは生まれてすぐに自分の力で生きていくことはできない。すべてを親や家族に委ねている。子どもは家族との関わりを通じて自分の存在を確かめ，精神的な安らぎと充足感をえていくのである。子どもにとって家庭は心身ともに憩いとなる楽しい場所である。こうした家族の情緒の安定こそが家庭教育の重要な課題である。

　そのためには，親は子どもが信頼し頼ることのできる存在として，愛情をもってわが子の成長を見守ることである。親や家族のすることは，子どもの独り立ちに向けて必要以上の手出しをせずに子どもが自分で考え，判断し，問題を解決していく力をつけてやることである。

第2節　家庭教育の重要性

1 家庭における道徳教育

　家庭教育を問題にする場合，先ず家庭教育の理念が論じられる。それは当然なことであるが，理念だけで問題が解決されるものではない。ここでは家庭教育で現在一番大事なことは何かを具体的に述べることから始めたい。人生は出会いから始まるといわれる。子どもが最初に出会う相手は親である。親がどんな生き方や価値観をもっているか，日々親と接している子どもにとっては知らず知らずの間に親の言動を通して子どもの生き方や価値観が形成されていくのである。親はそのことを自覚して生活しなければならないが，ほとんどの親はそうした自覚もなしに日々の生活や仕事に追われ，その場の雰囲気で子どもと接しているのが実態である。

　まず，子どもにとって何が一番大切かを親が理解をすることである。そして

親の役割とは何か。親として子どもに対して家庭でやるべきことは何であるか
をしっかりと認識することである。親が子どもを育てる目的は一人前の人間と
して自立でき，真っ当に生きていくことができるようにすることである。子ど
もはこの世に生を享けた時から社会的存在として生活していくのである。人間
はひとりでは生きられない，そのためには他者とのコミュニケーション能力や
社会性を身につける必要がある。また集団に適応する能力も求められるのであ
る。

そのために，親は子どもに家庭でできるモラル，マナー，ルール，約束，時
間を守るなどの基本的生活習慣を身につけさせることである。こうした子ども
のしつけなどの道徳は本来家庭でやるべきものであり，家庭での道徳教育は学
校で学ぶ道徳教育とはまったく違った観点から捉えなければならない。その違
いは，学校は計画的に教育目標が設定され，それに向かって指導する，いわば
未来志向型の道徳といえる。ところが，家庭では子どもが生活している今，現
在の指導が大事なのである。子どものしつけを後回しにすることはできないの
である。気づいたその場で直接に指導しなければならないのである。

しかし，現実は多くの家庭では子どもを伸び伸びと育てるという風潮の下，
他者への思いやりもないまま子どもに自由な行動をさせている場合が多いので
ある。学校で道徳を学んでも家庭で子どもに好き勝手にさせるなら，学んだこ
とが活かされることはほとんどない。

２ 子どもの人格形成の基礎

「三つ子の魂百まで」という。家庭での子育ての重要なことを述べた言葉で
ある。親は子どもに何を期待するのであろうか。生まれる前には五体満足に無
事生まれてくれるよう願うであろう。しかし，親の願い通りにいかない場合も
あるかもしれないが，生まれてきた子どもには幸せになって貰いたい，誰から
も愛され，自分の人生を精一杯生きて欲しいと期待する。

人生を悔いなく生きるためには，どんな生き方が望ましいのかそうした智恵
を親がもっていることが望ましいのであるが，人生経験の浅い若い親にそれを

期待することは難しい。親自身が自分の生き方や価値観をまだ模索中であったり，しっかりした人生観を確立していない場合が多いと思われる。まず，親が自分はどんな人物になりたいのか，自分が理想とする人間像を描いてみることである。それには親が尊敬する人物をもつことである。身近な人でもよく，または過去の偉人でもよく，要するに自分にとって目標になる人であることである。

　子どもは身近な人から感化され成長していくのである。子育ては親育ちともいわれる。子どもの成長と共に親も成長するのである。親自身が人格の形成に意識的に取り組まなければ，子どもの人格形成はおぼつかないものになる。子どもの人格の形成には親の関わりなくしてはありえないのである。

　多くの人から「人格者」として慕われ尊敬される人物は，しっかりとした価値観をもっている人が多いのである。それに基づいて社会のために活躍し，多くの人から感謝されているのである。

　家庭でも親子で一番大切にする共通の価値観を決めて，家族でそれを実行するように努力をする。たとえば「感謝」することを共通の価値観にし，日常の生活のなかでお互いが相手に感謝の気持ちで接すれば，人間関係の軋轢やトラブルはなくなり円満な家庭生活を過ごすことができるのである。子どもの人格はそうした環境のなかで育まれていくのである。

第3節　家庭教育への支援

1 共働き家庭

　1985年に「男女雇用機会均等法」が制定され，さらに1999年に「男女共同参画社会基本法」が制定されて女性の活躍する機会が増えてきた。その背景には女性の高学歴化や女性の自立性が高まってきたことがあげられる。それだけ女性の能力が男性と同等に評価されてきたことである。だから，女性が結婚しても仕事を継続することが当たり前になってきたのである。

　さらに，女性が仕事をもつ上で，家電製品の普及で家事の省力化，保育所な

どの増加で共働きと育児との両立が可能になってきた側面もある。また，働く母親の増加は家事や育児だけに専念するだけでなく，もうひとつの生き方を求める女性が増えたことである。それは母親にとっては，視野が広がる，友人がえられる，生きがいが出る，能力を生かせる，子離れができるということである。

　子どもにとっては母親の過保護，過干渉から解放され，自立心が生まれ，母親の生き生きした姿に触れることができる。母親の就労を問題視するのではなく，子どもの自立や社会化の機会としての母親の就労が家庭の教育機能の活性化につながるように活かしていくという考えが大切である。そのためには家族が家事に参加するなど家族の役割分担を決めたり，家族が留守の間の連絡手段などの約束事について家族でよく話し合うことが不可欠で，日ごろから近隣とのコミュニケーションを密にすることが大切である。共働き家庭で問題視される子どもとの接触時間であるが，問題は親子の接触する時間の長短ではなく，どの程度子どものなかに親の存在感があるかが問題である。

2 単親家庭

　母子家庭の問題点としては不安定就業と経済的不利，父子家庭の家庭生活上の問題点では，家事や子どもの世話をする人がいない。母子家庭や父子家庭にみられるこのような悩みは，両親がいれば2人で互いに補い合っている機能を，単親家庭では親が，ひとりで負わなければならないために生じている問題を如実に示している。こうした問題の解決策として行政や企業などの提供する教育・福祉などに関する諸制度と社会的援助の積極的な活用や利用，親族，友人，知人，近隣のネットワークを活用していくことで家庭の教育機能の補完を促進できるのである。

　単親家族がはらむ問題点に十分に留意しつつ家族の情緒的充足感を高められるよう現状をプラスの方向に利用していこうとする親の姿勢が大切である。問題のすべてを自分の家族内だけで解決しようとせず，不足する男性モデルや女性モデルを補えるよう親子で地域のイベントなどに参加し，多くの人との交流

第15章　家庭教育と道徳教育　139

によって普段家庭のなかでは見えにくいことを学ぶ努力を惜しんではならない。

第4節　家庭と学校の連携

1 親が育てば子も育つ

　本来なら，小・中学校で学んだ道徳教育が実生活のなかで十分に機能しているはずであるが，現実は必ずしもそうなっていない。多くの社会人が道徳の時間に何を学んだか記憶にないというのが現実である。それは学校で学ぶ道徳は直接日常の具体的な行為の指導ではなく，いずれ将来出会うであろう場面で道徳科で学んだ道徳的価値が実践できるという理論に基づいて指導されているのである。よほど強く心に残る道徳指導でない限り，多くの社会人は学んだことを忘れてしまっている。だからといって，学校の道徳教育は無用だという論理にはならない。学校で学ぶ道徳教育は人としてよりよく生きるための基盤となる道徳性を養うことを目標にしているのである。

　ところで，家庭教育といえば，子どもの育て方に目が向けられがちであるが，本来は子どもを育てる親のあり方が問われているのである。連日，マスコミで取り上げられる犯罪や事件は決して子どもの問題ではなく，大人の問題である。社会を構成している大人の在り方が問われているのである。道徳の問題は子どもの問題より大人の問題なのである。子どもは親の背中をみて育つといわれる。子どもが育つ環境の大切さを表現したものである。ところが，子どものモデルになるべき親が必ずしも子どものモデルにふさわしい親ばかりではない。子どもは親を映す鏡ともいわれる。親の生き方が無意識の間に子どもに影響を与えているのである。ところが，親は子どもの言動には注意することがあっても，自らの言動には気づかぬものである。わが子の言動を通して己を振り返る機会にすれば，親は如何にいい加減に子どもに接していたかがわかるであろう。大人を変えずして子どもは変わらないのである。

2 親子で学ぶ道徳教育

　親は社会人になると仕事や育児などに時間を取られ，自分を振り返ることを忘れてしまう。子どもとの触れ合いを通してもう一度人としての在り方や生き方を問い直してみる必要がある。長寿社会を迎え，心身ともに健康で老後を過ごそうと思うなら，子どもと一緒に学ぶ機会をもつことが求められる。

　子どもが学校でどのような道徳を学んでいるかを知ることは，子どもと一緒に道徳を学ぶ参考になると思われる。そこで，学校で道徳科の授業を公開する機会に是非参加してみるのもよい。授業公開は学校における道徳教育への理解と協力を家庭からえるためにも，極めて大切なことである。しかし，公開授業に参加しなければ道徳を学べないわけではない。家庭で子どもと一緒に道徳を学ぶ機会はいくらでもある。家庭での道徳は学校の授業のようなものではなく，親子が一緒に人としてどんな生き方をしたらよいかを話し合ったり，どういう人をモデルにして人生を歩んでいきたいのかを考えたり，さまざまな方法で工夫をしてみることも必要である。

　親子で学ぶ道徳の一番のポイントは共通の話題やテーマをもつことであり，そのための教材として伝記を親子で読むことである。伝記にはさまざまな分野で活躍した人の一生の記録が書かれている。恵まれない逆境のなかから不屈の精神で立ち上がり，社会や人びとのために尽くした人や身体的なハンディキャップを跳ね返し，多くの人に感動や恩恵をもたらした人など，人の生き方に参考となる沢山のヒントが含まれている。要は，人生の師をみつけることである。伝記は道徳を学ぶには最高のテキストである。

　子どもは将来の自分の生き方の参考にし，親も自分の生き方を見直す機会になるとともに，子どもと一緒に人の生き方を考えたり話題にする共通の時間をもつことができ，親子の会話が減ったといわれる現在には必要なことかもしれない。

第16章 乳幼児期における家庭での心を育てる取組

————安部　孝，安部　日珠沙

第1節　乳幼児期の道徳教育と家庭

　近代の教育思想において，人間の教育は家庭に始まり，家庭における日常的な生活こそが，子どもの道徳性の芽生えを培う基盤であるとされた。

　子どもの心が家族との食事などの基本的な生活行動から培われることは，ペスタロッチ（Johann Heinrich Pestalozzi, 1746-1827）の「私の子どもが私の手から食べるパンが，彼の子どもとしての感情を陶冶するのであり，子どもの将来のための私の夜なべ仕事や心配に対する彼の驚きがそうするのではない」（『隠者の夕暮れ』，1780年）という言葉から窺い得る。

　乳幼児期は人間形成の基礎が培われる重要な時期であり，子どもは身近な大人との受容的・応答的で適切な関わりと環境のもと，安心・安定した心もちで，人間として必要な生活習慣を獲得していく。それゆえ，人間的な道徳性の涵養と生活習慣の形成には密接な関係があり，どちらも家庭教育の根幹を成している。また，子どもにとって，家庭生活とは，家族の生活行動の模倣を通して健全な心身を養うとともに，さまざまな決まりやルール，文化的・社会的な価値観などを身に付ける場でもある。この意味で，乳幼児の心の教育（道徳性の芽生えを培うための取組）を，家庭生活の教育性に焦点を当てて捉え直すことは，乳幼児期の道徳教育全般にわたる有意義な探究となるだろう。

第2節　近代の教育思想における家庭教育

　乳幼児の教育に関する体系的・実践的な議論が具体的に始まったのは，啓蒙主義的な教育思想が展開された近代以降である。特に，コメニウス（Johannes

Amos Comenius, 1592-1670) が単線型の近代的な学校制度を構想し，就学前教育機関に該当する「母親学校」の設置を提唱したことは（『大教授学』，1657年），学校教育との接続性・連携性・分担性を前提とした，今日の家庭教育論の端緒として評価される。ただし，私たちが注意するべきは，家庭教育は確かに学校教育との繋がりを踏まえて考究されるべきだが，学校教育の附属物ではないということである。何故なら，どちらも教育の一側面であり，かつ，教育の目的を達成する上での援助の違いに過ぎないからだ。本来的に，どのような教育をどのように実践するべきか，という課題は家庭教育や学校教育の別を問うものではない。教育の究極目的において，乳幼児に果たすべき両者の義務と責任は同一であり，だからこそ両者の接続や連携が可能なのである。

　私たちは，ヒトとして生まれたからといって，人間の特徴を生得的に備えているわけではない。アヴェロンの野生児の事例に拠るまでもなく，自立性・協働性・道徳性・社会性などの人間的な資質や能力，つまり人間性は，遍く習得的なものである。コメニウスが「教育されなければ，人間は人間になることができない」，ルソー（Jean-Jacques Rousseau, 1712-1778）が「人間は，教育によってつくられる」（『エミール』，1762年），カント（Immanuel Kant, 1724-1804）が「人間は，教育によってのみ人間になることができる。人間とは，教育が人間からつくり出すものに他ならない」（『教育学』，1803年）としたように，近代の教育思想は，哲学的な人間観に連なる教育観のもとで発展し続けてきた。また，ルソーが「私たちが，生まれたときにはもっていなかったが，成長するときに必要となるものはすべて，教育によって与えられる」（『エミール』）と説いたように，教育の大義は，子どもが人間として生きていくために必要となるものを，周囲の大人が絶えず供給し続けていくところに見出された。

　近代以降のあらゆる教育思想は「人間は，教育によってつくられる」という理念から生み出された。そして，今日のあらゆる教育課題もまた，ヒトを人間へと昇華せしめ，子どもを人間として陶冶するために，私たちは何をなすべきか，という命題に帰結し得る以上，例外なくこの普遍的概念に則している。

　教育の目的や意義が再確認される啓蒙的な潮流のなかで，家庭教育がより学

問的に問われるようになったのは，学校教育の課程や方法がより体系的・科学的に追求され，国家的な教育制度の整備が図られ始めたことによる時代的な要請でもあった。学校教育は集団教育＝集団活動であるが，乳幼児に無条件にそれを要求することは不可能である。それゆえ，近代における家庭教育は，学校教育への接続という前提のもとに，人間陶冶のもっとも原的なものとして位置づけられた。実際に，カントは教育を「私教育」＝家庭教育と「公教育」＝学校教育に区分し，前者の使命を「規矩の実行」に，後者の使命を「優れた私教育の促進」や「家庭教育の完成」などに見出し，各々の「養護（給養，扶養）」「訓育（しつけ）」「教授および陶冶」に係る内容や方法の相違性を指摘することによって，両者の適当な関係性と連携性を示唆している（『教育学』）。ようするに，近代における学校教育は，家庭のなかで自然的に始められる人間陶冶を，集団活動のなかで総合的に補完しつつ，より深化・発展させるための公的な教育活動として，社会的に意義づけられていったのである。

第３節　家庭における道徳教育と生活習慣

　近代的な教育論は，カントが「動物性を人間性へと変えていくこと」としての教育を「訓育（しつけ）」とし（『教育学』），ルソーが「本当の教育とは，教訓にではなく訓練に存する」（『エミール』）と啓蒙したことに鑑みても，最初から実践的な道徳教育を前提としていた。そのための第一の環境こそ，家庭に他ならなかったのである。また，自然教育の見地から人間陶冶の原点を家庭教育に見出し，その重要性を近代的・実践的に論証したペスタロッチは，優れた人間教育には「居間の中の母親の眼が，毎日毎時，自分の子どもの精神状態のあらゆる変化を，子どもの眼と口と額に読むこと」や「教育者の力が，家庭生活全体の実在を介して遍く活気づけられた，純粋な父親の力であること」が要求されると説いた（『シュタンツ便り』，1799 年）。性別役割分業的なきらいはあるが，彼は，両親の力という点において，家庭教育に則さない学校教育を「徒に人類を萎縮させる人為的な方法」（同上）に過ぎないと戒め，家庭教育こそを人間陶冶の本懐とし，両親を，子どもを人間へと訓育する第一の教育者と断じた。

144

母親の日常的な育児が子どもの内面に道徳的な感情を陶冶し，父親との日常的なやり取りが子どもを子どもとして陶冶することが，人間としての「自然の道」に他ならないと論じたのである（『隠者の夕暮れ』）。「生活が陶冶する」という彼の思想自体，乳幼児の人間としての生活は家庭から始まり，家庭での両親の導きのもとに人間としての生活を送るという人間の性質に適うことが，子どもの真の人生の第一歩となることを表したものとして理解され得る。

　自らを「ペスタロッチに酔える人」と称し，日本の乳幼児教育の近代的発展に寄与した倉橋惣三（1882-1955）もまた，人間教育における家庭教育の重要性を強調している。彼は，家庭を「諸様の人間交渉の行はれてゐる場所」や「人間が人間らしく生きる為に，之れ以上の生活形式はない」などと評した上で，家庭生活を「現実的精神的厳粛なる人間生活実体」と規定した（「家庭と家庭教育（一）」，1928年）。つまり，家庭という人間特有の生活の場においてこそ，子どもは実際的かつ直接的に，人間を希求し，人間を味わい，人間に親しみ，人間として在ることを自然に経験し，それによって，人間性を獲得し得ると考えられるのである。

　また，倉橋は生活様式の近代化による家庭観の変化に鑑みながら，家庭生活の普遍的教育性を，特に「人間性」と「現実性」の2点に見出した（「家庭と家庭教育（二）」，1928年）。これらは，人間的な関係性のなかで，恒常的に繰り返される人間的な生活経験の蓄積を通じて，子どもが自然と人間として育まれるべきことを表した語である。彼は「哺育の面倒から，煩瑣な日常の衣食の世話は，実務的に注がるる親の愛として，肉と共に魂を養ってゐる」「家事に忙しい母の姿はそれが単なる道徳としての勤労の美ではなくして，一々現実の生活実感として，我子の心の教育をしてゆく」（同上）として，これらが家庭生活における人間の自然性と日常性に根差していることを強調した。家庭生活を通して，生きた人間の心もちに触れながら，人間の生活習慣を獲得していく過程においてこそ，人間は本当に人間として陶冶される，という教育思想が日本の教育においても普遍的前提となっていたことを，彼は近代的な観点から再評価したのである。

第4節　生活習慣の形成における道徳教育的課題

1　乳幼児期における家庭の意義

　現代の日本においても同様に，家庭は，子どもの教育への第一義的責任を有するとともに，子どもの人間性の基礎を培う場である。家庭生活のなかで，子どもは，自分を活かしながら，その社会がもつ価値観を受け入れ，よりよく生活しようとする。そのためには道徳的な基準が形成されなければならず，そこには子どもが抱く自然なイメージが関与する。そのイメージとは，子どもが身近な大人との温かで応答的な関わりによって，無条件に愛されていることを感じ，肯定感や満足感，信頼感や愛情などの心地よさを繰り返し味わうことで，思い描かれるものである。

　教育には，子どもの将来を見据えた，大人の願いが存在する。それは，漠然とした，方向的なものであると同時に，発達段階における特徴的な姿を意識したものである。願いとは，母親が子どもを胎内に授かったときから，およそ生涯を想定したものであり，それゆえ，子どもの成長に応じながら，日常生活のあらゆる場面で，生活の在り方や関わり，そして教育に影響を与え，具現化されていくのだと考えられる。

　また，願いとは幸福を希求することであり，各人にとって，よりよく生きるための指針である。この意味で，願いは道徳と相依り，教育の目的に通じるといえよう。だが，願いや欲求は，大人と子どもにおいて，多くの点で異なる。大人の欲求はさまざまな価値観や論理，状況判断による過程や結果の予測などが関与し，経験によって形成されたものもある。一方，子どもの欲求は直覚的であり，対象への関心とそれを得ること，それによる満足感の獲得そのものであり，素朴で実直である。それゆえ大人は，両者の違いを踏まえ，子どもの素朴な欲求の充足に配慮し，信頼感や愛情，満足感や肯定感を味わい得る生活のなかで，道徳的な幸福感を徐々に育む必要がある。その必要性とは，たとえば，家庭生活のなかで子どもが，自分が優しくされたように行動することで大

人に受け入れられ，そこに大人の優しさを感じ，それによって優しくすること（優しくしたいと望むこと）を⍾よ⍾い⍾生⍾き⍾方⍾として覚え，自ら優しくあろうとする“優しさ”が次第に育つような関わりが，安定して繰り返されることへの要求である。

2 道徳性の芽生えを培う生活

　子どもは家庭で繰り返される生活行動や応答的な関係によって安心と安定と心地よさを得る。繰り返しによる安定したリズムの崩壊や変調は，子どもに戸惑いと不安を与え，よりよく生きようとする意欲を妨げてしまう。そこで，子どもが安定した生活を送るために必要な自立と自律を促すために，生活習慣の形成が求められるのである。

　生命的な行為としての生活習慣（基本的な生活習慣）は，食事・排泄・睡眠・着脱衣・清潔の5つの項目を指すが，実際に私たちは，それ以外の生活行動もイメージしている。また，生活習慣は，家族や大人が「そう意識しないで」「当たり前のこととして」行っていることであり，子どもはそれらが繰り返される関わりのなかで，大人のさまざまな姿を，生き方のモデルとして倣うのである。したがって家庭には，まず習慣的な営みや行動の定着が求められる。そしてそのためには，家族それぞれの願いや欲求の充足に対して相互に配慮し，叶えるための温かで応答的な関係を維持することが条件として求められる。この意味で，幸福は，安心と安定の構築とその持続によって実現され，特に精神的な幸福は家族全員の道徳性の育ちに扶けられるのであり，それゆえ，生活習慣の形成と道徳性の育ちは，家庭における幸福の証左であると考えられる。

3 生活習慣と願い

　幼稚園児の親の生活習慣に関する認識を，基本的な生活習慣に対するイメージから探ると，[1] 5つの項目のほかにも，たとえば「『かして』『いいよ』が言える」「お手伝いができる」「『ありがとう』『ごめんなさい』が言える」などの多くの姿がみられる。また，5つの項目についても，たとえば食事について，

「決まった時間に」「三度とも」「好き嫌いなく」などが付帯したり，さらには清潔に関わる「手を洗って食べる」「食べ終わったら歯を磨く」のように，他の項目が付帯したりする。食事の習慣は，本来，栄養補給や人間関係，マナーなどの複数の側面をもつが，子どもにとっては，要求が輻輳し，行動が複雑化することで，それをイメージし，実践に移すことが困難になると考えられる。

　また，「ちゃんと」「しっかり」「きちんと」などが付帯することで，新たな要求（価値）が生じる場合もみられる。これらの語は，ほとんど同義で，「完全」「まじめ」「りっぱ」「まちがいない」「十分」などと同様，満足と十全さを意味する。だが，たとえば「ちゃんとしなさい」という場合，要求の具体的な内容や程度はわかりにくく，同様に，肯定を意味する「ちゃんとできた」にせよ，否定を意味する「ちゃんとできない」にせよ，「ちゃんと」は，肯定・否定の判断の基準を明確に示し得ない。しかし，これらの語は，生活のなかで親が願いと達成の判断を表すために不可欠な要素であり，子どももその時々に「ちゃんとできる」ことをイメージしている。その意味で，生活習慣に関する具体的な行動と要求の内容や程度は，本来的に大人の論理や価値観，道徳観に由来するが，家庭の人間関係において，その不明瞭さを認めた上で，了解，判断されるものであるといえよう。このことを踏まえ，子どもは純粋に大人の願いを自分なりにイメージし，自分の思いや行為を認められることを願うと考えるなら，家庭生活に当たり前に存在したり，新たに生起したりする，さまざまな不明瞭な価値や意味を共有し合える関係の成立こそが，子どもの生活習慣の形成の重要な要因であると考えられる。それゆえ，大人には，大人の要求に対する子どもの理解や認められたいという思いへの配慮と，行動の達成に対する判断における，緩やかな認容や加減などの寛容的な関わりが要求されるのである。

第5節　家庭教育の要諦

　子どもは，家庭生活のなかで人間的な営為を日常的に積み重ね，人間的な生活習慣を身に付け，次第に人間性や道徳性を培っていく。生活習慣には，家庭

が属する時代や地域社会と文化，そして大人がもつさまざまな経験や価値観，子どもへの願いなどが反映されるが，これらは，乳幼児期の子どもの人間性を涵養するとともに，個性を育む上での根源的な働きでもある。家庭が，須く子どもにとって心身ともに安心・安定して暮らし得る場であるべきことは，教育の普遍的理念であり，教育全般に通底する概念である。

　しかし，家庭教育の基底にあり，その在り方を方向づける，大人が抱く理想や願いを，乳幼児期の子どもが理解することは難しく，また，人間性や道徳性などの概念も理解し得ないだろう。その意味において，家庭教育における乳幼児の教育とは，相互関係的でありながら，相互理解が困難な営為でもある。そして乳幼児期とは，まさに子どもの道徳性の芽生えを願いつつ，子どもが自らを道徳的に培うことができるよう寄り添うための歳月である。ルソーが，子どもに「私たちの流儀を押し付けることほど無分別なことはない」（『エミール』）と戒めたように，子どもには子ども特有の感じ方や考え方があるならば，道徳性にも子ども特有の芽生え方や育ち方があるはずである。それゆえ，乳幼児期における家庭教育の要諦とは，家庭における見守りと適切な関わりにおいて，子どもの人間的・道徳的な心の育ちを，ひたすら信じ続けることといえるのである。

・注・……………………………………………………………………………………
　1）平成23，令和元年度に，3園（愛子幼稚園：仙台市，春山幼稚園：羽生市，名古屋芸術大学附属クリエ幼稚園：北名古屋市）の保護者を対象としたアンケート調査「基本的な生活習慣について」では，イメージや特に身に付けさせたいこと，大切にしたいことなどについて質問し，記述式で回答を得た。

第17章　児童期（小学生）における
家庭での心を育てる取組

————木崎　ちのぶ

第１節　児童期の家庭における道徳教育の課題

1 児童期の家庭における道徳教育の基本

「家庭は子どもの人格形成の源であり，主体性をはぐくむ」場であるといわれる。すなわち，家庭生活を行うなかで，人間として生活するうえで必要な礼儀や思いやりの心，くじけず努力する心，助け合ってよりよい生活をしようとする心など基本的な道徳的価値の根幹を身につける。日々の家庭生活のなかで一緒に食事をしたり，遊んだり，お手伝いなどをしたりすることによって，家族と一緒に生活することの喜び，家族の役に立つ喜びや満足感をえる。それらの体験を通して身につける行動様式や価値意識が，学校の生活のなかで，より広い視野から道徳的価値を発展させ，社会生活上のきまりや基本的モラルなどを自分らしく身につけていく。学校における学習を定着させ，積極的に取り組もうとする姿勢を温かく支えるのは家庭における道徳教育であるといえる。

2 家庭における道徳的雰囲気の重要性

家庭ならではの特徴として重要なのは，家族（保護者）による愛情に満ちた道徳的雰囲気ではないだろうか。田井（2009）は，「家庭の道徳教育は家庭にある道徳的雰囲気によって実現されていく」とし「子どもに対する親の愛が無私の愛でなければならないのは，子どもに対する愛こそが子どもを人間にできるからである」と述べている。親は，自らの子どもに対して無私の愛をもち，そのような愛情を注ぐことによって，日常生活そのものが道徳的雰囲気に包ま

れたものになる。道徳的雰囲気のなかで成長することによって，道徳性の基礎が養われるのである。家庭は，子どもが初めて所属する社会であり，生活し，団らんし，安らぐ場である。そのような家庭で保護され，育てられた子どもは，信頼感と安心感に包まれて，親と心のつながりをもつことができる。こうした道徳的雰囲気が，子どもの道徳性の育成の礎となるのである。

3 家庭における道徳的関わり

家庭は，道徳にどのように関わっているだろうか。目黒（山崎ほか，2005：22）は，「道徳への無意図的な関わり」と「道徳への意図的な関わり―しつけ」をあげる。

(1) 道徳への無意図的な関わり

家庭は，家族がともに生活する場であり，さまざまに関わり，働きかけ合っている。家庭での日常生活は，家族の行為の仕方，生活の仕方，生き方，在り方があらわれる場である。家庭では，日常生活それ自体がすでに道徳と関わっている。つまり，親が道徳を教えようとする意図がなくても，子どもは，日常生活にあらわれている親の行為の仕方，生活の仕方，などに接し，自然と身につけている。柏木（2008）が述べるように，子どもは有能な観察学習者であり，親の姿や在り方をみて，自分のモデルとして学ぶ。親の行為の背後にある価値意識や規範意識を，ともに生活することで感得している。子どもは，親がもつ価値意識に接して生活することで，自分独自の価値意識を形成していく。

このように，家庭での日常生活のなかで行われる親と子どもの関わりがすでに道徳的な関わりを含んでいる。子どもは家庭という社会に共通な価値意識を自ら育んでいる。親の日常生活の在り方それ自体に親の価値意識や規範意識があらわれており，子どもの道徳性の育成に大きな影響を及ぼしている。

(2) 道徳への意図的な関わり―しつけ

家庭における子どもの道徳形成への意図的な関わりとして，しつけがあげられる。しつけとは，「性質をたわめ直しつつ一人前に育てる」ことを意味し，

親や大人が子どもに行為の仕方や生活習慣の型を身につけさせることである。「躾」は国字（和製漢字）で，「武士にふさわしい上品な立ち振る舞いを授け，身構えを美しく保つという意味から作られた字」とされている。わが国では，しつけの意味を単に行為の仕方や生活習慣の型を身につけさせるだけではなく，上品な立ち振る舞い，身構えを美しく保つことが含まれている。つまり，しつけにより道徳的意味合いを強めているのである。

　ホフマン（Hoffman,M.L., 2000）は，親のしつけについて，３タイプをあげている。「力中心のしつけ」（power assertion）は，子どもに要求を出すことや身体的暴力で脅かすこと，子どもの持ち物や権利を奪うこと，必要なものを与えないことなどを含むやり方である。「愛情の除去」（love withdrawal）は，親が子どもを無視したり，背を向けたりする，子どもの話を聞こうとしないことなどである。「誘導的方法」（induction）は，子どもが誰かを傷つけたりした際に，親は被害者の視点に立って，子どもの行動がどんなに相手を傷つけているかを示すやり方である。このようなしつけのタイプのなかで，誘導的方法が社会化の手段として家庭で有効であると主張している。

　またホフマンは，親のしつけと道徳的内面化について論じるなかで，児童期には共感力をより発展させていくことが大切であるとする。つまり，乳幼児期においては他律的なしつけが日常的に繰り返され，子どもは，社会生活を営むのに必要な基本的な生活習慣や態度を身につけつつ，社会化を進めていく。児童期における主体的道徳性への移行がスムーズになされるためには，誘導的方法を中心とし，自らの立ち振る舞いについて内省できるように家庭の道徳的雰囲気をつくり，親の関わりを工夫することが重要である。

第２節　小学生・中学生のいる家庭における道徳教育の実態

　次に，家庭における道徳教育の実態と保護者の意識について調査をもとに明らかにしたい。紹介するのは，筆者が行った「小学生・中学生保護者対象のアンケート調査（質問紙）」である。調査期日は，2018 年 9 月 5 日から 2019 年 3 月 4 日。小学校 2 校，中学校 5 校に依頼し，各学級の児童生徒を通して家庭に

配布，学級担任に回収してもらった。保護者数（家庭数）2,175件配布し，1,153件の回答をえた。回収率は53％であった。

1 アンケート回答者の属性など

　回答者の属性については，以下の通りである。学校種別は，小学校2校39％，中学校5校61％で，4対6であった。回答者は母親が多く91％。子の学年は，中学1年が一番多かった。回答者の8割が仕事をしながら子育てする状況であった。回答者の家庭の9割が核家族であった。

2 調査の結果

(1)　しつけの方針

　家庭内のしつけの方針について主に誰が決定するか（n = 1,126）の問いでは，「母親が決定する」が504名で約半数の45％であり，「家族で話し合って決定する」が33％（369名）。「父親が決定する」のは14％（160名）であった。回答者も母親の方が多く，家庭内で子育てを担う母親の位置がうかがえる。

(2)　自己形成に影響をうけた人物

　自分の自己形成において一番影響をうけた人（n = 1,120）は，「母親」が54％（606名）である。「父親」は16％（180名）であり，母親が父親より3.4倍多い状況であった。「祖父母」は6％（70名）である。

(3)　わが子へのしつけで大切にしていること

　しつけで一番大切にしていることについて，アンケート調査の質問紙では，7項目（生活習慣，責任感，善悪の判断，挨拶・言葉づかい，思いやりの心，社会のルールを守る，自分を大切にする）を選択肢とし，ひとつを選んでもらった。結果は「善悪の判断」28％，「思いやりの心」20％，「生活習慣」19％，「挨拶・言葉づかい」13％の順で多く，「責任感」が一番少ない。複数回答を選択する人が16％（161名）いた（図表17-1）。

図表 17-1　アンケート調査結果：しつけで大切にしていること（n = 1,024）

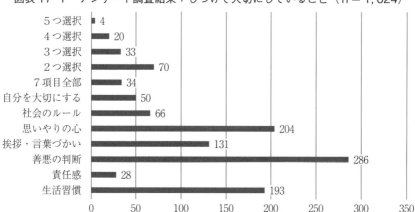

2019 年 3 月に実施した「保護者インタビュー調査」（保護者・子育て経験者 12 名対象，男性 2 名・女性 10 名，40 歳代 8 名・50 歳代 2 名・60 歳代 2 名）では，「人に迷惑をかけない」という言葉に集約されており，子どもを健全に育てるためには，「愛情と安心を与えること」「子どもの意見を聞き理解すること」「親が手本となること」「心身が健康であること」というコードが取り出せた。

(4)　家庭で教育やしつけを行う時に必要なこと

　アンケート調査では，家庭で教育やしつけを行う時，何が必要だと考えているのかを尋ねた。選択肢 10 から，3 つを選んでもらった。上位 3 位すべてが親子関係で 7 割を占め，4，5 位が夫婦関係となった。親子関係を重視し，家族構成員内に関心を向けている。サポートや支援，環境よりも家庭の方を重視していることが明らかとなった（図表 17-2）。

　「その他」には，「親自身が子の見本となる」が最多で，「親自身の道徳観」「親自身の一貫性・ぶれない姿勢や態度」などが書かれていた。また，「他人の意見を取り入れる」「祖父母・友人の協力を得る」という意見もあった。

(5)　家庭における道徳の教科書・教材の活用について

　アンケート調査では，道徳の教科化について，7 割が知っていた。筆者が行

図表 17-2　アンケート調査結果：家庭でしつけや教育で必要なこと（3択）（n＝1,137）

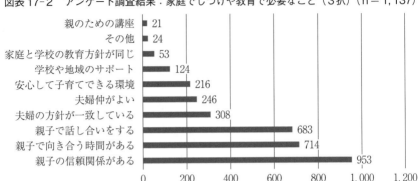

っだ 2016 年実施の調査結果（小学校保護者対象）（木崎，2019）と比べると，飛躍的に認知度が上がっている。「特別の教科　道徳」として，小学校は 2018 年度，中学校は 2019 年度に教科化が全面実施となった。2016 年当時，教科化について新聞・テレビなどのメディアでは盛んに取り上げ説明していたが，実施前のためか「知っている」のは 2 割弱だった。実施後の調査では 7 割になっているものの，3 割は教科化について認識していない（図表 17-3）。

　実際に道徳の教科書・教材について，家庭で読んだり親子で話し合ったり「している」のは 1 割である（図表 17-4）。教科書の使用が先に始まっていた小学校 9 ％で，中学校より低い結果だった。9 割の家庭が，親子で道徳教材に

図表 17-3　道徳の教科化 2016 年と
　　　　　2019 年の比較

図表 17-4　アンケート調査結果：道徳
　　　　　教材の活用

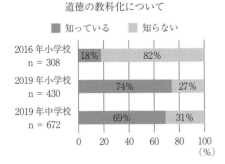

道徳の教科書や教材を家庭で
読んだり話し合ったりするか

ついて，話し合っていない，共有していない現状である。

(6)　家庭と学校の道徳教育の連携

　アンケート調査の自由記述欄「家庭と学校の連携について」では，201件の回答をえた。①連絡・情報について（77件），②改善方法について（55件），③問題点について（37件），④企画・イベントの提案，⑤学校行事について，となった。「SNSを活用して，情報共有したい」という意見が最多であった。紙（プリント）での配布ではなく，特にわが子に関して直接データを受信し双方向でつながりたいという保護者の意識があらわれている。改善方法については，「学校の授業を子どもが家庭で話すことで共有する」「課題を出す」「学校・保護者・子どもが話し合う」「学校と家庭で教育の方向性を共有する」といった連携をとりつつ，信頼関係を築きたいと考えていることが明らかになった。しかし，今以上に教師や保護者の時間的拘束や負担が増えることは問題視しており，連携という押し付けを親にしないで欲しいという意見も複数あった。

　インタビュー調査では，4つのコードが取り出せた。①目標や情報を共有する，②交流を図る，③多様性を理解し協力する，④相談できる窓口がある・サポートをうける，となった。具体的な教材を共有するツールとして，同じ思い，目標を共有しながら道徳教育を行うべきだと考えていることも明らかになった。

第3節　児童期における家庭での道徳教育的取組への提言

　児童期は，主体的道徳性への移行を視野に，人間としての自分の自覚を通して自分の生き方を希望をもって考えられるようにすることが大切である。

　先述の調査結果から，保護者は，道徳的価値観の形成について，家庭の役割を重視していることが確認できた。また，子どもの心の教育には，愛情と安心を与えること，親子の関係が良好であることが大切だと自覚している。

　このことから家庭の道徳教育を充実させるという視点から，学校の道徳教育との連携を考えていく必要がある。そのことも踏まえて，児童期における家庭での道徳教育的取組について，4点の提案を行う。

　第1に，児童期においては「誘導的方法によるしつけで，学校での生活と関わらせて家庭での子どもの社会化をすすめる」ということである。つまりさまざまな友達などとの関わりを通して，道徳的共感（empathy）を発展させ，他者統制から自己統制できる力を育めるように，家庭においても工夫する。

　第2に，「道徳の教科書や教材等を家庭でも活用して，親子の関わりを深める」ということである。学校の道徳教育の方針を理解し，学校における道徳教育の取組について，子どもと積極的に話し合ったり，教師と情報共有することによって，連携を深め，家庭と学校の信頼関係を構築したい。

　第3に，「保護者はもっと学校の道徳教育に対して提言を行い，学校に対して家庭への発信を積極的に行うよう働きかける」必要がある。

　第4に，これからの社会の変化を考えたときに，「ネットワーク家族を形成する」ということである。新しい家族の在り方として，家族を超えたヒューマン・ネットワークという視点から家庭における道徳教育を考える必要があるのではないか。これからの社会を見据えて，具体的に考えていくときであるように思える。

• 参考文献 • ………………………………………………………………………

小此木啓吾（2001）『ドゥーイング・ファミリー』PHP研究所

柏木惠子（2008）『子どもが育つ条件─家族心理学から考える』岩波新書

木崎ちのぶ（2019）「学校の道徳教育に対する保護者の意識と課題に関する一考察」『人間教育と福祉』日本教育福祉学会：103-122

田井康雄（2009）『現代道徳教育原論─少子高齢化社会を生き抜く力の育成─』学術図書出版社

ホフマン, M.L. 著，菊池章夫・二宮克美訳（2001）『共感と道徳性の発達心理学』川島書店

文部科学省（2018）『小学校学習指導要領解説　特別の教科　道徳編』廣済堂あかつき

山﨑英則・加藤幸夫編著（2005）『心の教育の本質を学ぶ─人間のこれからの生き方を求めて─』学術図書出版社

「しつけ」日本大百科全書（ジャポニカ）ジャパンナレッジ（オンラインデータベース）

https://swuvpn.swu.ac.jp:8443/proxy/4135a548/https/japanknowledge.com/lib/display/?lid=1001000104405（2020年10月4日閲覧）

第18章 生徒期（中学生・高校生）における家庭での心を育てる取組

───────長沼　豊

　本章では中学生・高校生の時期（以下「生徒期」と略記）に心を育てる家庭教育の重要性，考え方，取組について述べる。

第1節　生徒期に家庭で心を育てる重要性

1 生徒期の心と生活の特徴

　生徒期の心は思春期，反抗期といわれるように不安定なものである。まずはこの特徴を捉えた上で心の教育について考える必要がある。生徒期には身体的な発達と精神的な発達がアンバランスになり，それが要因となってさまざまな課題が生じる。大人（保護者や先生など）に対して反抗的な態度を取ることもある。誰もが通る道である。以下では生徒期の課題を4点あげる。

　第1に生徒期は学習面の課題が顕在化しやすい時期である。生徒期の学習は児童期と比べて量が増大し質的にも密度の濃いものになるため，きちんとした学習態度を形成しなければならない。高校受験や大学受験などもあり，それらに向けた計画的な学習も必要となる。生涯にわたって学ぶことができる基礎的な知識・技能，思考力・判断力・表現力などを養う時期でもある。テストの点数や成績，そしてそれらを他の生徒と比較することにより劣等感を感じたり不安に思ったりすることもある。生徒期は学習面の課題に向き合う時期である。

　第2に進路について考えていく時期である。中学から高校，高校からその先の進路，進学なのか就職なのか，自分がどのような道に進むのかについて真剣に考え悩み，一定の方向性を見出していく。自分をみつめ，自分の性格，特徴や興味・関心を客観的に把握し，自分がどのような方向に進むのかを考える。

これは生徒期には避けては通れない課題である。

　第3に人間関係の点でも大きく進展する時期である。自分と興味・関心が合う仲間と出会い，一生の友となることもあれば，クラスや生徒会，部活動のなかで関係性がうまくとれないなどの課題に直面し，悩むような場合もある。学校や家庭で人間関係をいかに形成していくのか，これも生徒期の課題である。

　第4に生徒期には自立と依存の関係をどのように折り合いをつけるのかも課題となる。生徒期には大人から精神的に離れて生きていきたいという自立の精神が芽生えるのと同時に，知識や技能が気持ちに追いつかないために，さまざまなことが達成できなかったり，そのことで悩んだりすることがある。大人に依存するのか否か，葛藤が生じることもある。その葛藤が反抗という形になって表面に出てくることもあり，精神的に不安定な状況を生み出すことになる。

　このように生徒期は他の時期にはない心の不安，悩みなどが生じる時期であり，その特徴を理解した上で家庭において心の教育をしていく必要がある。

2 生徒期に心を育てる家庭の役割

　以上のような多様な課題のある生徒期には，心の安定を促す機能を有する場所が必要である。それは子どもが穏やかに過ごすことができ，不安や悩みを解消することができる場所である。家庭がそのための重要な場所であることはいうまでもない。子どもの教育に第一義的な責任をもつ親，保護者，兄弟姉妹という身近で本人に多大な影響を及ぼす人がいるからである。生活を共にし，衣食住の生活の基盤となる場所であるからこそ，本人が自立と依存の関係の葛藤を抱えつつもストレスを発散したり，悩みや不安を解消したりすることができるのである。家庭では保護者は指導者，助言者，支援者，相談役，カウンセラーなど多様な役割を担っている。兄や姉からは直近の人生の先輩として，生き方を学ぶこともある。学習や進路で悩む子どもにとっては大きな存在である。

　筆者は，子どもが成長する時に3つの存在が大切だと考えている。保護者，教師，そして第3の大人（地域の人びと）である。このうち保護者が第1の役割を担っていることはいうまでもない。家庭は生活の基盤であると同時に人間

関係の基礎・基本を学ぶ場でもあるからである。子どもに課題があったとして
も家庭が心の拠り所になっていれば立ち直れる。大切なことは子どもの成長・
発達を見守り，その子ども固有の課題に寄り添い励まし認めることである。

　特に子どもが自己有用感を味わうことが大切である。自分が集団や社会のな
かで役に立っているという感覚・感情である。これは人間が社会的な動物であ
る以上は必須のものである。自分が認められている，役に立っていると思うか
らこそ，他者や社会と関わって貢献しようという意欲が湧いてくるからであ
る。自己有用感を養うためには家庭が心の教育の基盤としての機能を果たし，
子どもが豊かな心を育む場として存在している必要がある。

第2節　生徒期に家庭で心を育てる具体的な取組

1　心の居場所と自己有用感

　生徒期に家庭で心を育む具体的な取組について考えていこう。

　まずは心の居場所と自己有用感についてである。不安・悩みをもった生徒期
には，家庭が生徒にとって生活の居場所としてだけではなく，心の拠り所とし
ての居場所にもなっている必要がある。そのためには自分が家庭のなかで役に
立っているということを感じること，自己有用感を育むことが大切である。た
とえば何かの役割をもって家族に貢献すること，困った時に助け合うことなど
である。学校でも特別活動など，多様な小集団活動のなかで係を担って役割を
遂行し，それを相互に認め合う機会がある。同じように家庭でもお互いに認め
合い，肯定的な評価をし合うことが自己有用感の向上に結びつく。

　家庭では保護者が意図的にそのような場をつくり，本人の特性を見極めなが
ら役割を一緒に考えることが重要となる。またそのような役割がない状況にお
いても，お互いに支え合い，励まし合い，認め合い，助け合うのが家庭である
から，日常生活のさまざまな場面において相互に支援をする行動は起こり得
る。したがっていかにして家庭のなかで相互に関わり合うのかポイントとな
る。一方で生徒期には，自立と依存の関係から，できるだけ保護者から精神的

に離れたところにいたいと思う気持ちも生じる。微妙な距離感を保ちつつ，寄り添うことができれば，不安な気持ちが生じたとしても解消されるだろう。

　自己有用感を向上させるためには２つの視点がある。① 自己有用感を感じるような経験があること，② 役に立ったと本人が認識することである。後者については家庭のなかで子どもが有効な役割を担った場合には認めることや褒めることが求められる。本人が当たり前だと思ってやったこと，たいしたことではないと思ってしたことでも，家族からすれば有り難いと思うことがある。そのような時には有り難い，助かったという言葉かけをする。日本では以心伝心という他人の心を推し量って考えるという風土もあるが，言葉にしなければわからないこともある。特に多感な生徒期には不安なことも多いのであるから，励まし認めていくという具体的な取組が重要である。自己有用感が向上すればさまざまなことに挑戦をしていく意欲も湧いてくる。その基礎は家庭で育まれるのである。

　なお，子どもの自己有用感を向上させる取組としては，結果を認めるのではなく，そこに至るプロセスを認めることが大切である。たとえばテストで良い結果が出た場合には，その点数を褒めるのではなく，そこに至るまでに何を頑張っていたのか，その過程で保護者がみつけた具体的な出来事について褒める，認めることによって達成感や自己有用感を味わうようにするのである。逆に結果だけを褒めて認めていると，それが価値づけされて，点数を取ることが目的化してしまうことがあり要注意である。

　学習塾のCMで「やる気スイッチ」という挿入歌があるが，その歌詞のなかにはポイントが２つある。ひとつは「君のはどこにあるんだろう」で，やる気スイッチの場所は子どもによって違い，やる気を出すきっかけや出来事は同じではないということである。もうひとつは「見つけてあげるよ」で，「押してあげるよ」ではないことである。やる気スイッチは子ども自らが探しだし押して意欲的に学習に取り組むものである。家庭で保護者がすべきことは，子どものやる気スイッチを勝手に押してリモコンで操作することではなく，子ども本人が探す手助けをすることである。兄弟姉妹によってもやる気スイッチの場

所は違うのであるから，保護者が子どもの個性に応じて支援することが大切である。

2　コミュニケーションと思いやりの心

　家庭での心の教育で次に大切なのはコミュニケーション能力の向上である。

　他者との関係のなかで自分の思いを伝え，相手の思いを受け取り，より良い行動に結びつけていく。家庭は，そのような協力し合う関係のなかで，子どものコミュニケーション能力を育み，子どもが思いやりの心を養う機会にもなっている。思いやりの心を養い発揮できるということは重要で，学校生活や社会生活においても同じように振る舞うことができるからである。

　思いやりの心を育む取組としては相手の状況を感じ取ることがまず重要となる。たとえば相手が助けを必要としているのではないかと感じること，そこからコミュニケーションの第一歩が始まる。そう感じるためには常に相手の状況をみて，想像し推測することが大切である。次にそう感じた後に，思いやりの心を発揮した具体的な行動をとる。それは相手にとって適切な行動，行為であるから何でも良いというわけではない。たとえば声をかける方が良いのか，待った方が良いのか，なぐさめるのか否か，内容によっても大きく異なる。そのような心のありようを身に付けるためには，子どもが小さい頃から保護者がモデルとなって思いやりの心を発揮した対応や声かけなどの支援をしていることが前提となる。その延長線上に生徒期がある。コミュニケーション能力を養うのは一朝一夕にはいかない。種々の経験をしながら時間をかけて育まれるものである。思いやりの心も同様である。日常生活のなかで，思いやりの心を発揮することができるためには，家庭のなかで相互に良好なコミュニケーションを図りつつ，安定的な心の状態を維持できるような支持的風土が大切である。

3　貢献意識と心の安定

　3つ目に貢献意識を養うということである。生徒期の子どもたちは，家庭や学校での生活を踏まえてその後の進路を考えて生きていく。自分が社会に適応

162

し生活していくためには，社会のなかで自分が役に立つことを見出し，それを
実行し貢献して認められることが大切である。そのためには，生徒期に学校や
家庭や地域において何らかの貢献をする経験を積んでおくことが大切である。
家庭では，その成員個々が種々の役割を担い，支援し合いながら生活を営んで
いる。つまり感謝の気持ちや貢献する喜びを感じることができる小集団である
から，貢献意識を養う機会が存在する。

　社会貢献という言葉がある。社会とは世間一般としての社会を指すのである
が，小社会としての家庭，生活基盤としての家庭と捉えれば，子どもにとって
の社会貢献は家庭のなかで行うことができる。貢献意識を考える際には，ボラ
ンティア活動の４つの特性が参考になる。ボランティア活動では，その活動で
恩恵をうける人びとがいるのと同時に，活動した本人が（ボランティアであるが
ゆえに）受け取る喜びがある。それは，① 主人公になれる喜び（自発性・自主
性・主体性），② お金ではなく思いや大切にしたい価値を生かした実践ができ
る喜び（無償性・非営利性），③ 貢献することの喜び（公益性・公共性），④ 新し
いことをつくる喜び（創造性・開発性）である。喜びとは心の動きである。他者
や社会に貢献することで新しい価値に触れ，自らの生き方を考えることができ
る。ボランティアは，まさに進路を考える生徒期にはふさわしい活動である。

　では，貢献意識を育むためにはどうすればよいか。人は，自分が所属する集
団や社会が好きだからこそ，貢献しようと思い積極的に参加・参画する。子ど
もが小社会としての家庭を好きになり，貢献意識を育むことができれば，大人
になってから地域や社会に貢献することができるようになる。家庭は社会生活
を営む基盤を養う場であり，心の教育も同様である。家庭内の温かい人間交流
を通して，子どもが家庭を居心地の良い場であると感じることが重要となる。

　以上の３つの取組は，学校における「特別の教科　道徳」の４つの内容のう
ちの３つに相当するものである。「Ａ　主として自分自身に関すること」「Ｂ
主として人との関わりに関すること」「Ｃ　主として集団や社会との関わりに
関すること」である。これら３つの内容はすべて家庭でも養うことができるも
のである。それどころか家庭がその基礎・基本を養う場になっていることを述

べた。心の交流を基盤として家族が結びついていれば，多感な生徒期に家庭が心の教育を実践する場となるのである。

　アフリカには「子どもを一人育てるにはムラが一つにならなければならない」という諺がある。子どもが育つためには地域社会全体が一体となって成長・発達を支援することが大切であると教えてくれている。学校だけ，家庭だけ，地域だけではなく，それらが一体となって子どもを支援する。保護者，教師，そして第3の大人との出会いが子どもの成長・発達を促すのである。

第3節　子どもの意欲を喚起し勇気づける家庭における　心の教育

　アドラー心理学では，劣等意識をもたないことと共同体感覚をもつことが大切であるとされている。

　劣等意識は他者と比較して自分が劣っているという意識が要因となってさまざまな不適切な行動を引き起こすことが懸念されるものである。生徒期は特に劣等意識を感じやすい時期であるといえるだろう。成績による比較，進路結果による比較，部活動の成果による比較など，さまざまな場面で他者と比較をする機会があるからである。成績を席次の形で示す学校もあり，塾や予備校の模試においては順位が示される。部活動では，その成果とりわけ大会やコンクールの結果により，劣等意識を抱いてしまう機会もある。このことにより，家庭においては子どもに劣等意識が生じないように勇気づけることが求められるのである。

　共同体感覚は，自分が他者とともに集団のなかで支え合って生きていることを認知している状態である。これまで述べてきたように，家庭は自己有用感を味わい，コミュニケーション能力を向上させ，貢献意識を養うことができる場であるから，保護者が意識して子どもが共同体感覚を身に付けることができるよう配慮することが大切である。その方策は先に述べた。

　劣等意識をもたず，共同体感覚をもって子どもが成長するためには，子どもの意欲を喚起して勇気づける取組が求められる。例としてバドミントンの高松

164

ペアのことを述べる。彼女たちが生徒期に，先生が学年の違う高橋さんと松友さんをペアにした。先生としてはそれぞれの学年でペアをつくって余ってしまった2人をペアにしたのだが，本人たちは「そのようなことはあまりない，私たちは期待されている」と，いわば勘違いをして頑張った。その結果がオリンピックの金メダリスト。人は期待されていると感じると意欲が向上し，頑張るのである。家庭で生徒期を迎えた子どもの心の安定を図るためには，保護者が子どもを応援しているというメッセージを子どもに送り続けることである。

　次の文章は，ある中学3年生（当時）が，保護者会が始まる前に教室の机の上に置いた保護者あてのメッセージである。

　「毎日，忙しいのに自分のことを考えていてくれたり，時間を使ってくれたりして，ありがとうございます。自分は中学3年間，サッカー部に入っていましたが，ほぼ怪我の3年間でした。でも，色々な病院を探してくれたり，靴のことを考えてくれたりして，自分の好きなことを続けさせてくれて，ありがとうございました。2人で病院に急いで来てくれた時はびっくりしました。中3になって，悩むことも増えたけど相談にのってくれたり，明るく振る舞ってくれたりして，こんなネガティブな僕でも，自分を信じることができました。自分のことを信じて，任せてくれることに感謝しています。いつもありがとう」

　家庭での見守りや，保護者が応援しているという思いが子どもに通じたのであろう。これを読んだ保護者が感涙したのはいうまでもない。家庭で心を育てる取組，それは地道な積み重ねによるものだ。

• 参考文献 •‥‥‥‥‥‥‥‥‥‥‥‥‥‥‥‥‥‥‥‥‥‥‥‥‥‥‥‥‥‥‥‥‥‥‥‥
　長沼豊（2003）『親子ではじめるボランティア―社会性を育てるきっかけづくり―』金子書房
　長沼豊（2014）『人が集まるボランティア組織をどうつくるのか―「双方向の学び」を活かしたマネジメント―』ミネルヴァ書房

第19章　家庭教育における心を育てる取組

―――――渡邉　達生

第1節　家庭のなかでの道徳のありか

1　さわやかな日々（節度）

(1)　日々の生活

　ゲームやネットに依存しがちな社会環境下，人間性に目覚めさせ，精神的な
ゆとりを生み出すために，家庭に親子の語らいの場をつくりたい。子どもは，
学校教育，習い事・塾，スポーツ少年団などで過密スケジュールとなってい
る。そこで，親子交流の機会をつくり，気持ちの切り替えを促すようにする。

(2)　道徳のありか

　気持ちの切り替えで，節度ある生活を味わうことができる。親子で以下を心
がけたい。カーテンを開ける。窓も開ける。植物に水をあげる。部屋の模様替
えをする。洗濯・掃除・掲示・買い物などで働ける場を提供する。一緒に散歩
をして四季の変化を話しかける。野菜や果物，鳥や虫，草花の名前，星座や月
の形の名前を話題にする。このように，家族の生活支援，季節の変化，自然界
の営みなどに関心をもたせ，価値を求める生き方を実践する。

(3)　心を育てる語りかけの例

　草花や野菜を育てたり，散歩をしたりして，身の回りに繰り広げられている
自然の力を観察することで，気持ちの切り替えができる。
・「アサガオの種を土の中に埋めたのに，種は土の中から出て来て芽を出した

よ。小さい種もそのような力を出す根っこを持っているんだね。」

- 「オオバコはつよいね。ふまれても生きている。」

2 七転び八起き（自立）

(1) 日々の生活

　科学技術や各種機器の発達で，便利で快適な生活ができる。しかし，そのようななかで漫然と過ごしていると，依存的な生活態度になりかねない。人がもつ生きる力は，失敗や希望を繰り返し，くやしさや喜びを味わい，それらを通して身についていく。親は，子どもの失敗に，手出しをすることなく，共に失敗感を味わい励まし，希望に導くことで，子どもの自立が促される。

(2) 道徳のありか

　努力しようとしても長続きせずに落ち込むことや，また，逆に成し遂げて喜びを味わえる機会を設定する。けん玉遊び，竹馬，自転車，なわとび，ジョギングなどで体を活発に動かす。メダカや金魚，ハムスターなどの小動物を飼う。自分のシューズや衣類の洗濯をする。休みの日に家族の食事をつくる。自分の机の上や周囲を片付ける。家の近所や，近くの公園や神社などのごみ拾いをしたり，バス停の掃除や草花を活けたりするなど，地域社会に参加する。

　これらの活動を，子どもに勧める。そして，活動できたときには，カレンダーにマークをつけると共に，付箋に励ましの言葉を書いて貼り，応援する。子どもの意欲が萎えたら，付箋に，どうかしたのかなと心配の言葉を書いて貼る。

(3) 心を育てる語りかけの例（付箋に書く事例）

- がんばっているとき
  「やりましたねえ。」「いい顔をしているよ。」「汗が光っているね。」
- うまくいかなくて落ち込んでいるとき
  「大丈夫だよ，明日という日がある。」「人はころんだだけ強くなれるよ。」

• 忘れることが多くなったとき
「どうしたのかな。」「元気な姿を見たいんだけど。」「そこで，ワンプッシュ」

3 わが家の文芸部（明朗）

(1) 日々の生活

　家庭のなかに明るい話題をつくりたい。親子の間柄は近いがゆえに，子ども
が成長するにしたがって，気兼ねをしたり，遠慮がちになったりして，意思の
疎通がスムーズに行かないことも多くなる。そこで，家庭のなかに家族が共有
する文化をつくる。俳句，短歌，川柳などを，親子で作成し，発表し合う。家
のなかに常設の展示場所を決めて掲示する。このようにすることで，家族が，
素直になって互いを理解するきっかけができる。

(2) 道徳のありか

　親も子どもも，いろいろな悩み事をもつ。それは，家族とは直接にはかかわ
りのない原因のことが多い。家族が，そのような重たいものを背負っていると
き，家庭に文化があることにより，重たい気持ちも解きほぐすことができよ
う。俳句，短歌，川柳を詠むことで，心を温かにすることができる。そして，
その作者の心を理解しようとすることで，心を温めることができる。その交流
が，家庭外から持ち込まれる重たい気持ちを軽くしてくれるものとなる。

(3) 心を育てる語り掛けの例

　最初は親のリードがあるといい。アサガオの花が咲いた日。親が次のように
短歌を自作し，5音と7音を1ヵ所ずつ〇印で表記して子どもに見せる。
親）アサガオの　花がさいたぞ　むらさきの　大きなラッパ　パンパカパーン
　　この場合，「むらさきの」と「パンパカパーン」を〇印で表記。そして，子
どもに〇のところに，指を折りながら，合う言葉を見つけてみるように促す。
　　…たとえば，5音のところ「がんばるよ」，7音のところ「今日も元気で」
子）アサガオの　花がさいたぞ　がんばるよ　大きなラッパ　今日も元気で

4 わたしの居場所（家族愛）

(1) 日々の生活

　子どもは，家庭を切り盛りする家族の一員であるはずである。その自覚を高めるために，企画・運営を子どもに任せるという家庭環境があると，子どもは親をもリードできることに，自分の居場所を感じることができよう。

　子どもは，学校で，学級での楽しみ会の計画・運営を実にうまくこなす。また，宿泊学習でのグループ行動なども活発に展開することができる。それを，家庭に応用する。家族のそれぞれの誕生日の楽しみ会を子どもに託す。また，家族旅行のリーダーを子どもに託す。子どもはそれらに取り組むことで，家族の一員としての居場所を築くことができよう。

(2) 道徳のありか

　人の世話をすることは，大変な気苦労を要することである。しかし，楽しいことが加わると，苦労も楽しい。学校で他のみんなと力を合わせて取り組んだ楽しみ会やグループ行動を，家庭で，家族に対して実践する。楽しいなかに気苦労も多いことだろう。しかし，基本は，楽しいことである。そして，いつもはお世話をしてくれている親への感謝の場を取り仕切り，実行することで，家族の一員としての自覚を深めることができる。

(3) 心を育てる語り掛けの例

　正月，新しいカレンダーに，家族の誕生日に印をつける。そして，その誕生日に楽しみ会を催すこと，その企画・運営を子どもに任せることを話す。

　また，楽しみ会の出し物として，どのようなものが考えられるか，学校でのことを聞き，構想をもたせる。……器楽演奏，歌，クイズ，コント，本読み，など。

　さらに，家族旅行について，企画のまとめ役，旅の途中のリーダーを任せることを話す。希望アンケート調査や旅のしおりの作成を依頼する。

第2節　家庭から社会へつながる道徳のありか

1 わたしは店長（働く）

(1)　日々の生活

　機械文明の発達で，子どもが家の手伝いをするようなことも無くなって来た。しかし，子どもが家族のために働くことは，家族との一体感をえるために大切なことである。特に，インターネットやゲーム機器の発達で，外部に関心が向きがちな昨今の状況下では，子どもに，家族のために働く場を設ける必要がある。そこで，家庭内に架空の模擬店を設置し，子どもを店長に任命して働いてもらうのはどうだろうか。たとえば，野菜を提供するスーパーの店長。花を提供する花屋の店長。洗濯をするクリーニング屋の店長。靴磨きをする靴屋の店長。修理をする修繕屋の店長。子どもは，家族の需要をみて，あるいは家族の要請をうけて働くようにする。その際の呼称は店長である。

(2)　道徳のありか

　スーパーの店長として，家族が食べるミニトマトやオクラなどの野菜をプランターで育てる。花屋の店長として，家族の誕生日を祝うために，その日に合わせた季節の花をプランターで育てる。これらは，長期間の栽培が必要になる。家族の喜ぶ顔を思いながら世話をすることで家族へのひたむきな気持ちが育つ。また，休日には，クリーニング屋の一日店長として洗濯を請け負う，靴屋の一日店長としてお父さんやお母さんの靴磨きをする。さらには，修繕屋の一日店長として壊れている箇所を修理する。これらで，子どもに，家族の一員として家族の生活を守ろうとする気持ちが育つ。

(3)　心を育てる語り掛けの例

　子どもに，おどけて，「店長」と話しかけることで，楽しい雰囲気ができる。「店長，ミニトマトがほしいのですが，育ててもらえますか。」

「店長，秋の誕生日に，コスモスの花を飾りたいので育ててもらえますか。」

「店長，今日は，シーツを洗いたいのでよろしくお願いします。」

2 社会とつながる（公徳心）

(1) 日々の生活

　子どもも成長にしたがって，公共の場に出かけることが多くなる。急激な天候の変化，気分が悪くなる，落とし物をする，事故にあう，などで見知らぬ人のお世話になることも多い。人の情けを知る機会となる。今度，困っている人がいたら助けてあげようとの思いもふくらむ。しかし，困った人との偶然の出会いを待つのではなく，その思いをボランティア活動に表すようにはたらきかける。親子で出かけると，尚いい。道路や公園のごみ拾い，公園のベンチや遊具を雑巾でふく，バス停の清掃，落書きを消す，海岸や河川のごみ拾い。また，市町村の窓口や地域のボランティアセンターに問い合わせると，福祉施設訪問など，親子で参加できるボランティアを紹介してもらえることもある。

(2) 道徳のありか

　人の役に立つことに心地よさを味わい，それを押し進めようとすることは，道徳の基本である。現代の情報機器の発達という環境下で，家に閉じこもりがちになっている親や子どもが，社会の人びとが心地よい生活ができることに貢献しようとすることでえられるものは大きい。人と共に善い生き方を目指すという，人生の大原則となる理想を抱くことができる。

(3) 心を育てる語り掛けの例

　天気のよい日曜日，子どもに，ごみ拾いの散歩に行こうと投げかける。

「この前，学校から帰るとき急に雨が降って，どこかのお姉さんが傘に入れてくれたことがあったね。そういう人になりたいね。」

「今日は，ごみ袋を持って，公園に歩いて行こうか。ごみが落ちていても気にしない人ではなく，気にする人の方がかっこいいよ。雨にぬれている人を見

たら，そのままにしておけない人のように。自然環境を整えることは，人々に
役立つこと。今日は，散歩＆ごみ拾いボランティアに行こうよ。」

③ 生きる楽しさ（生命尊重）

(1)　日々の生活

　生きる楽しさの基本に，成長することがある。本人も家族もうれしい。しか
し，毎日をあわただしく過ごしていると，成長のうれしさを味わうことが無
い。そこで，日々の成長の歩みを閲覧することを，家庭生活に取り入れる。

　玄関に，学校で制作した物を陳列する場所をつくる。図画工作の作品，習字
や絵画，賞状，記録証，理科の実験に使った物，ノート，自由研究作品，日記
帳，……限られたスペースであるから，こまめに取り換える。その整理は親の
役割である。展示の変化があることで子どもは大事にされていることを実感す
る。玄関であるから，来訪者の目にも止まり話題となる。子どももうれしい。

(2)　道徳のありか

　学校からもち帰る作品や賞状・記録証は，子どもががんばった証である。学
校では先生やクラスメートから評価されている。それを，家庭でも家族が評価
する。学校では他の人と比較しての相対評価になりがちである。しかし，家庭
では，並び立つもののない，絶対評価である。親は子どもの作品や賞状などを
見て，わが子の成長に愛おしさを感じる。それを子どもに伝える。1年生のと
きはこうだったね。2年生の時はこうだったね……と，ずっと以前の学年をも
とに評価すれば，その成長度合いの高まりを知らせることができる。それは，
親にもうれしいことであり，子どもには晴れがましいことである。生きるこ
と，がんばることで，楽しさが生み出される。

(3)　心を育てる語り掛けの例

　「いい工作を作ったね。空き瓶が鉛筆立てに変身だ。周りの紙粘土で作った
顔の表情が，いい味を出しているよ。おもしろい顔。ムンクの叫びかな。」

「1年生のときは，紙粘土で怪獣をつくったね。あのときのゴジラの顔もなかなかいけていたけど，今回はおもしろさに迫力があるよ。さすがだね。」

4 自分の根っこ（郷土愛）

(1) 日々の生活

　子どもが小学校・中学校時代を過ごしたところが，子どもの故郷（ふるさと）になる。できるだけ，地域の自然や行事，そして，お店の人たちや近所の人たちとのかかわりをもたせるようにしたい。地域の山に登る，キャンプをする，河原でバーベキューをする，花見をする，お店の人の笑顔に笑顔を返す，お祭りの行列に参加する，正月行事を行う……。地域の生活に向き合うことは，生涯を通して心のなかに，温かな故郷の記憶を残し続けることになる。

　やがて，大人になり，故郷を回想するとき，父や母，近所の人たちとの生活が地域の自然と共に思い出され，懐かしさがわいて来る。故郷は裏切らない。人生に疲れ，希望を失ったとき，故郷が励ましてくれる。会いに帰るといい。

(2) 道徳のありか

　人生には，うまく行かないことも多い。大人になり社会に出ても，人間関係がこじれたり，仕事に行き詰まりを感じたり，親しくしていた人に裏切られたり，ハラスメントをうけたりして，悩みを抱え，出口の無いトンネルのなかをさまようようなこともおきる。

　そのようなとき，子どものとき築いた故郷に足を運ぶ。また，インターネットでその景観を眺める。そうすることで，懐かしさのなかに，故郷で培った人間性を再び思い起こすことができる。

(3) 心を育てる語り掛けの例

- 「故郷の景色をずっと覚えておこうね。将来，困ったことがあったときに思い出すと元気が出て来るから。故郷がずっと味方をしてくれる。」
- 「自分の根っこは，ここにあるから。悲しいことがあったら会いに来よう。故郷の思い出がずっと見守ってくれる。今は，そのときのために楽しもう。」

社会における
心を育てる取組

174

概要　第Ⅳ部を考察するにあたって

廣川　正昭

　国民の道徳にとってもっとも重要なことは，学校と家庭と社会（地域社会）が三位一体となって道徳教育に取り組み協力し合うことである。

　そのためには，学校，家庭，社会の道徳水準をあげることはもちろんであるが，それぞれが同じように機能しなければならない。このようになれば人びとの社会生活そのものが道徳性を向上させる。しかし，これらに大きな落差があれば，家庭における家族や学校における教師の努力も思うように発揮できず，道徳教育の効果は著しく減少してしまう。

　今日，道徳教育上もっとも重要なのは，家庭，学校，社会がその特徴を生かしながら協力体制をつくり，全体の教育力をあげることである。

　道徳の教科化がなされた今日，学校，家庭の道徳教育はいろいろな問題をかかえながらも，進むべき方向はある程度はっきりしてきた。しかし，社会，特に地域社会での道徳教育は多種多様である。個々では活動選択の幅は大きく，また自由であるが，地域においてそれぞれ異なる内容や意識の難しさを抱えている。それだけに社会での道徳教育はそれぞれの地域での問題を明確にし，地域住民の意識を高め，連携協力していくことがもっとも大切である。地域社会は，子どもにとって第3の生活の場でもあった。しかし，現代の子どもの生活は，社会で生活し，活動する時間は必ずしも多くない。かつては地域の大人は，子どもにとって先生であり，指導者であった。一方，地域の大人たちも，子どもをわが子と思って分け隔てなく，わが子同様に教育した。

　ところが今日の社会では，これら地域社会の伝統のよさが崩れかけている大きな問題がある。また，開発が進み，都市化され，伝統のよさが薄らぎ，地域住民のつながりの連帯意識も薄らぎつつある。

　このまま自然の流れにまかせていてよいのか。社会のもつ教育力，特に子どもの道徳教育という観点で考え直していかなければならないことがいろいろあ

るのではないか。今こそ，その時なのではないか。

　地域住民が主体となって，共通の意識で子どもの道徳教育に取り組み，実践していくことが求められているのではないか。地域社会には，地域の個性があり，それぞれ伝統やその文化がある。

　誰もが社会での子どもの心の教育の重要性をわかっているが，何を目指し，誰が，どのように行っていくのか……。実際，方法もきまりも何もない。したがって「教本」「手引書」などはまったくない。前例もない。何もかも手探りの状態である。あるものは，そこに住んでいる人たちの意識と意欲である。それぞれの地域の人たちにとって，初めての経験である。したがって，地域の子どもたちへの愛情と教育への意欲が鍵となる。何も前例がないなか，はっきりいえることは，他の地域やさまざまな団体，サークルなどが行っている実践例や実際の体験，そこからヒントや実践方法などを学ぶことである。したがって地域の住民たちが主体となって取り組んだ実践例，実践の姿こそが社会での心の教育のよき「手引書」あるいは「教本」といえる。いろいろな問題を抱えてはいるが，社会が主体となって行う道徳教育は，今後ますます避けて通れない重要な教育課題である。

　なお，社会で行う道徳教育の目標事項を列挙すると，次のようになる。

○心身の健康と安全　　　　　　　　　○地域社会に対する連帯感
○社会生活における基本的な生活習慣　○自立心，責任感
○権利の尊重と義務の履行　　　　　　○地域素材の発掘と伝統文化
○ルール（社会規範）の厳守　　　　　○国際理解，国際協調の精神
○公共の福祉，ボランティア精神　　　○人権尊重
○公徳心，社会連帯　　　　　　　　　○郷土愛

国立青少年教育振興機構の子どもたちの心を育てる取組

──────髙口　努

第1節　独立行政法人 国立青少年教育振興機構のミッション

　独立行政法人国立青少年教育振興機構（以下「機構」という）は，青少年教育のナショナルセンターとしてわが国の青少年教育の振興及び青少年の健全育成を目的として，各種教育事業，研修支援，子どもゆめ基金，国際交流事業などを推進している。機構が振興する「青少年教育」とは，青少年に対する社会教育のことをいい，わが国の将来を担う世代で人間形成の途上にある人たち，すなわち幼稚園，保育所，認定こども園，小学校，中学校，高等学校の幼児・児童・生徒及び大学生などの青少年を対象として行う教育を意味している。

　機構が推進する青少年教育の中核となるのは，「交流」と「体験活動」である。体験活動とは，「体験を通じて何らかの学習が行われることを目的として，体験する者に対して意図的・計画的に提供される体験[1]」のことをいい，直接自然や人・社会などとかかわる活動を行うことにより，五感を通じて何かを感じ，学ぶ取組を広く包含する活動のことをいう。具体的な活動として，自然体験活動，社会体験活動，生活・文化体験活動があり，機構においては，主として集団宿泊を伴う体験活動やボランティア活動の機会を提供し，青少年の主体性，チャレンジ精神，コミュニケーション能力，他者との協働力，責任感，変化に対応する力などの「社会を生き抜く力」を育成することにより，地域や社会全体で青少年の自立に向けた取組を推進している。学校外での社会教育のフィールドにおける青少年同士の「交流」や「体験活動」を通じた「青少年の自立」の促進が機構の最大のミッションである。機構は全国28ヵ所に国立青少年教育施設を有している。すなわち，国立オリンピック記念青少年総合センタ

一，国立青少年交流の家（13施設），国立青少年自然の家（14施設）である。各施設においては，宿泊施設，研修室・会議室，野外活動施設，キャンプ場，野外炊事場，各種スポーツ施設などを有しており，これらの施設を活用して青少年に対して多様な体験活動の機会を提供している。特に，宿泊施設を活用することによる「集団宿泊」を伴う体験活動を通して，より効果的な教育活動を実践していることが社会教育機関である国立青少年教育施設の大きな特徴となっている。このように，機構自らが青少年教育の中核となる交流及び体験活動の機会の提供を行うとともに，全国の公立の青少年教育施設，民間の青少年団体

図表20-1　国立中央青少年交流の家（静岡県御殿場市）

出所）独立行政法人 国立青少年教育振興機構

の指導者の育成や，教育プログラムの提供などによる事業の支援を行い，全国くまなく体験活動のすそ野を広げる活動を行うことにより，青少年教育のナショナルセンターとしての役割を果たしてきている。

第2節　教育活動における体験活動の意義

1　体験活動の学習指導要領における位置づけ

　青少年教育における体験活動は，必然的に他者，すなわち人，社会，自然などとの関わりや交流が求められる。このため，子どもたちの心や道徳性を育むうえで大変重要な手段であり，体験活動は，学習指導要領における位置づけにおいても非常に大きな位置を占めている。

　体験活動の学習指導要領における位置づけに関しては，まず，2017年3月告示の小学校及び中学校学習指導要領（以下「学習指導要領」という）の「第1章総則」に明示されている。その第1の2 (2)において，「道徳教育や体験活

動，多様な表現や鑑賞の活動等を通して，豊かな心や創造性の涵養を目指した
教育の充実に努めること。」とされ，「豊かな心」を育む教育のために体験活動
の必要性が明確に位置づけられている。また，第3の1(5)において，「児童が
生命の有限性や自然の大切さ，主体的に挑戦してみることや多様な他者と協働
することの重要性などを実感しながら理解することができるよう，各教科等の
特質に応じた体験活動を重視し，家庭や地域社会と連携しつつ体系的・継続的
に実施できるよう工夫すること」とされており，体験活動の重視が謳われてい
る。

　また，総則第6の3において道徳教育に関する配慮事項が示されている。そ
こにおいては，「集団宿泊活動（中学校は「職場体験活動」，以下カッコ書きは中学
校学習指導要領の記述），ボランティア活動，自然体験活動，地域の行事への参
加などの豊かな体験を充実すること。」とされ，学校での教育活動全体におけ
る道徳教育の推進に際して，集団宿泊活動とともに，豊かな体験活動の充実が
求められている。

　さらに，第3章特別の教科　道徳第3の2(5)においては，「児童（生徒）の
発達の段階や特性等を考慮し，指導のねらいに即して，……（中略）……，道
徳的行為に関する体験的な学習等を適切に取り入れるなど，指導方法を工夫す
ること。……（中略）……また，特別活動等における多様な実践活動や体験活
動も道徳科の授業に生かすようにすること。」とされており，道徳科の授業に
おいて体験活動を効果的に取り入れることが明示されている。

② 教育活動における体験活動の意義や役割

　前項でみてきたように，学習指導要領の位置づけからも教育活動上，体験活
動が果たす意義や役割は非常に大きく，子どもたちが体験活動を行うことによ
り，多岐にわたる道徳的価値を獲得することができる。

　まず人とのかかわりという観点からは，たとえば，キャンプ活動や野外炊事
活動などの野外活動を行うことを通して，まずは「勤労」という価値を体感す
ることができる。また，仲間に対する「親切」「思いやり」や「感謝」の気持

ちが生じたり，互いに励まし合ったり助け合ったりすることにより，「友情」
や「信頼」などの価値を知ることができる。さらに，普段の学校生活ではみら
れない仲間の姿を知り，「相互理解」や「寛容」の心をもつことにつながる。

　自然体験活動は，子どもたちが自然と直接相対することにより，自然の崇高
さを知り，自然環境を大切にすることの意義を理解するとともに，「自然愛護」
の価値を知ることができる。また大自然という美しいものや気高いものに「感
動」する心をもち，人間の力を超えたものに対する「畏敬の念」を深め，「生
命の尊さ」に気づくことにもつながる。

　社会とのかかわりでは，ボランティア活動などの社会体験活動に取り組むこ
とで，「社会参画」や「公共の精神」などを知ることができる。

　また，国立青少年教育施設においては，集団宿泊を伴う体験活動を行うこと
ができる。集団宿泊活動については，学習指導要領において特別活動のなかで
記述されており，小学校では第2の学校行事2(4)「遠足・集団宿泊的行事」
において「自然の中での集団宿泊活動などの平素と異なる生活環境にあって，
見聞を広め，自然や文化などに親しむとともに，よりよい人間関係を築くなど
の集団生活の在り方や公衆道徳などについての体験を積むことができるように
すること²⁾」とされている。集団宿泊活動は，小学校では「集団活動の充実」，
中学校では「集団生活の充実」に関わり，規則正しい生活をしたり，生活のき
まりを守ったりしなければならないことなどから，「節度」「節制」「礼儀」「遵
法精神」「公徳心」などを養うことにつながる。

　以上のような体験活動を通じて，子ども自らが自己の内面を振り返る機会と
なり，「向上心」や「個性の伸長」などにつながるとともに，困難や失敗を乗
り越えて着実にやり遂げる「努力（克己）と強い意志」を育み，「自主」「自
律」の精神を獲得するのである。このような体験活動により，子どもたちがよ
り多様な道徳的価値を体感し獲得することができ，学習指導要領が目指す子ど
もたちの道徳性の涵養や心を育てる取組をより効果的に行うことができるので
ある。

3 エビデンスから窺える体験活動の道徳観に及ぼす影響

　機構においては，青少年教育のナショナルセンターとしての役割を果たすた
め，定期的に全国規模の「青少年の体験活動等に関する意識調査」（以下「意識
調査」という）を実施してきている。意識調査は，小学校4～6年生，中学校
2年生，高等学校2年生を対象として，自律性，積極性，協調性に着目し，自
然体験，生活体験，お手伝いといった体験活動，自己肯定感や心身の疲労感に
関する意識などとの関係を分析している。2016年度に行った意識調査におい
て，体験と道徳観・正義感との関係について分析を行っている。道徳観・正義
感は，次の4項目を関係する内容として取り上げている。

- 家で「おはようございます」「いただきます」「行ってきます」「ただいま」
「おやすみなさい」といった挨拶をすること
- 近所の人や知り合いの人に「おはようございます」「こんにちは」「こんばん
は」といった挨拶をすること
- バスや電車で体の不自由な人やお年寄りに席を譲ること
- 友達が悪いことをしていたら，やめさせること

　これら4項目に対する回答を得点化し，「ある」「ややある」「ふつう」「やや
ない」「ない」の5段階に分類して，自然体験，生活体験との関係について分
析を行った。

　まず，自然体験と道徳観・正義感の関係については，自然体験が豊富な群ほ
ど，道徳観・正義感の高得点群の割合が大きくなる傾向がみられた（図表20-
2参照）。次に，生活体験と道徳観・正義感の関係についても，生活体験が豊
富な群ほど，道徳観・正義感の高得点群の割合が大きくなる傾向がみられた
（図表20-3参照）。

　以上のように，自然体験，生活体験，お手伝いなどの体験活動が豊富な子ど
もほど，道徳観や正義感が身に付いているという相関関係があり，エビデンス
からも子どもたちの道徳性を身に付けさせる上で体験活動が重要であることが
裏付けられている。

182

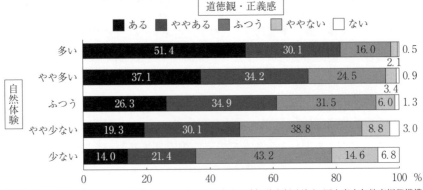

図表20-2　自然体験と道徳観・正義感の関係（小4～小6，中2，高2）

出所）青少年の体験活動等に関する意識調査（平成28年度調査）独立行政法人 国立青少年教育振興機構

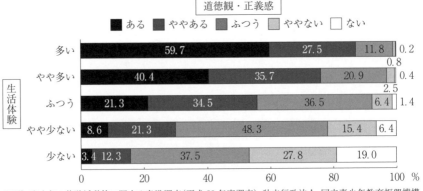

図表20-3　生活体験と道徳観・正義感の関係（小4～小6，中2，高2）

出所）青少年の体験活動等に関する意識調査（平成28年度調査）独立行政法人 国立青少年教育振興機構

第3節　機構が推進する教育事業などの取組

　機構においては，子どもたちに体験活動の機会を提供する多様な教育事業や，集団宿泊活動を行う小・中・高等学校などの児童生徒などに対して，さまざまな体験活動の機会を提供する研修支援を行ってきている。

1 豊かな人間性を育む長期自然体験活動事業

　施設の特色や立地条件を活かし，非日常的な環境における自然体験を通して，青少年に自然の偉大さに気付かせ，協力することの大切さを学ばせるため，たとえば，島一周踏破や連山縦走登山など 1 週間以上の長期にわたる活動を行う，長期自然体験活動事業を実施している。このような体験活動により，子どもたちが自分で行動する力，仲間に対する思いやりや助け合う力，身近な人や社会に対する感謝の気持ち，忍耐力などを養うことなどを目指している。

2 学校や青少年団体による活動の支援（研修支援）

　学校や青少年団体，青少年教育関係者などが，学習の目的に応じた主体的で効果的な活動を行うことができるよう，広く学習の場や交流の機会を提供し，たとえばキャンプ活動や野外炊事活動，登山活動，海でのカッター活動など，より効果的なプログラムの提案や教育的指導・助言などを行っている。これらの支援においては，共同での集団宿泊や朝夕のつどいの場や，標準生活時間を設けるなど，社会性や規則正しい生活習慣を身に付けることにつなげている。

3 指導者及びボランティアの養成事業

　青少年に良質な体験活動の機会と交流の場を提供するため，高度な指導方法や安全管理などに関して高い資質を身に付けた指導者を養成することを目的に，国公立の青少年教育施設や青少年教育団体等の指導者を対象とした研修事業や指導者養成研修等の事業を実施している。その一環として，青少年教育施設が実施する教育事業の運営サポートや研修支援等に携わる「ボランティア養成・研修事業」などを行い，社会参画の意識や公共の精神の高揚につなげる取組を推進している。

4 生活・自立支援キャンプ

　ひとり親家庭の子どもや児童養護施設の子どもなど経済的に困難な環境にあ

る子どもを対象に，普段の生活ではなかなか経験できない体験活動を通じて，自己肯定感を高めたり，規則正しい生活習慣や自立する力を身に付けたりすることを目的とした「生活・自立支援キャンプ」を実施しており，親の経済状況にかかわらず子どもたちに質の高い体験活動ができる機会を提供している。

5 「早寝早起き朝ごはん」国民運動の推進

近年，子どもたちの基本的生活習慣の乱れが学習意欲や体力，気力の低下の要因のひとつとして指摘されている状況に鑑み，「早起き朝ごはん」の励行など子どもたちの基本的生活習慣の確立を目指し，早寝早起き朝ごはん国民運動全国協議会と連携して，平成18年から「早寝早起き朝ごはん」国民運動を推進してきている。各地域や学校での実態に即した多様な取組が展開されたことで，毎朝朝食を食べる子どもたちの割合が増加するなどの成果をえている。

6 防災・減災教育の推進

近年のわが国は，地震，台風，水害などの大きな災害に見舞われており，これに対する防災・減災の備えが急務となっている。機構の各教育施設においては，災害後の子どもたちの心身の健康の維持のために，「リフレッシュキャンプ」や中学生・高校生防災ジュニアリーダーの育成などを行ってきているところであるが，今後，各地域の自治体と連携して防災・減災教育の推進を積極的に展開していくこととしている。

・注・
1) 中央教育審議会「今後の青少年の体験活動の推進について（答申）」（2013年1月21日）
2) 中学校学習指導要領は，「旅行・集団宿泊的行事」において，「平素と異なる生活環境にあって，見聞を広め，自然や文化などに親しむとともに，よりよい人間関係を築くなどの集団生活の在り方や公衆道徳などについての体験を積むことができるようにすること。」と記述されている。

多様な法人組織における 子どもたちの心を育てる取組

―――――押谷　由夫，醍醐　身奈

第1節　法人組織における実践的活動 ①
―学校教育や組織の一部として―

　子どもたちが豊かな体験を通して心を育むためには，学校だけではなく，これまで以上に家庭や地域，さまざまな企業・組織などと連携しながら，学びの場を広げていくことが求められている。ここでは，特に法人組織が行っている活動内容に着目し，子どもの心を育む取組として，どのようなものがあるのかについて整理してみる。第1節では，その事業内容や活動が，主に学校教育や組織の一部として位置づけられている3つの法人組織（日本PTA全国協議会，全国子ども会連合会，青少年赤十字）に着目し，その取組について概観する。

1　公益社団法人　日本PTA全国協議会における取組

　日本におけるPTA（Parent-Teacher Association）とは，各学校で組織された，保護者と教職員による社会教育関係団体のことである。この団体の目的は，健全な青少年の育成と福祉の増進を図り，社会発展に寄与することにある。

　第2次世界大戦後，アメリカの第1次教育使節団の報告書による勧告を元に日本独自の検討を加えて誕生したものがPTA活動の全国協議会である。戦後間もない当時のPTA活動は，学校給食の制度化，2部授業の撤廃など，文部行政に対して保護者からの要望をまとめて要請すると共に，それをうけた文部行政の施策の実施に向けて，財政当局への要請活動を行っていた。その後，組織再編や名称変更を行いながら，2013（平成25）年度より「公益社団法人日本PTA全国協議会」となり，現在（2021年1月）に至っている。

187

近年では，東日本大震災の被災地の子どものことを忘れることなく，新たな支援の手を差しのべるとの思いを込めて「日本PTA　心のきずな61教育支援基金」(2014-2017) が創設され，他地域との交流や体験学習支援を通して被災地の教育環境を整え，子どもたちの「心のケア」をすることが目指された。また，2013年の「いじめ防止対策推進法」制定を契機として，『今すぐ家庭でできるいじめ対策ハンドブック改訂版』が発刊され，全国でこれを活用した勉強会が開催されるなど，いじめ問題解決に向けた取組も行われている。

2 公益社団法人　全国子ども会連合会における取組

「子ども会」とは，就学前3年の幼児から高校3年生年齢相当までを構成員とし，地域を基盤とした異年齢の集団を指している。また，その活動を支える指導者と側面から援助する育成者が必要であり，この子どもの集団と指導者，育成者を含めた総称として用いられている。子ども会が全国に広まった背景には，日本中の子どもたちの成長と幸福のための子ども会活動を目的として1965（昭和40）年に「社団法人　全国子ども会」が誕生したことがあげられる。その後，さまざまな組織改編などを経て，2013（平成25）年には「公益社

図表21-1　主な子ども会の行事活動内容

【社会的なもの】	
社会活動	ひな祭り，七夕祭り，クリスマス，新年会など
奉仕活動	道路清掃，老人ホーム訪問など
安全活動	子ども会KYT※，安全教室，自転車教室，救急法など
【文化的なもの】	
文化芸能活動	歌，人形劇，音楽会，映画会など
創作活動	写生，工作，作品展，ガラクタ創作など
学習活動	天体観測，読書，ユネスコ（国際理解）など
【体育的なもの】	
スポーツ活動	ラジオ体操，バレーボール，野球，サッカーなど
レクリエーション活動	フォークダンス，ゲームなど

※K（危険），Y（予知），T（トレーニング）の略で，危険回避能力を養う活動を指す。
出所）公益社団法人　全国子ども会連合会HPの内容をもとに筆者作成

団法人　全国子ども会連合会」へと移行し，現在（2021 年 1 月）に至っている。

　子ども会では，家庭・学校はもとより，地域の諸機関・諸集団と強い連携を保ちながら，活動を進めることに重点が置かれており，その活動はジュニア・リーダー（中・高校生など）や青年リーダー（18 〜 25 歳），集団指導者，特技指導者，総括的指導者など，さまざまな指導者によって支えられている。

　子ども会としての主な行事活動には，社会的なもの，文化的なもの，体育的なものなど，各地域や各集団に合わせたさまざまな活動があげられる（図表 21-1 参照）。このような子どもを中心とした活動を通してえられる成功体験や失敗体験が，子どもたちの心を育む上で大きな役割を果たすと考えられている。

3　青少年赤十字における取組

　青少年赤十字（Junior Red Cross）は，日本赤十字社（日本赤十字社法によって設立された認可法人）の一部として位置づけられており，1922（大正 11）年に設立され，1948（昭和 23）年の組織変更を経て現在（2021 年 1 月）に至っている。

　この事業の目的は，児童生徒が赤十字の精神に基づき世界の平和と人類の福祉に貢献できるよう，日常生活のなかでの実践活動を通じて，いのちと健康を大切に，地域社会や世界のために奉仕し，世界の人びととの友好親善の精神を育成することにある。

　この事業は，幼稚園，保育所，小・中・高等学校，特別支援学校など教育施設や学校単位での加盟となり，その加盟対象には，「JRC 部」などのクラブ活動と，「全校加盟」とよばれる生徒会による活動とがある。活動内容は「健康・安全」「奉仕」「国際理解・親善」の 3 つの柱に分かれており，また，主体性を育むために「気づき」「考え」「実行する」という態度目標が掲げられている。

　図表 21-2 は，青少年赤十字モデル校における活動の一部を整理したものである。この事業内容は，地域や世界の人びとの平和や福祉に貢献するような活動であれば，学校の裁量で自由に行うことができることに特徴がある。

188

図表21-2　青少年赤十字モデル校の活動

自他の大切な命を守ろう（健康・安全）
実践例1：玉城学園都城東高等学校（宮崎県） 　いのちと健康を守る，救急法・AED の知識と技術を身につけながら日ごろの健康と安全，生命を大切にすることを学ぶため，生徒と職員たちは救急法一般講習を受講している（赤十字支部から救急法の講師派遣や資器材貸し出しが可能）。 　学校全体の健康・安全に対する意識が高まり，赤十字や青少年赤十字活動に対する理解や協力も得られるようになった。
Let's ボランティア‼（奉仕，その他）
実践例2：秋田市立川添小学校（秋田県） 　人とのかかわりの中で，思いやりの心を持ち，主体的に奉仕活動に取り組もうとする子どもを育成している。 　様々なボランティア活動（登校時クリーンアップ活動，自分ができるボランティア活動に挑戦，防災訓練への参加，プルタブ集め，地域との文化交流など）に参加することで，子どもたちも気負いなく自然体で活動に取り組めるようになった。
地域・人・未来―潤いがあり，心豊かな社会とは（国際理解・親善）
実践例3：浜松市立入野中学校（静岡県） 　態度目標「気づき・考え・実行する」を身につけるためには，まず自分の周りの世界（もの・こと・ひと）がどのようになっているかを実際に体験させたり見聞きさせることを通して，自分では何をすることができるかを考えていく。 　青少年赤十字登録式での意識づけや，赤十字から講師を招いての救護活動の講演会，タイ人留学生との交流やV・S（ボランタリー・サービス）活動などを通して，青少年赤十字の精神を生かした交流活動やボランティア活動を実践している。

出所）青少年赤十字 HP の内容をもとに筆者作成

第2節　法人組織における実践的活動 ②
―個人の任意参加や活動が可能―

　第2節では，その事業内容や活動が，主に個人の任意参加となっている4つの法人組織（日本スポーツ少年団，ボーイスカウト日本連盟，ガールスカウト日本連盟，「小さな親切」運動本部）に着目し，その取組について概観する。

1 日本スポーツ少年団

　「日本スポーツ少年団」とは，日本最大規模の青少年スポーツ団体であり，公益財団法人　日本スポーツ協会の一組織として位置づけられている。ここでは，一般に「スポーツ少年団」とよばれる「単位団」と，その上位に位置する

「市区町村スポーツ少年団」「都道府県スポーツ少年団」，全国組織の「日本スポーツ少年団」の4つの段階で構成・運営がなされている。

　スポーツ少年団では，「一人でも多くの青少年にスポーツの歓びを提供する」「スポーツを通して青少年のこころとからだを育てる」「スポーツで人々をつなぎ，地域づくりに貢献する」ことを理念として掲げている。この理念をベースとして，基本的には単位団ごとに活動を行っているが，他の単位団や他地域のスポーツ少年団との交流活動も推進されている。また，必ずしもスポーツ活動のみではなく，団員の欲求に基づいた文化・学習活動や野外・レクリエーション活動，社会・奉仕活動など，さまざまな活動を行っている。

　さらに，日本と中国，ドイツなど，国際交流事業にも力を入れており，日独スポーツ少年団同時交流は1974（昭和49）年の第1回開催以来，毎年継続して行われている。このようにスポーツ少年団は，地域や国を越えた体験を通じて，子どもの「こころとからだの健全育成」を図っているのである。

２　公益財団法人　ボーイスカウト日本連盟

　日本におけるボーイスカウトの歴史は古く，1922（大正11）年に「少年団日本連盟」として設立したのが始まりである（財団法人となったのは，1935年）。この活動の目的は，世界スカウト機構憲章に基づき，日本におけるボーイスカウト運動を普及し，その運動を通じて青少年の優れた人格を形成し，かつ国際友愛精神の増進を図り，青少年の健全育成に寄与することにある。

　現在，ボーイスカウトは，年代に応じて5つの部門に分かれており，それぞれ「ビーバースカウト（小1〜）」「カブスカウト（小3〜）」「ボーイスカウト（小6〜）」「ベンチャースカウト（高1〜）」「ローバースカウト（18歳〜）」とよばれ，それぞれの発達段階に応じた活動を行っている。小学6年生から中学3年生を対象とする「ボーイスカウト」では，「班」というグループのなかで，それぞれが自分の役割をもち，協力して活動を行っている。キャンプやハイキングなどの野外活動のなかで「リーダーシップ」「協調性」「社会性」などを育み，奉仕活動を通じて「役に立つことの大切さ」を学んでいく。

具体的な活動内容としては，野外活動などの体験を中心に，自然を学び，友情や協調性などを育てたり，工作やゲーム，歌，演劇などの活動，手旗やロープ結びなどの練習，キャンプ生活の基本を学んだりしている。こうした活動では，さまざまな感覚を使って知識や技能をえること，心構えをもつことなど，いろいろな意味での「そなえ」を大切にしながら，協力して成し遂げることを学ぶ。また，自分のことはもちろん，周りを気遣ったり困っている人に手を差しのべたりできるような「一人前」な自分に近づくことが求められる。

3 公益社団法人　ガールスカウト日本連盟

　現在の「ガールスカウト日本連盟」の母体となった「社団法人　ガールスカウト日本連盟」は，1952（昭和27）年に設立され，2012（平成24）年にはその組織が公益社団法人に移行して現在（2021年1月）に至っている。この活動の目的は，ガールスカウト運動を通じて，少女と若い女性が自分自身と他の人びとの幸福と平和のために責任ある市民として，自ら考え，行動できる人となれるよう育成を行うことにある。

　ガールスカウトの活動には，①「自己開発（興味をもったことに挑戦し，自分で考えて実行する力を身に付ける）」，②「人とのまじわり（様々な人との交流を通じて，お互いを尊重しあうことを学ぶ）」，③「自然とともに（野外活動を通じていのちや自然の大切さを身近に感じる）」という3つのポイントが掲げられ，活動が行われている。少女と女性のみの環境では，重い荷物があっても工夫して皆で運ぶ，物事を進めるときは話し合って民主的に決めるなど，さまざまな体験の場が設けられている。そのことは少女たちの実行力，コミュニケーション能力，リーダーシップ能力を培うことにつながっていくと考えられている。

　近年の活動としては，少女と女性の視点に立ち，持続可能な開発目標SDGs（Sustainable Development Goals の略）の達成に向けて，日常生活における課題解決に取り組んだ活動を表彰する「コミュニティアクション　チャレンジ100アワード」を開催し，自己判断力や課題解決力を養う取組を行っている。

4 公益社団法人「小さな親切」運動本部

　1963（昭和38）年３月，東京大学の卒業式で，茅誠司総長（当時）が「小さな親切を，勇気をもってやっていただきたい」という卒業告辞に感銘をうけた人びとが提唱者となり，「小さな親切」運動本部が発足した。現在は，「小さな親切」を前提とする社会道義の確立に寄与することを目的として，次世代を担う青少年をはじめ広く国民に「小さな親切」の心を育てる活動を行っている。

　具体的な取組のひとつとして，1976（昭和51）年から続いている「小さな親切」作文コンクールがある。ここでは，親切体験を作文に書くことで，子どもたちに「小さな親切」とは何なのか，子どもたちがそれぞれの立場や状況に立って考え，実行する機会をつくっている。

　また，「あいさつで，みんなつながろトモダチ作戦（略して「みんトモ」）」では，コミュニケーションの基本となる学校や地域のなかでのあいさつを習慣づけ，楽しく続けてもらうため，あいさつ運動をサポートする取組を行っている。このあいさつ運動の効果には，① コミュニケーション能力の向上，② 地域との交流が増える，③ いじめの抑止・防止の他にも，チームワークの向上，非行や問題行動の防止など，さまざまな実践事例が報告されている。

　「小さな親切」運動本部では，こうした一つひとつの「小さな親切」に着目することを通じて，子どもたちの素直な気持ちや親切心を大事に育み，それを大きく広げていく場づくりを継続的に進めている。

第３節　法人組織における心を育てる取組の課題と今後の展望

　第１節や第２節では，さまざまな法人組織における子どもの心を育む活動内容やその目的について概観してきた。ここで取り上げた法人組織以外にも多くの全国組織が継続して活動を行ってきているものの，少子化による所属メンバーの減少，運営資金不足，活動の縮小などを余儀なくされている組織もみられる。

192

　今後はこうした環境下で，子どもの心を育む豊かな体験の場をいかに提供していくべきか，法人組織が学校や地域と連携し，共有資源をいかに活用していくかなど，検討していくべき課題が多く残されている。

● **参考文献** ●・・・

公益社団法人　ガールスカウト日本連盟ホームページ　https://www.girlscout.or.jp/（2021年1月15日閲覧）

公益社団法人　全国子ども会連合会ホームページ　https://www.kodomo-kai.or.jp/（2021年1月15日閲覧）

公益社団法人「小さな親切」運動本部ホームページ　https://www.kindness.jp/（2021年1月15日閲覧）

公益社団法人　日本スポーツ協会ホームページ　https://www.japan-sports.or.jp/（2021年1月15日閲覧）

公益社団法人　日本PTA全国協議会ホームページ　http://www.nippon-pta.or.jp/（2021年1月15日閲覧）

公益社団法人　日本ボーイスカウト日本連盟ホームページ　https://www.scout.or.jp/（2021年1月15日閲覧）

桝居孝・森正尚（2018）『世界と日本の赤十字』東信堂

青少年赤十字ホームページ　http://www.jrc.or.jp/activity/youth/　（2021年1月15日閲覧）

**社会教育関係団体における
道徳教育充実への取組**

第1節　日本弘道会

―――――江島　顕一

1 東京修身学社，日本講道会から日本弘道会へ

　日本弘道会は，西村茂樹（1828-1902）が数名の同志とともに 1876（明治 9）年に設立した東京修身学社を前身とし，その後 1884 年に日本講道会，そして 1887 年に改称して今日に至る社会教育団体である。以下では，日本弘道会が，西村が実際に活動した明治期から，西村没後の大正期，戦前昭和期を経て，戦後の昭和期，平成期までの諸活動の歴史的変遷について，道徳教育との関わりを視野に含め入れながら概観していく。

　西村は，1873（明治 6）年に文部省に入省し，前年に発布された「学制」のもとでの教科書編纂に携わっていた。しかし，「学制」には批判的な見解を抱いてもいた。「日本弘道会創立紀事」では，当時の明治政府の方針や教育が専ら殖産興業のみを主とし，まったく仁義忠孝を顧みていないと憂慮し，東西の教説を融和して時勢に適した「新道徳学」の樹立を主張していた。その実現を図るため，阪谷素，丁野遠影，植松直久などと共に 1876 年に東京修身学社を設立した。社名の通り，修身の道の講究を目的に，毎月 1 回の会合を開催するとした。1877 年には社員（会員）が 10 数名に達したことから，「東京修身学社約規」を定め，その第 1 条に設立主意として自らの身を修めて人に及ぼすことと明記した。1880 年には，機関誌『修身学社叢説』を発行した。

　1884 年には組織としての整備を図り，日本講道会へと改称し，会長に西村，副会長に南摩綱紀が就任し，その他の役職員も決定した。また機関誌も『講道

会叢説』に改題し，会合を毎月第1，第3月曜の開催とした。その後，日本講
道会の会員は300名を超えた。東京修身学社および日本講道会の当時の会合
は，西村や南摩，会員の講師（たとえば，嘉納治五郎）が，東西の道徳書（哲学
書，倫理書）を講義する形で開催していた。

そして西村は，1886年12月に3日間にわたって帝国大学の講義室に公衆を
集めて自らの道徳論を演説した。1887年にこれを『日本道徳論』として刊行
した。本書では，日本の道徳学が世外教（宗教）ではなく，世教（儒教，哲学）
に拠るべきことを主張し，その実行の方法として道徳学を広める学会や協会の
設立の必要性を訴えたように，社会教育による道徳教育の振興を提起した。同
年には，日本弘道会へと改称し，機関誌も『日本弘道会雑誌』に改題した。
「日本弘道会約規」の第1条には，日本人の道徳を高めるとともに道徳の真理
を講究することを会の目的として明記した。

西村がほとんどの公職を辞した明治20年代半ば以降は，会長として会勢の
拡大に取り組み，自らは隔月の講演と機関誌への執筆を行った（1892年に『日
本弘道叢記』を発刊。この第1号を『弘道』の元数とする）。1890年に「教育勅語」
が発布されると，勅語奉読会を開催するようになった。また，地方支会の増
設，女子部の設立を行った。しかし，1902年8月，西村が75歳で逝去した
（後任の会長は谷干城，副会長に南摩と松平直亮が就任）。なお，明治末年での支会
数は全国で157，1910年時点での会員数は約4,600人であった。

このように東京修身学社，日本講道会までの時期は，会員同士で道徳学を講
義，学修する学究的な色彩が強い団体であったが，『日本道徳論』の刊行を経
て日本弘道会の時期になると，広く門戸を開いて会員の修養に資する教育活動
を展開していくようになった。

2 西村没後の日本弘道会（大正・戦前昭和期）

日本弘道会は，1914（大正3）年3月に文部省より社団法人の認可をうけた。
そして東京都千代田区西神田に会館を建設して拠点とした。大正期には，会勢
の拡大を図るため，大正デモクラシーや第一次世界大戦，労働問題などの時勢

に応じた講演会や言論活動を行った。1922 年には，社会道徳の教化を担う専門家養成のための日本弘道会社会教化学院を開設した（その後，労務者補導高等学級，高等ラジオ技術者講習会に発展し，1944 年に廃校した）。また同年には「道徳教育に関する建議書」を文部大臣へ提出し，諸学校の修身科の徹底と改善（他学科の教材の修身科との関連重視）を提起した。大正期に設立された支会数は 73，1921 年時点での会員数は約 8,400 人であった。

　昭和期に入ると，西村の伝記『泊翁西村茂樹伝』（上下，1933 年）や『道徳問答』（1936 年）を刊行した。また修身教育の充実のために『小学修身参考』を毎月発行した（1936-1940 年）。さらに，国民修養講座，書道講座，家政講座など多様な講座を開講した（たとえば 1938 年の修養講座では，井上哲次郎，吉田熊次などが講師を務めた）。しかし，第二次世界大戦が開戦すると，『弘道』の発行や講演，講座の開催も困難となり，戦局の悪化に伴って諸活動が停止となっていった。なお，戦前昭和期に設立された支会数は全国で 27，1938 年時点での会員数は 5,400 人であった。

　こうして西村亡き後の大正期，戦前昭和期の日本弘道会は，会の確立に向けた新たな事業を興しながら，一方では関東大震災や第一次，第二次世界大戦などを背景に，当時の社会的要請や課題に応える形での活動を展開していった。

3 戦後の日本弘道会（戦後昭和期・平成期）

　終戦直後の日本弘道会は，占領下のなかで同様の社会教育団体が追放や活動禁止の命令をうけるなか，存続できた。1950（昭和 25）年には戦後の礼儀の乱れを課題とし，その改善を目的とした礼法研究調査会を設けて，『新しい礼法』（1952 年）を刊行した。1954 年には日本弘道会を含めた 6 団体（大日本報徳社，渋沢青渕記念財団竜門社，修養団，石門心学会，道義再建運動本部）で道義振興懇談会を設け，社会教育による道徳教育の振興を研究討議し，そこで決議された申し合わせを時の内閣総理大臣，文部大臣に建議した。1956 年に出された「（修身教育問題に関する）決議」では，道徳教育を担う科目の特設や教職課程に「倫理学」を必修科目として加えることなどを提起した。

　こうして終戦から主権独立を経て，昭和 30 年代にかけては，戦後教育における道徳教育に関する改革や改善に関する活動を展開した。

　昭和 30 年代には，創立 80 周年時に『西村茂樹先生語録』（1956 年）や，西村の遺稿をまとめた『記憶録』（1961 年）を刊行した。昭和 40 年代には，その時々の時事問題をテーマに『弘道』誌上で特集を掲載し（公害問題に応じて「自然と人生」，政界の汚職問題に応じて「政治と道徳」など），また講演会を頻繁に行った。昭和 50 年代は，創立 100 周年時に『西村茂樹全集』（全 3 巻，1976 年）を刊行した。また「日本弘道会定款」を改正し，その第 4 条には会の目的を，道徳の尊厳性を認め，同時に人類文化の推移変化に対応して，合理的普遍的の道義理念探求とその実践に努め，併せて社会正義と世界平和に寄与することと明記した。1985 年には，現在地に日本弘道会ビルが竣工した。なお，戦後昭和期に設立された支会数は全国で 23，昭和末期の会員数は推定 2,500 人であった。

　平成期になると，まず創立 120 周年時に『日本弘道会百十年史』（1996 年）を刊行した。2000 年代には，2011（平成 23）年 3 月の公益社団法人への移行を挟み，第 9 代会長の鈴木勲のもと，特に研究活動が顕著になった。百年忌を迎えた西村の業績を網羅した『増補改訂　西村茂樹全集』（思文閣出版，全 12 巻，2004-2013 年）を刊行した。また，戦前の修身教育の検証を目的に，2008 年度から 5 年間にわたり日本道徳教育学会と共同研究を行い，『近代日本における修身教育の歴史的研究』としてまとめた。

　1999 年に 1000 号に達した機関誌『弘道』では，道徳教育に関わる多岐にわたるテーマを取り上げてきたが（たとえば，宗教，文化，家庭，環境，国際社会，倫理，国家，公共，国語，公共心など），その誌上では長年にわたり「学校における徳育の教科化」を主張していた（本テーマで，2013 年にシンポジウムを開催）。

　今日の日本弘道会は，道徳教育に関わる，教育活動（シンポジウムなどの開催），研究活動（学術的研究の取組），出版活動（『弘道』の発行）の 3 つの活動を柱としている（支会は全国に 11）。こうして戦後昭和期から平成期にかけては，創立者西村の業績の顕彰を通じた設立理念の普及を図りながら，学校の道徳教育の推進に対して社会教育の立場から振興する諸活動を展開してきた。

● 参考文献 ●⋯⋯⋯⋯⋯⋯⋯⋯⋯⋯⋯⋯⋯⋯⋯⋯⋯⋯⋯⋯⋯⋯⋯⋯⋯⋯⋯⋯⋯⋯⋯
高橋昌郎（1987）『西村茂樹』（人物叢書）吉川弘文館
西村茂樹著，尾田幸雄現代語訳（2010）『品格の原点―いまなぜ「日本道徳論」な
　のか―』小学館
日本弘道会（1986）『図説日本弘道会一一〇年』社団法人　日本弘道会
日本弘道会百十年史編集委員会（1996）『日本弘道会百十年史』社団法人　日本弘道会
日本弘道会編（2004-2013）『増補改訂　西村茂樹全集』全12巻，思文閣

第2節　モラロジー道徳教育財団と道徳教育

――――岩佐　信道

1 モラロジーの創立者，廣池千九郎の考え

　道徳教育，言い換えれば「道徳性を養う」ことを目指す活動は，学校におい
て，教師が子どもたちに働きかけるだけのものなのであろうか。モラロジーに
は，「そうではない」という明確な答えが用意されている。また，教師がもし
教職を離れれば，道徳教育はもはや煩わされる必要のないものなのであろう
か。この問いに対しても，「そうではない」という答えが用意されているとい
うことができる。そのことを端的に示すのが，「徳を尊ぶこと，学・知・金・
権より大なり」という言葉で，「道徳性を養う」ということが，優れて大人の
問題であることを物語っているのである。

　これはモラロジーの創立者，廣池千九郎の言葉である。廣池については，行
安茂・廣川正昭編の『戦後道徳教育を築いた人々と21世紀の課題』（教育出版）
のなかでもふれているが，彼の最大の関心は，人類の教師ともよばれる世界の
聖人たちの生き方に一貫する道徳の原理を明らかにし，その実行の方法を解明
することであった。若い頃から知徳ともに卓越した人物であったが，40代の
終わりに人生上の大きな困難に直面した。廣池はその時，この状況こそ自分が
長年にわたって研究してきた聖人の教えと生き方を実践に移す好機であること
に思い至り，それまでの学識・経験を総動員して，人を恨まず，すべて感謝の
心をもって対処することにしたのである。これが「慈悲にして寛大なる心とな

198

り，かつ自己に反省す」と表現された精神で，いわゆる最高道徳の根本精神となっている。

　では，その最高道徳とはどのようなものであろうか。それを簡潔に述べることは容易でないとしても，次の5つの原理に要約することができよう。

　まず，宇宙自然の法則の実質的あらわれである相互依存のネットワークのなかで互いに支え合って生きている私たちが，すべての人に慈愛の心をもって接し，すべての存在を大切にすること（① 慈悲実現の原理）で，その際，私たち人間には，自己保存の本能に基づく自己中心的な心の働きがあるため，これを克服すること（② 自我没却の原理）がその出発点としたのである。次に，私たちの日々の生活には，家庭生活，社会生活，そして精神生活において，その建設・向上に重要な貢献をしている人びとが存在し，そうした恩人に対して，感謝の心をもち，報恩の努力をすること（③ 伝統の原理）が重要である。そして，そうした恩人の姿に習い，他の人びとに対して，自分にできることを率先して実行すること（④ 義務先行の原理）である。その際，物事の価値を決めるのは人間の精神であることの理解に基づいて，他の人びととの精神的な向上に向けて努力することが重要（⑤ 人心開発救済の原理）となるのである。

　ちなみに，廣池は，3,000頁をこえる大著『道徳科学の論文』で新科学モラロジーを世に問うたのであるが，その中身，全9冊のうち，最高道徳の実践者の記述に2冊を，そして最高道徳の原理，実質，内容の分析と現代社会における実践の方法に3冊を充てている。結局，道徳の実践，特に最高道徳という質の高い道徳の実行こそ人間の幸福実現の基本であることと，その実行の方法を明らかにしようとしたのである。そこで廣池が提示した最高道徳は，人間の生き方の構造を科学的に広い視野から捉えた上で，現代社会において，人類の教師の生き方を具体化する方法を提示しようとするもので，かつてL.コールバーグ教授が指摘した徳目羅列主義道徳論の問題を克服しているということができるであろう。

2 モラロジー研究所の活動

研究活動　モラロジー道徳教育財団の主な活動には，モラロジーの学問的研

究，モラロジーを基調とする社会教育，そしてモラロジーに関する出版物の刊
行がある。まず研究部門では，廣池千九郎が着手した道徳の科学的研究を前進
させるべく，その後の諸科学の展開を踏まえ，主として生命・環境・倫理に関
する研究，経済・社会の倫理の実践的研究，道徳教育，歴史，聖人の研究など
に取り組んでいる。その成果は「モラロジー研究発表会」で発表，検討される
と共に，『道徳科学研究フォーラム』に収録され，公にされている。

　なかでも，道徳教育の分野では，海外からも著名な研究者を招き，国際的な
観点から道徳と道徳教育の在り方を検討している。廣池学園創立 50 周年の
1985 年には，ハーバード大学で「道徳性発達と道徳教育研究センター」のセ
ンター長であった L. コールバーグ教授を迎えて一連の講演会を開催した。
1987 年と 1995 年には，アジアや欧米から多くの研究者の参加をえて，「道徳
教育国際会議」を開催した。2009 年には「廣池千九郎の思想と業績」をテー
マとする国際会議を開催し，モラロジーの創立者に関する海外の学者の理解が
深まった。道徳教育学会（AME）からクーマーカー賞を受賞した研究員もい
る。これは，道徳の比較文化的研究，道徳教育に関する国際交流への貢献，廣
池の思想と業績に関する理解向上への貢献などを評価したものであった。また
第 15 回目を迎えるアジア・太平洋道徳教育研究会（APNME）は，2006 年にそ
の第 1 回目をモラロジー研究所（当時）で開いている。

　日本道徳教育学会については，麗澤大学が主体となって引き受けた場合も含
めて，これまでに 4 回の大会が柏のキャンパスで開催されている。その際，海
外の動向を踏まえた道徳教育研究のため，T. リコーナ教授や K. ライアン教授
などを招いて学術講演を開催している。

社会教育　モラロジー道徳教育財団は，さまざまなセミナーや生涯学習講座を
開催している。まず生涯学習セミナーは，心豊かな人生，暖かい家庭，明るい
職場，住みよい社会づくりを進め，よりよく生きるために必要な道徳実行の指
針を明らかにしようとするセミナーである。一般の人びとを対象とするもの
と，女性，青年，経営者，教育者など対象別のものがあり，文部科学省や各地
教育委員会の後援のもと，テキストを使用して開催されている。令和元

（2019）年度の場合，全国の378会場で開催され，3万人をこえる参加者があった。

　これと並行して，柏をはじめとする生涯学習センターでは，モラロジーの内容を段階的・体系的に理解してもらうための講座が開かれている。モラロジー基礎講座，概論講座，論文講座などがそれで，使用するテキストによって異なる名称と期間が設定されている。

　学校教育との関係では，教師ならびに教育関係者対象の研究会が，文部科学省をはじめ地方公共団体，教育委員会などの後援をえて開催されている。令和元（2019）年度には，「第56回　道徳教育研究会」が全国78会場で開催され，参加者は約7,300名であった。これらの研究会には，文科科学省の教科調査官をはじめ，道徳教育関係学会の指導的立場の方々の貴重な講演，講義をいただいている。内容的には，講師による重要なテーマについての講義と質疑や，学校種別，内容別の分科会で，さまざまな問題，関心を共にする参加者の話し合いが行われ，大きな学びの機会となっている。また教員，大学生，学校教育に関心のある社会人対象の「道徳授業指導力向上講座」も開催されている。

　「道徳教育研究会」は，学校教育関係者ばかりでなく，その地域のモラロジーを研究している人びとが研究会をサポートしている。学校における道徳教育が成果をあげ，児童生徒が知徳ともに優れた人物になっていくことは，モラロジーを研究しているすべての人の願いであるからである。

　かつて平成5（1993）年実施の「道徳教育推進状況調査」において，「今後学校における道徳教育の充実のために必要なもの」が問われた。これは，16項目の選択肢からなる質問であったが，小中ともに，圧倒的に一位となった項目は，「道徳教育に対する教員の意識の向上」であった。今回の教科化で，道徳教育に対する教員の意識の向上が期待されるが，重要なのは，週に一度の「道徳科」の授業の指導法や評価の方法に止まらず，学校教育の全面にわたって児童生徒の道徳性の育成が進められることへの教師の理解であろう。

第23章 市民による心の教育の取組

第1節　地域が主体となって行う取組
―長岡市の取組を中心として―

―――――廣川　正昭

1 「21世紀米百俵の会」―教育研修と日本道徳教育学会―

(1) 長岡の教育と「米百俵の精神」

　戊辰戦争後，長岡藩の小林虎三郎は，三島億二郎とともに，大参事となった。1869（明治2）年，国漢学校を起こし，寺に集めて授業を行った。戊辰の戦いの後武士の生活は大変困苦していた。そんなところへ，分家の三根山藩から米百俵が見舞いとして送られてきた。虎三郎は長岡を起こすには教育によってすぐれた人材を育てるしかないと考え，この米を資金にして国漢学校を開校させたのである。そして，この長岡からは多くの人材が各方面で活躍した。それは虎三郎の「食われないからこそ教育するのだ」という教育第一の精神のたまものといえる。以来，今日まで脈々と長岡の地にこの精神が生き続けている。

　市民の誰もが，「米百俵の精神」に誇りを感じている。そして，明日からの教育に大きな勇気が与えられている。地元長岡市では，教育委員会などが中心となって，いろいろな「米百俵」事業を行っている。また，青年会議所など各種団体がそれに呼応して積極的に活動している。たとえば「米百俵まつり」などは市民あげての事業となっている。

　また，教育委員会では，市内小中学校に「熱中！感動！夢づくり教育事業」を企画し，市民を指導者に含め，通常のカリキュラムにない斬新な活動を創意

202

工夫し，市民を巻き込んだ，地域社会での新規事業を大々的に展開している。子どもたち誰もが，その活動がある日を待ち遠しく感じている。長岡の市民，校長会，学校，各種団体も自発的に，全面的な協力体制で臨んでいる。

　ここでの教育プロジェクトは，他にはみられない，長岡独特の教育計画と実践である。これは，学校と地域社会，さらに地域に生き続けている伝統精神と教育行政が一体となってスクラムを組み，地域社会での教育の難しさを見事に解決し，実績をあげている好事例である。

⑵　「21世紀米百俵の会」結成と活動
①　会結成の目的

　「21世紀米百俵の会」は，日本道徳教育学会新潟支部結成とほぼ同時期，自然発生的に立ち上げられた。1998（平成10）年，学会の諸活動，行事に興味，関心をもち，向学の精神に長け，特に道徳教育を学びたいという人たちである。今までいろんな体験をしてきたが，道徳教育だけはかつて教育をしっかりうけてこなかった時代の人たちである。社会的には一流中の一流で，PTAの役員などをこなしてきた人たちであり，教養も社会的な地位もそれぞれの組織を代表する人たちでもある。しかし，道徳教育とは，その原理は，実践はと常に自問自答してきた人たちでもある。

　この際，学会の研究大会に積極的に参加し，道徳教育とは何かを学びたい。そして，その原理原則は，理論と実践は，指導方法は，学校での道徳教育は，家庭や地域社会での道徳教育はどうなっているかなど，社会人として確かな見識をもちたい。いろいろな考えで会に参加してきた人たちである。

②　学会での研修と活動

　学会へは，長岡市を中心にした地域で支部大会が行われるときは積極的に参加している。幸い，県の中央に位置するということで，長岡大会がほとんどである。そして必ずといってよいほど参加の主力はこの会員で占められてきた。時には全国大会（長岡造形大学）で全体会のパネラー，分科会での事例発表者として大会に参加した会員もいた。また支部大会（長岡会場）では，大会運営

で協力，全体会の司会や会場設営など手際よく行ってくれる。特に大会反省会ではすべてを仕切って運営してくれる。いろいろな団体や会社内での豊富な経験が生かされる時である。反省会は，教育関係者の集団とまた一味違った民間の味を出す機会でもあり，教育関係の会員にとっては，また別世界の学習の機会ともなった。学校関係者と民間の会員が共にそのよさを学び，反省し合う場ともなり，他の大会にはない，長岡花火のように，長岡ならではの研究大会をこのメンバーが演出してくれている。真に道徳教育の枢軸といえる「学校，家庭，地域社会」の緊密な連携協力の姿である。

⑶ 「21 世紀米百俵の会」の活動─主な行事計画─

研修会，視察，学会参加などを積極的に実施している。

①　研修会─月１回定例会（必要に応じ随時）

講師による講話，体験発表，紹介など

②　視察─年３回程度

研究校，新設の学校など

③　日本道徳教育学会（新潟支部）の研究大会への参加

研究会に出席，運営の協力，研究発表，パネラー，司会など

④　その他　必要に応じて，臨時会合を設定（会員の提案）

懇親会，夕食会などで連帯感を深め情報交換

⑷ 「道徳教育学会に参加して」　牧師　柏木義雄の言葉（以下引用）

もう 20 年くらい前からでしょうか，顧問の廣川先生から声をかけて頂き道徳教育学会新潟支部大会や長岡会場の全国大会などに米百俵の会の一員として参加してきました。道徳教育を研究されている大学の専門の先生からの講演を聞き，その後，小，中学校で道徳の授業を担当されている何人かの先生から授業後の体験発表があり，最後にベテランの先生方の鼎談があってから，参加者との質疑応答で意見が伯仲しました。

当初から会の進行をお願いされ，私も何回か司会をさせていただきました。

緊張を和らげるつもりでのジョークが全然通じず，シーンとしていたこともあり，慌てたことが思い出されます。

　私事ではありますが，クリスチャンの家庭で育ち，感謝の気持ち，命の大切さ，他人を思いやる心など"人として生きる大切なこと"は日常の生活のなかにありました。それが私の道徳教育に繋がっているのだと感じています。良い機会に出会い，幸せを感じています。昔のPTA仲間が"道徳"で今も仲良くつながっています。

❷ 「大花火大会」とボランティア活動─信濃川クリーン作戦─

　地域の町内会やボランティア団体などのよびかけで，旧市内のほとんどの中学校（なかには小学校）は，生徒会などのグループで長岡祭りの花火後，「信濃川の河川敷のごみ拾い」と「空き缶回収」を行っている。

　例年，全国的にも有名な長岡の大花火が，例年，80万人近い見物人が集まり，日本一の花火に酔いしれている。この花火は，長岡空襲後，戦没者の霊を慰めるとともに，長岡市の発展を願って打ち上げられている。毎年8月1日から3日間，祭りが行われ，花火大会は2日と3日に信濃川の大手大橋から長生橋にかけて広がる河川敷で行われる。

　いつ始まったかは定かでないが，自主的に市民たちで河川敷のごみ拾い，空き缶回収が行われるようになった。実際，祭り後土手に登ってみると，"日本一"美しい川が大変化しているのにおどろかされる。だれもが社会のマナー「道徳」を感じさせられる風景である。

　現在は，市の祭り実行委員会，市PTA連合会，市青年会議所，ボランティア団体，町内会，スポーツ協会などがよびかけ，市民ぐるみのボランティア活動として，その後始末をしている。その中心で活動するのが市内の中学生（小学生も含む）たちである。

　この拾った空き缶は学校へ持ち帰り，一つひとつ水道水で洗って空き缶回収に加える。ビールなどのきついにおい，汚れがあり，その上吸い殻が入っていたりして，缶洗いは予想以上に大変な作業である。

　活動に参加した生徒たちは，きっと日本一の大花火を堪能し，土手に上がり，雄大な信濃川に魅了され，ごみ拾いで尊い汗を流し，祭りに参加した喜びをかみしめる良い機会であっただろう。かつてこの祭りに自分たちの「みこし」を出して積極的に参加した中学校もあった。長岡花火は，祭りを通して地域社会と学校が一体となった，生きた教育の場である。大人たちが推進する長岡祭り，大花火大会は，いろいろな面で子どもたちに多くの道徳教育の場と機会を与えてくれている。真に地域社会での道徳教育の生きた場である。

３　長岡ニュータウンとさわやか「あいさつ」運動

　人里離れた山のなかに，忽然と新しい町，「長岡ニュータウン」が出現した。地味で人情味はあるが，人付き合い（特に知らない人との接し方）が上手でない地元の人たちは，大人も子どもも心配であった。そんななか，新旧統合の新しい中学が誕生した（青葉台中学校）。子どもたちや大人たちも，人との付き合い方が心配である。そんななか，町内会やボランティア団体のよびかけで，あいさつ運動が始まった。あっという間に「さわやか」あいさつ運動の輪は広がった。

【青葉台中学校の例】

　地域住民，PTAなどの指導のもと，この新設の青葉台中学校も積極的に「あいさつ」運動に参加した。「まず知らない人と，さらに異性の生徒にもあいさつをしよう」と生徒会の委員会が立ち上がった。

　毎朝，さわやか委員会の生徒が生徒玄関に水を流し，泥汚れをきれいに洗い流している。そして，登校する生徒を迎え「おはようございます」と大きな声であいさつをよびかけ，学校のあいさつのよさの伝統を守っていくために頑張っている。

　地域で子どもを育てるという気風のなかで，人なつこく勤労をいとわない素直な子どもたちが育ってきた。近所のおじさん，おばさん，お年寄りとも親しみを込めてあいさつを交わす。人情に厚い地域住民に育まれて，学校が開校して数年経つ。この誇るべき伝統も，時代の流れとともに，しだいにあいさつが

よいと胸を張っていえない状況もみられるに至り，「我が校の大切な伝統がこれでいいのか」との声も聞こえるようになった。

　この声に，いち早く反応したのが生徒会のさわやか委員会である。また地域の有志，PTA，後援会がこれに呼応して綿密な計画表を作成し，地域住民配布のキャンペーン文書をつくった。「……みなさんはなぜあいさつするのか知っていますか？あいさつに歴史があるから，というのも大きな理由です。しかし，それだけではありません。明るいあいさつを交わすことで，私たちの学校が変わっていけるのです。……そのあいさつの中心がさわやか委員のみだったこの活動に，地域が加わってくれました。……私たちはそれに応えなければなりません。……」さわやか委員会の意欲的に取り組む姿勢は，しだいに町内に浸透していった。

　1997（平成9）年6月から「全校一日さわやか委員会活動」（生徒会，PTA）が展開された。全校の各学級で8〜9名のグループをつくり，一日生徒玄関であいさつ活動を行うという企画である。実際に，全校生徒があいさつをよびかける立場に立てば，よびかけに応じてもらえない残念な気持ちを理解できるだろうという，さわやか委員会の発想であった。そしてじわりじわりと学校だけでなく，ニュータウン地域に広がっていった。

　秋も深まったころ，新潟日報夕刊に次のような投書が掲載された。『あいさつ明朗中学生に感動』：「遊歩道をドングリを拾ったりしながら歩いていた。その時である。5，6人の男女のグループが走ってきて，すれ違いの際に『こんにちは』と口々にあいさつをする。また，次の一団も，その次の一団も明るくさわやかにあいさつをしてくれた。青葉台中学校の生徒たちである。彼らにとってこの遊歩道は格好のトレーニングの場になっているのだろう。当然，散策する人たちと接することも多いと思うが，この瞬間におけるあいさつで，みんなの気持ちを明るくしてくれる。先生の指導によるものか，生徒たちの自発的な意志によるものなのかは知る由もないが，今日の天気のように晴れ晴れしたあいさつに，私たちは感動した。」

• 参考文献 •⋯⋯⋯⋯⋯⋯⋯⋯⋯⋯⋯⋯⋯⋯⋯⋯⋯⋯⋯⋯⋯⋯⋯⋯⋯⋯⋯
尾田幸雄監修，小野健知・押谷慶昭編著（1999）心の教育実践大系　第 9 巻『社会
　生活と心の教育』日本図書センター

第 2 節　NPO が主体となって行う取組

─────鈴木　中人

　本節では，NPO が行っている，子どもの心，親の心，市民の心の成長を支
援する取組についてみていく。ここでは，3 つの NPO の取組を紹介したい。

1 特定非営利活動法人　いのちをバトンタッチする会の取組

(1)　団体の概要

- 2005 年設立　（2007 年法人認定　愛知県）　• 代表者　鈴木中人
- 主な事務所　〒 471-0868　愛知県豊田市神田町 1-8-8
- 活動目的　子どもの健全育成，社会教育の推進　保健・医療・福祉の増進他
- 公式サイト　https://inochi-baton.com「いのちの授業　鈴木中人」で検索

(2)　団体設立の経緯と活動実績

　活動のルーツは，代表・鈴木中人の実体験である。約 3 年間闘病した長女を
小児がんで亡くした。6 歳（小学校 1 年生）の短い生涯を終えた長女は，前向
きに，周囲への優しさを忘れずに生きた。その「生の輝き」に寄り添い続けた
体験から，いのちのバトンタッチをテーマに，いのちの大切さを世に訴えてい
く活動を志す。2005 年に会社を早期退職して同会を発起した。

　その思いに，医療福祉や教育関係者・保護者・地域の人が賛同して当会を設
立。草の根の市民活動として，いのちの大切さを啓発する「いのちの授業」に
取り組みはじめた。主な活動として，「いのちの授業」の講演会やセミナー，
「いのちの授業」の社会啓発，出版や副教材の制作発行などに取り組んでいる。

　「いのちの授業」は，生命尊重，心の教育，人権，いじめ・自殺防止，がん
教育などの学びとして，学校・PTA・行政・地域など全国 1,500 ヵ所以上で

図表 23-1　学校での「いのちの授業」

出所）いのちをバトンタッチする会撮影

開催され，心を揺さぶる感動の授業として 30 万人以上が参加している。

　その活動は，NHK テレビのドキュメンタリー全国放送，テレビ寺子屋，新聞や雑誌でも紹介されてきた。絵本『6 さいのおよめさん』（文屋）は，小学校道徳の教科書（学研教育みらい小学校 3 年生）に採択。単行本『子どものための「いのちの授業」』（到知出版社）も授業に活用されている。青少年育成や子育てに関わる賞も受賞するなど，多方面から高い評価をえている。

(3)　心の教育としての特長

　「いのちの授業」は，6 歳までの「いのち」を精いっぱい輝かせた「小児がんの少女と家族の姿」を通じて，いのち，家族，生死をみつめる。そのなかで，本当に大切なものとは何か，どう生きるかを自問自答することによって，生きる力を芽吹かせるものである。次の通り語られる。

○「いのちをみつめる意味を問いかける」

　今から小学生の女の子が死んでいく話をする。いのち，生きる，死ぬ，家族とは何かを問いかけてほしい。そのなかで，たったひとつでいい。大切にしたいことをみつけて，普通の生活のなかで続けてほしい。いのちをみつめる意味は，本当に大切なことに気づき，どう生きるかを思い，幸せになることである。

○「生まれて，生きて，死んでいく『いのち』をありのままに話す」

　幸せになってほしいと願いを込めて「景子」と命名したこと。突然，小児が

んを発病し，入院前夜に「どうか病気が治りますように」と手を合わせて祈ったこと。お母さんに，「私が病気だから，ずっと病院にいなくちゃいけないね。ごめんね」と謝ったこと。病気のために車いすの生活になっても，「学校にいきたい，先生やお友だちに会いたい」と登校したこと。看護師さんの結婚式で「私も早くお嫁さんになりたい」と嬉しそうに夢を語り，自分の花嫁姿を絵に描いたこと。「先生が宿題やろうねと言ってたよ」とベッドで宿題を続けたこと。

　そして，天国に旅立った我が子を抱いたお母さんが，「体が冷たい。風邪をひくといけないからタオルケットかけて」と涙を流したこと。純白なウエディングドレスを着せて，大好きだったお嫁さんにして家を送り出したこと。3年間闘病して，小さな白い箱になって帰ってきたこと……。

○「いのちとは何かを問いかける」

　いのちには，体と心のいのちがある。体のいのちは終わる。心のいのちは，思いとなってバトンタッチされていく。生き抜く，支え合う，ありがとう，寄り添うことを大切にしよう。

○「最後に伝える，いのちの願い」

　もし，あなたに万一のことがあったら，家族や仲間がどれほど涙を流すか。特に，お父さんお母さんは血の涙を流す。だから，どんなことがあっても，絶対，お父さんお母さんより早く死んではいけない！　その瞬間，子どもも大人も目を見開き，涙を流すことも。

○「感じたこと，大切にしたいことの感想文を綴る」

　「いのちは，1こしかない，なくなってしまう。わたしのいのちも，ともだちのいのちも大切にしたい」「のこされた人がたくさん涙を流す。いのちは自分だけのものじゃない」「死ぬということを考えたことがなかった。命の大切さを本気で思った」「今の普通が無くなってしまうこともある。一日一日を大切にしなければいけない」「命を輝かすとは，長さでなく，どう生きたかだと思った」……。

　授業プログラムは，園児・小学生・中学生・一般・親子向けに開発（45〜

210

100分）されている。また，教職員やPTA向けに「いのちを大切にする心を育む」などのプログラム（60〜180分）もある。園児から大人まで，子どもも大人も，学校や地域で，心揺さぶる感動の授業として実践されている。

(4) 道徳教育の充実支援を目指して

一番大切なもの，もし失ったとき一番涙するものは「いのち」である。

一方，いじめ，自殺，虐待，心の病，自己肯定感や生きる実感の希薄化などが叫ばれる。「死ね」「消えろ」「自分なんていなくてもいい」「死んでもリセットできる」との子どもたちの姿が溢れている。今こそ，家庭，学校，地域が心をひとつにして「いのちの授業」に取り組むことが求められている。

ある小学校から「いのちの授業」の感想文が届いた。先生の手紙も添えられていた。「この子は6年生ですが，ほとんど漢字を書けません。いつも無口で心配していました。この子の気持ちを知って胸が熱くなりました」。その感想文は平仮名ばかりだった。読み終えたとき涙がこぼれた。

「おやこうこうしようとおもっても　ぼくは　なんのとりえもありません。かあさんととうさんに　いつもめいわくをかけています。なにかないかとかんがえてみたら　かあさんととうさんよりも　はやくしなないにしました。だから　ぼくはがんばっていきていこうとおもいました」。この子は，漢字は書けなくても大切なことを心に刻んでくれた。「いのちを大切にしよう！生きよう！」

なぜか？　この子を愛して，いのちの大切さを伝えようとした，家族，先生，大人がいたからである。そして，「いのちを実感する」「いのちの真理を知る（いのちは愛されている，限りがある，つながっているなど）」「どう生きるかを思う」，この3つの「いのちの学び」をしてくれたからである。

今，リアルな生死がどんどん見えなくなっている。子どもたちは，いのち（生死）に向き合い，「いのちの学び」をする体験を積み重ねるなかで，その子なりに，「いのちを大切にする心」を芽吹かせて，「生きる力」を育んでくれる。

　道徳教育のど真ん中に,「いのちの授業」を位置づけてほしい。みんなで,その実践に取り組み, いのちのバトンタッチの輪が広がることを願う。

2 特定非営利活動法人　日本を美しくする会の取組

(1)　団体の概要

- 1995 年設立　（2007 年法人認定　東京都）　• 代表者　利　哲雄
- 主な事務所　〒 160-0023　東京都新宿区西新宿 6-12-6-601
- 活動目的　社会教育の推進, 子どもの健全育成, 環境の保全　まちづくり他
- 公式サイト　http://www.souji.jp/index.html

(2)　団体設立の経緯と活動実績

　「掃除を通じて, 世の中から心の荒みをなくしたい」と鍵山秀三郎（㈱イエローハット創業者）が提唱。1993 年 11 月, その思いに賛同した田中義人（前代表）など 35 名が, 日本大正村（岐阜県恵那市）駐車場トイレを会場に, 第 1 回日本大正村掃除に学ぶ会を開催した。その後, 全都道府県 100 ヵ所以上に「掃除に学ぶ会」が生まれ, 学校のトイレなどを会場に徹底的なトイレ掃除や街頭清掃（新宿歌舞伎町, 京都木屋町など）に取り組む。現在, 活動は世界にも広がり, 年間 10 万人の児童生徒, 学生, 教師, 一般市民が参加する。

図表 23-2　中学校でのトイレ掃除

出所）日本を美しくする会

図表 23-3　体験感想発表会

出所）日本を美しくする会

⑶ 心の教育としての特長

　掃除「を」学ぶのではなく，掃除「に」学ぶ実践である。掃除体験を通して，環境を美しく整え，自己の気づきを高める。謙虚な人・気づく人になる，感動の心を育む，感謝の心が芽吹かせる，心を磨くことを目指す。

　トイレ掃除は，小グループ単位で，リーダーの指導により便器・壁・床を磨く。街頭清掃では道路や側溝などのゴミを拾う。大人も子ども，家族も一緒に汗を流して自らの手で清める。体験感想発表と片づけを行い終了する。専用掃除道具の準備，ケガや衛生対策などにも万全を期している。

　見違えるように美しくなった情景に，参加者全員の心に達成感と感動が生まれる。「便器を磨くほどに心もすっきりした」「トイレをもう汚さない」「掃除をしてくれる人に感謝したい」など，小学生も中学生も爽やかな笑顔で語る。

　全国の学校も掃除会場にもなっており，在校の児童生徒，教師，保護者なども参加する。教師による教師のための「便教会」も生まれている。荒れた学校が蘇り，街から青少年の犯罪も減少するとの多くの実例がメディアなどでも報道されている。

⑷ 道徳教育の充実支援を目指して

　掃除は，古来より人間修養の実践とされており日本の文化ともいえる。現代のグローバル企業においても，5S活動（整理・整頓・清掃・清潔・躾）として人材育成の原点とされている。掃除を通じて，心や社会の荒みをなくす実践は，善悪の判断や規範意識などの道徳性を身に付ける取組である。

　AI時代，グローバル時代になっても，人間の本質は変わらない。心の教育の原点として，掃除道＝流汗悟道・凡事徹底は不易である。

　ひとつ拾えば，ひとつきれいになる。掃除の意味を学び，その実践を通じて，心も社会も美しくなる教育が学校現場に広く根づいていくことが期待される。

3 ハーレーサンタ CLUB NAGOYA の取組

(1)　団体の概要

- 2009 年 11 月設立　・代表　冨田正美
- 主な事務所　〒 460-0008　名古屋市中区栄三丁目 18-1 ナディアパーク 6 階
- 活動目的　オレンジリボン児童虐待防止啓発活動の推進
- 公式サイト　「ハーレーサンタ名古屋」で検索

(2)　団体設立の経緯と活動実績

　「今も，助けを求めている小さな命がある。児童虐待の実態について，ひとりでも多くの人に知ってもらいたい」と冨田正美が発起した。2009 年当時，児童虐待事件が多発し，一般市民への通報よびかけや支援の啓発が急務だった。児童虐待防止のシンボルカラーであるオレンジ色のサンタクロース姿で，ハーレーのバイクで街頭パレードすることを市民に呼びかけた。12 月，約 50 台のハーレーサンタが名古屋の街をパレードした。

　2020 年には，パレードには約 200 台が参加し，名古屋の年末風物詩になっている。市民団体や行政とも連携し，地域フェスティバルなどにも参加するなかで，児童虐待防止を訴え続けている。その活動は多くの新聞やテレビでも紹介されている。

写真 23- 4　街頭パレード

出所）ハーレーサンタ CLUB NAGOYA

⑶ 心の教育としての特長

　「子育てしている家庭や子どもを全ての大人が見守り育てる。ちょっとお節介で優しい社会をつくる」「知れば感じる，感じたら動き出す，動けば変わる。そんな流れをつくりたい」をモットーとする。活動の場が「人の居場所」となり，人を思いやる行動を通じて，参加者と社会の心を育てることを目指す。

　いつでも誰でも参加できる。会社員，医師，弁護士，学生，不登校，虐待の体験者などが集い，お互いの違いを知り，認め合うことを大切にみんなで自由に語らう。チラシをつくる，街頭で配る，ブースを出展する，仲間を集う，募金……，自分にできる役割を自らが担う。パレード前には，児童虐待をうけた参加者が体験も語る。パレードでは，笑顔と模範安全運転で児童虐待防止を訴える。生の現実を知る・知らせる，当事者の心の再生の場ともなっている。

　冨田は愛知県教育委員会の元生涯学習課長である。学校での教育講演やボランティア講習も行い，有志の中高生もハーレーサンタ活動に参加している。

⑷ 道徳教育の充実支援を目指して

　人間は，ひとりでは生きられない。人を思いやる心は，よりよく生きるための土台であり，道徳心の核心でもある。一方で，児童虐待は道徳的価値とは対極の世界といえるが，それが現実の人間社会である。子どもたちが，人間社会を生き抜くためには，人を思いやる心をただ知っているのではなく，行動として体現していることが重要である。

　冨田はいう，「人のために明かりを灯せば，自分の前も明るくなる」。人を思いやる小さな行動は，心を育み，心を再生もする。現実を知って行動する学びにより，思いやりの心は育まれるのである。道徳の教育実践の要諦としたい。

第24章 企業における道徳教育に関わる社会貢献的取組

――――醍醐　身奈

第1節　企業における CSR の一環としての教育的支援活動

　本節では，近年，企業における社会貢献的取組のうち，子どもの心を育む道徳教育に関わる活動に着目し，なぜそうした活動が求められてきているのか，その社会的背景や現状の課題などについて整理してみていくものとする。

1　企業における「教育 CSR」への期待

　「CSR」とは，"Corporate Social Responsibility" の略であり，一般的には「企業が果たすべき社会的責任」と定義され，企業が倫理的観点から事業活動を通じて，自主的に社会貢献することである。日本企業が社会貢献活動に力を注ぐようになってきた背景には，1960 〜 70 年代に生じた産業公害に対する企業不信や，石油ショック後の企業の利益至上主義批判を払拭すること，1990 〜 2000 年代にかけての世界的な環境問題への取組の必要性などがあげられる。また，2011 年の東日本大震災を契機に，復興支援からのソーシャルビジネスなども加わり，近年では多様な CSR 活動が各地へ拡がってきている。ここでは，特に「教育 CSR」を行う企業に着目し，その取組についてみていきたい。

　「教育 CSR」とは，教育現場への企業講師派遣や授業用教材の提供，職場体験，工場や施設見学受け入れなど，企業が社会を構成する一員として，教育の実状に即して企業の価値を提供することにより，教育活動に参画・支援することである。企業経営の面からも，社員やスタッフが子どもたちと直接関わる経験を通じて，社内の人材育成や新規事業への進展に繋がっていくことに期待がよせられている。

2 「学校×教育CSR」におけるそれぞれのねらい

　「教育CSR」に関心が高まってきているのは事実だが，子どもが対象となる教育CSRを推進していくことは，教育関連企業や大企業などでCSR専門スタッフがいる場合を除いては，企業にとって非常に難しいのが現状である。

　「学校×教育CSR」を実現させるためには，企業と学校がお互いのリソース（何をもっていて，何ができるのか）や活動目的，その活動を通して子どもたちにどんな資質・能力を育んで欲しいと考えているのか，その基本的な理念を共有しておく必要がある。これまでも企業からゲストティーチャーを招いたり，出前授業をお願いしたりなど，規模の違いこそあれ学校現場では，すでに企業と単発的に関わっているところも多い。

　しかし，企業が学校と短時間の繋がりをもつだけでは，その活動を通じて子どもたちがどのような力や心を育むことができたのかを見届けることや，その教育的効果を検証することは非常に難しい。また，学校側でも授業時数に限りがあり，出前授業などはあくまでイベントとしての位置づけが強く，そこから教員がさらに子どもたちの学びを個別に深めていくには限界がある。こうした実態を踏まえた上で，学校と企業を連携する専門のコーディネーターや，学習支援を行うサポーターを配置するなど，子どもの学びを支援するシステムづくりを行うことが今後の課題となってきている。

第2節　企業の「教育CSR」における取組の実際

　第1節では，企業が行っている社会貢献的活動のなかでも，特に「教育CSR」など，次世代を担う子どもたちを対象とした取組の概要と課題について取りあげた。第2節では，道徳教育との関連なども踏まえた上で，企業の「教育CSR」における実際について，その目的や活動内容について取りあげる。

1 サントリーグループにおける次世代育成の取組

　飲料メーカーの「サントリーホールディングス株式会社（SUNTORY）」は，

1899（明治 32）年に創業者・鳥井信治郎が，「日本人の味覚に合った洋酒をつくり，日本の洋酒文化を切り拓きたい」という思いから，大阪市に「鳥井商店」を開業し，葡萄酒製造販売を始めたことが企業の母体となっている。

　サントリーでは，少子化が進み，次世代育成の重要性が高まるなか，子どもたちの豊かな個性・人格形成を支援する「次世代育成」の取組に力を入れている。ここでは，同社の「教育 CSR」の具体的内容について取りあげる（図表24-1参照）。

　サントリーでは，「Enjoy! Music プロジェクト」や「スクール・プログラム」「まるごといちにち こどもびじゅつかん！」など，子どもたちが気軽に音楽や美に親しめるプログラムを提供し，楽しみながらアートを愛する心を育む活動を幅広く展開している。さらに，サントリー・サンゴリアスやサンバーズなどの選手が小学校の授業で，「体を動かす楽しさを知ってもらうためのボール遊び教室」を開催したり，地域のバレーボール大会の運営サポートをしたりすることで，スポーツを通じた子どもたちの心身の育成にも力を入れている。

　また，1950年からキャンプ場を運営している「公益財団法人 神戸YMCA」と2007年から協働し，香川県小豆郡にある無人島の余島で，「余島プロジェクト」を推進している。ここでは，夏に開催される「余島サマーキャンプ」な

図表24-1　サントリーの次世代育成の取組例

サントリーホール　次代の音楽家・聴衆を育成
「港区＆サントリーホール Enjoy! Music プロジェクト」「こども定期演奏会」
サントリー美術館　子どもたちが美術に親しむ機会を提供〜
「エデュケーション・プログラム」「まるごといちにち こどもびじゅつかん！」
スポーツを通じた子どもたちの育成を支援
ラグビー部「サンゴリアス」・バレーボール部「サンバーズ」によるボール遊び教室
無人島でのキャンプ体験で挑戦する心を育成
香川県小豆郡にある無人島で「余島プロジェクト」を推進
「キッザニア東京・甲子園」 パビリオン「ビバレッジサービスセンター」
リアルな体験を通じて子どもたちの「職業観」を育成

出所）サントリーホールディングスホームページの内容をもとに筆者作成

ど，年間を通じてさまざまなプログラムが企画されており，無人島ならではの豊かな自然環境の体験・体感を通じ，子どもたちの夢や挑戦する気持ちを育むことが目指されている。

物が溢れ，飽食の時代といわれる時代において，子どもが本来もっているひらめきや創造力を高める上で，サントリーのこうした教育 CSR が重要な役割を果たすものとして期待されている。

2 資生堂における「子どものための活動」

化粧品メーカーの「資生堂（SHISEIDO）」は，1872（明治5）年に福原有信が東京・銀座にわが国初の民間洋風調剤薬局を創業したことが企業の母体となっており，その後 1897（明治30）年に化粧品業界へ進出し，現在に至っている。

資生堂の社会貢献理念には，マテリアリティ（重要課題）に深く関わる3領域「Protect Beauty（環境）」「Empower Beauty（化粧・美容・女性支援）」「Inspire Beauty（芸術文化）」に加えて，地域社会のニーズにこたえる3領域「地域社会・災害支援」「学術支援」「子どものための活動」が掲げられている。

同社では，化粧品使用の低年齢化に伴い，自己流の使い方によって肌あれなどを起こす子どもが増えていることから，「キッズのためのキレイクラブ」サイトにおいて，子どもたちが自分自身で健やかな肌を守れるように，紫外線対策や洗顔方法などの美容生活情報を発信している。その他にも，子どもがさまざまな体験を積み，正しい知識を学ぶことができる活動を実施している（図表24-2参照）。

図表24-2　資生堂の「子どものための活動」事例

小学生対象 出前授業　資生堂こどもセミナー
「正しい洗顔」・「日焼け予防」の二つの授業
資生堂マイクレヨン プロジェクト
「自分らしさ」や「個性」について学ぶことができる出前授業
保健授業をサポートする教材の配布
保健授業をサポートする映像教材（DVD）・児童配付用リーフレットを無償提供

出所）資生堂ホームページの内容をもとに筆者作成

「資生堂マイクレヨン プロジェクト」では，「自分らしさ」や「個性」について学ぶことができる出前授業を行っており，「肌色」をテーマに，特別につくられたさまざまな色の肌色クレヨンのなかから，自分の色のクレヨンをみつける。そして，そのクレヨンを使って自分の顔を描き，自分だけの特別な肌色があることに気づかせる。ここでは，考え方や価値観の違いを認め合うことが大切であることを伝えていくというねらいがある。

　このように，資生堂の「教育 CSR」では，子どもたちが思春期に抱える特有の悩みにアプローチし，正しい知識と規則正しい生活習慣を身に付けることで，自分自身を大切にすることができることに気づかせる契機を与えている。

③ 山田養蜂場の「直接的体験をする場」を提供する取組

　山田養蜂場がローヤルゼリーを生産販売し始めたのは，1960（昭和 35）年に創業者である山田政雄の娘・差栄が，先天性の心臓疾患をもって生まれてきたことが契機だった。自分が飼育しているミツバチが不思議な秘薬であるローヤルゼリーという物質を生産できることを知った父・政雄は，ほとんど文献の無い時代にも研究を重ね，「娘を元気に育てたい」という一心で，独自にローヤルゼリーを大量生産する技術を習得するに至ったのである。

　山田養蜂場では，経済や効率が最優先される現代社会では「自然環境の大切さ」「生命の大切さ」「思いやりの心」など，大切なものが失われつつあり，未来を担う子どもたちに，このような大切なものを受け渡したいという思いで，さまざまな「教育 CSR」を行っている（図表24-3参照）。

図表24-3　山田養蜂場の「こどもたちへ大切なものを受け渡す」取組例

こどもたちに豊かな未来を。
みつばち文庫・みつばちの絵本コンクール／一枚絵コンクール・本を贈る活動
こどもたちに確かな教育を。
みつばち教室・カンボジア教育支援・文化セミナー
こどもたちに美しい自然を。
植樹活動・環境への取組・世界遺産保護活動

出所）山田養蜂場ホームページの内容をもとに筆者作成

山田養蜂場では,「みつばち文庫」(小学校への本の寄贈活動)や「ミツバチの童話と絵本のコンクール」などの,子どもたちと本を結ぶCSRを行っている。また,本を通して平和の心を築くことを目指すIBBY(国際児童図書評議会)の理念に賛同し,世界各国で図書普及活動に取り組んでいる。「みつばち教室」では,子どもたちを同社の養蜂場や農園に招き,ミツバチの生態観察や採蜜,ネイチャーゲームなどの体験学習を行っている。こうした活動を通じて,次代を担う子どもたちに,「自然との共生」「命の大切さ」「命のつながり」を伝えていくことを目指している。

第3節　企業における道徳教育に関わる社会貢献的取組の課題と今後の展望

1 「教育CSR」を通じて子どもたちの体験の場を拡充すること

　本章では,企業における「教育CSR」の一部について取りあげ,その目的や内容について概観してきたが,ここではあらためて企業の教育CSRによって,子どもたちの道徳性発達にどのような変化をもたらすのかについて検討し,それらが果たす役割について整理してみていきたい。

　まず,本章で紹介したサントリーグループにおける取組では,コンサート会場や美術館,無人島などを活用して,子どもたちがアートや大自然に親しむことができるプロジェクトが実施されている。こうしたダイナミックな世界観に触れることができるのは,学校内の施設だけでは実現できないことが多く,これらのプロジェクトを通じて,子どもたちの感性が強く刺激され,新たな興味や関心を芽生えさせる契機づくりとなっているのではないかと考えられる。

　次に,資生堂における取組では,肌の色や状態,日常における生活習慣などをテーマに,自分自身について考えさせるプロジェクトが行われている。学校でも生活習慣に関わる内容について取りあげることはあるが,専門家から専門的なアドバイスを子どもたちが直接にうける機会はあまりない。思春期ならではの悩みや不安感といったものを抱いている子どもたちが,こうした専門家の

アドバイスなどを通じて自己開示の実現を果たすことや，自己及び他者理解を深めていくことは重要なことである。専門知識を学びながら，多様な価値を受け入れる機会を増やしていくことは，ややもすると閉鎖的になりがちな学校教育において，今後ますます必要になってくることが予想される。

　山田養蜂場でも，養蜂場や農園に赴き，直接的体験を子どもたちに提供する取組が行われているが，特にここでは体験活動を通じて得られる「命の大切さ」への気づきが重視されている。学校でも，道徳授業やさまざまな教育活動を通じて，「命の大切さ」を子どもたちが考えることはあるものの，学校内で実際に生きている動植物に触れてみる機会は，圧倒的に少なくなってきている。こうした直接的体験活動の場が得られるプロジェクトに参加できることは，子どもたちにとって貴重な経験になると考えられる。

２ 企業の「教育CSR」の推進に向けた課題と解決策

　これまでみてきたように，企業が「教育CSR」を積極的に実施する背景には，社会貢献をしながら企業や商品・サービスのPR活動，また，新規顧客の獲得や商品開発へと結びつくことが期待されていることも事実である。しかし，そうした企業支援によって，学校や地域の連携だけでは実現が難しい大規模プロジェクトやイベント開催ができることも多く，子どもたちに豊かな心を育む貴重な体験の場を提供することに繋がっていることも事実である。

　一方で，優れた「教育CSR」であっても，学校現場にそれらのプロジェクトや活動内容が周知されていない事例も多くあり，企業側でも学校にどのようにアプローチしていけばよいのかがわからないといった声もあがっている。また，児童生徒や学校の実態に応じてプロジェクトの内容を変更できるものはよいが，企業側にCSR専門の部署や人員が確保されていない場合は，そうした臨機応変なアレンジが難しいことも課題として残っている。

　こうした課題を解決していくためには，学校と企業を結ぶコーディネーターが仲介役となって，学校や企業のニーズにあわせてCSRの内容や実施方法をマッチングさせていくことが必要になってくると予想される。そのためには，

学校と企業側がそれぞれ協力してコーディネーターの育成と確保を目指していくことが重要になってくるのではないだろうか。

• **参考文献** •

キャリアリンク「教育 CSR メソッド」ホームページ　https://www.careerlink-edu.co.jp/method/ （2021 年 1 月 15 日閲覧）

サントリーホールディングスホームページ　https://www.suntory.co.jp/ （2021 年 1 月 15 日閲覧）

資生堂ホームページ　https://corp.shiseido.com/jp/ （2021 年 1 月 15 日閲覧）

玉村雅敏・横田浩一・上木原弘修・池本修悟（2014）『ソーシャルインパクト』産学社

森永製菓ホームページ　https://www.morinaga.co.jp/company/ （2021 年 1 月 15 日閲覧）

山田養蜂場ホームページ　http://recruit.3838.com/index.html （2021 年 1 月 15 日閲覧）

第25章 市民と一緒に取り組む道徳教育

第1節　草津市の取組

―――――川那邊　正，野瀬　めぐみ

1　草津市の教育の概要

　滋賀県草津市は江戸時代に宿場町として栄え，今も JR や高速道路などの交通網を有した交通の要衝である。京阪神のベットタウンとして発展し，生活利便性の高さや大学のあるまちとしての魅力から，ファミリー世帯の転入や学生の流入が継続し活気があふれている。人口は 13 万 5,000 人で，なお人口増加が続いている。公立学校数は，14 小学校，6 中学校である。

　教育振興基本計画第三期では，「子どもが輝く教育のまち・出会いと学びのまち・くさつ」を基本理念に，「子どもの生きる力を育む」「学校の教育力を高める」「社会全体で学びを進める」「歴史と文化を守り育てる」を基本方向とし，具体的な施策を展開している。そのなかで，道徳教育は豊かな心や人間性の育成につながるものとして重要課題に位置づけている。

2　道徳教育の推進体制

　道徳教育推進の核は，草津市教育委員会が設置した草津市道徳教育推進協議会（以下，心みがき協議会）で，「ALL 草津で取り組む道徳教育」を合言葉に，「家庭・地域が心をみがき育てます」「ことばが心をみがき育てます」「体験が心をみがき育てます」の3つの柱を立てて研究・実践を重ねている。

　協議会は，道徳教育推進校校長・道徳教育推進校研究主任・市内小中学校道徳教育推進教師代表・大学教員等学識経験者・PTA および社会教育関係者等

を委員として組織し，幅広く意見を求めると共に，これを学校における道徳教育に反映させ，市全体で取り組む気運を醸成している。

　草津市は，2013年度から文部科学省「道徳教育の抜本的改善・充実に係る支援事業」の指定をうけている。協議会は，推進校における道徳教育の推進方策などの指導・助言を行うほか，市の道徳教育を充実するための助言を行っている。

3　ALL 草津で取り組む道徳教育

(1)　家庭・地域による心みがき

　「家庭・地域が心をみがき育てます」の中心には，1998年から続く「地域協働合校」がある。各小学校区を基盤として，大人と子どもが学び合う地域学習社会の醸成に取り組んでいる。ここでは，地域と学校との協働による環境学習や防災学習なども積極的に行われ，全国的にも評価されている。そのなかの一事例を紹介する。

　笠縫東小学校は，学年ごとに葉山川についてさまざまな観点から学びを深め，自然観察会や体験学習などの活動を行う「葉山川学習」を10年以上継続して実施しており，草津塾の構成員や川原まちづくりの会のメンバーに支えられ，安全で専門性の高い学習活動へと発展している。地域の葉山川を基点とした自然や生きものを学習素材としているので，子どもたちが地域の自然に愛着を感じ，「ふるさと」を大切に思う気持ちが育まれている。

　このように，草津市では，市内全14小学校で地域ごとにその特性や歴史を生かしたさまざまな活動に取り組むことにより，地域のさまざまな活動に子どもも大人もより積極的に取り組み，「地域が子どもを見守り育てる」といった意識が定着している。

　また，市内全小中学校で，道徳科の授業を家庭や地域に公開する取組も進めている。道徳科の授業参観後に懇談会を実施する学校もある。授業公開などを通して，学校教育における道徳教育の理解と協力を得ることができる。

　さらに，全小中学校でコミュニティ・スクールを実施しており，「地域でど

のような子どもたちを育てるのか」といった目標やビジョンを，地域と学校が
共有し，一体となって道徳教育の充実に努めている。

(2)　ことばによる心みがき

　「ことばが心をみがき育てます」の中心は道徳科の授業である。草津市では，
「考え，対話する草津の道徳科」として，児童生徒が道徳的な問いや学習課題
を自らの問題として捉え，道徳的価値に対して自分や他者と対話して，物事を
多面的・多角的に考え，自己の生き方について考えを深められるように授業改
善に取り組んでいる。学びの明確化・問いのスリム化・学びの自覚化ができる
指導の工夫により，主体的・対話的で深い学びにつないでいる。

　また，市は，ICT を活用した教育を積極的に進めており，道徳科において
も，電子黒板やタブレット端末などを使った教材提示や協働学習を展開してい
る。道徳科の学習は，他者と対話したり協働したりしながら，物事を多面的・
多角的に考え，異なる意見や教材のなかのさまざまな生き方に出会いながら，
自分の考え方や感じ方を見つめ直し，自分の生き方について考える。このよう
な学びを充実させるために，ICT の活用は効果的である。

　草津市教育委員会では，授業改善の充実を図るため，具体的な実践事例を掲
載した冊子を作成し，学校に配付している。図表に示すのはその一部である。

図表 25-1　授業改善のヒント

意見の可視化
　「伝える」「伝えな
い」の考えを視覚化
し，自分の考えを明確
にする。自分の考えの
根拠をグループや全体
で話し合う。

考えを気持ちメーターに表示

クラス全体の気持ちメーターの集約

出所）「考え，対話する草津の道徳科」（令和元年度作成）の一部

図表25-2　心のプロペラ集会

(3) 体験による心みがき

「体験が心をみがき育てます」においては，国内外で活躍するスペシャリストを学校に招聘し，その生き方に学ぶ「夢・未来を抱くスペシャル授業 in 草津」がある。本市出身の野球選手であり目覚ましい活躍をされている松田宣浩さんをはじめ，社会の最前線で活躍されている専門家や達人を講師として招き，特別な授業を通して，児童生徒が学習を深めるとともに，講師の生き方に学び，将来への夢や目標をもつ機会としている。体験活動などを生かした心に響く道徳教育の実施に努め，豊かな体験を通して，内面に根差した道徳性を育む一助としている。また，生徒会活動を通した道徳教育も大事にしており，特にいじめ問題では，児童生徒主体で取り組む実践を全小中学校で展開している。そのひとつである玉川中学校の「心のプロペラ集会」は道徳の教科書でも紹介されている。「心のプロペラ〜心のプロペラを回して，玉中に爽やかな風を吹かそう〜」というスローガンのもと，いじめゼロの実現を目指している。「心のプロペラ活動」に認定された生徒は，いじめられている人の気持ちがわかるという証の缶バッチを身につけている。いじめで悩んでいる人は，学年を問わず缶バッチをつけている人に相談できる体制ができており，缶バッチをつけている人は相談に乗ることが約束されている。生徒同士でいじめを生み出さない意識啓発と集団体制づくりを行っている。

このように，「家庭・地域による心みがき」「ことばによる心みがき」「体験による心みがき」の3つの心みがきに，ALL 草津で取り組んでいる。

4 成果と課題

ALL 草津で取り組む道徳教育の実践によって，市全体で道徳教育に取り組む機運は高まっており，道徳教育推進教師も力を付けている。全国学力・学習状況調査での児童生徒の回答でも，道徳科の授業における子どもの学びが充実

していることがうかがえる。また，これまでに，「道徳科の授業改善」「道徳科における授業づくりと評価」などの冊子やリーフレットを作成しており，道徳教育や授業の充実に向けた活用がなされている。

第2節　大野城市の取組

――――梶　幸男

1 大野城市の「心の教育」―市民に開かれた道徳教育の核―

(1)「ふるさと創生学校じまん事業」

　1995年度に始まった「ふるさと創生学校じまん事業」は，大野城市の「心の教育」の出発点であり，そこには「心豊かな子どもを，地域の中で育てたい」という願いが込められている。各学校において，地域の「ひと・もの・こと」そのものを学んだり，それらを活用したりする学習活動を「ふるさと創生学校じまん事業」として計画している。

　ひとつの例を紹介する。大野城市のシンボルである四王寺山の麓にある地域では，山の恵みである「がめの葉」を使った餡餅がつくられてきた。地域の小学校では，それを伝える地域のお母さんたちを「がめの葉もち名人さん」[1]とよび，ゲストティーチャー（GT）として招く。子どもたちは，地域に昔から伝わる食文化と，山の恵みを地域の宝として学ぶのである。この教育活動に対して市が「ふるさと創生補助金」を出し，学校はGTに対する謝金や，材料費をはじめとした経費に充てるという仕組みである。

　大野城市は流動人口が多いという特徴がある。住んでいる地域が，子どもたちにとってかけがえのない「ふるさと」となることは，子どもたちの心を育む上で大変重要である。学校教育において他自治体にはない学校独自の特色ある教育を行うことで，子どもたちは本市で育ったことを誇りとし，将来にわたって大野城市をかけがえのないふるさとと思う温かい心が育つのである。

(2) 「道徳教育推進協議会」と「学校道徳教育実行委員会」

　心の教育を推進するとき，学校における「道徳教育の充実」は中心的役割を果たしている。大野城市では，10，11月を心の教育推進期間とし，市民を対象に全校で道徳教育公開授業を実施したり，「心の教育推進大会」を開催したりして子どもたちの心の育ちを市民と共有している。

　この取組を進めるための連携組織として1995（平成7）年に地域の団体代表で構成された「道徳教育推進協議会」と，学校の道徳教育推進教員で構成された「学校道徳教育実行委員会」を設置し，道徳教育を市民と学校が一体となって進めてきた。この「道徳教育推進協議会」は，行政区長，社会福祉協議会代表，民生委員，保護者などさまざまな立場の委員で構成されており，道徳教育を市民と学校が一体となって進める大野城市の特徴があらわれている。その取組拡大期の象徴が，1997（平成9）年に本市大利小学校で開催された「全国道徳教育研究大会」である。

　小学校において2019（令和元）年度から全面実施された新しい学習指導要領には「社会に開かれた教育課程」の実現を目指し，学校内外の教育資源を活用し，児童生徒の資質・能力を伸ばしていくことが重要であると示されている。

　それに対する答えのひとつがこの，「市民と学校が一体となって進める大野城市の道徳」として各学校で行われる「道徳の授業公開」である。保護者や地域の枠を超えて広く市民に知らせ授業公開をしており，毎年，たくさんの参観をえている。また各学校は，地域の「ひと」「もの」「こと」を生かした「CVT学習²⁾」に取り組み，多くの市民がゲストティーチャーとして心の教育に参画している。

(3) 「心の教育推進大会」の開催

　前述の「道徳教育推進協議会」「道徳教育実行委員会」が取り組む事業の中心をなすものが「心の教育推進大会」である。

　この「心の教育推進大会」は，大野城市の心の教育のプロセスと成果を広く市民に伝える場であり，1995（平成7）年から続いている。本大会は長い歴史

を経るなかで，少しずつその内容を変化させてきたが，現在では「小中学生意見発表」「中学生被災地派遣研修報告」の２つが主な内容となっている。

　「小中学生意見発表」は，市内各小中学校から選ばれた代表が意見を述べるものである。そこでは，道徳教育の成果が地域における子どもの姿が地域社会の一員として評価されて，また学校生活にも生かされるスパイラルの一端が披露される。豊かな道徳性を身に付け，その上で自らの体験や見聞を元に，深く考え，行動した子どもたちの姿が生き生きと語られ，会場の参加者の心を揺さぶっている。

　また「中学生被災地派遣研修報告」は，各中学校の代表が東日本大震災の被災地を訪問し，災害に対する備えや心構え，地域での取組の大切さなどを学び，防災意識の高い市民を育てることを目的とする事業である。しかし，子どもたちが被災地から感じ取るのは「命の大切さ」や「自らの生を大切にすること」「人の温もり」であり，子どもたちの学びは「高い防災意識」の礎に「温かい人の心」が必要であることを気付かせてくれる。

2 「心の教育」と「学校運営協議会（コミュニティスクール）」

(1) 「学校運営協議会（コミュニティスクール）」

　大野城市の「学校運営協議会（コミュニティスクール）」は，50年近く続く大野城市のコミュニティの理念と30年近く続く大野城市小中学校の心の教育の理念が，地域の子どもを育てるという目的のために融合し，地域・保護者と学校が互いに連携共働して，子どもを育てようとする仕組みとして生まれている。大野城市は2008（平成20）年４月に「夢と未来の子どもプラン」を策定し，その基本理念のひとつに，青少年を育てる大人のネットワークづくりを掲げている。郷土を愛し，地域社会の一員である自覚をもって地域の活性化に主体的にかかわることができる（子どもの社会化）心豊かな市民の育成に，大野城らしさを生かし，市民総ぐるみで取り組む仕組みが，大野城市の学校運営協議会である。

(2) 「子どもたちの命を守る研修会」

　2006（平成18）年に，「全国で『いじめ』等による痛ましい事例の続発に対して，緊急に取り組むべき課題を整理し，有効な施策を策定し着手すること」を目的として「いのちを守る対策協議会」が発足したことから始まった研修会が10年以上も引き継がれている。地域の宝である子どもたちの命を守り育てる「地域（コミュニティ）の教育力」を向上させることが，子どもたちを温かく見守る地域の「目」と「心」を生み，ひいては子どもたちが安心して心豊かに育つ環境を作り出している。

3　学校運営協議会による「コミュニティスクール」から「スクールコミュニティ」への進化

　「スクールコミュニティ」とは，学校を拠点に「学校・家庭・地域が連携共働し，地域の大人が子どもの教育に関わる」ことで，「子どもと共に過ごし，共に学び，共に育つ」という共育を理念とした，コミュニティスクールの次にある「学びの共同体」である。

　学校運営協議会は，地域の大人たちが学校教育に参加することで，学校という閉ざされた場に，地域の社会教育の場としての意味を付与するものであり，学校教育と社会教育が融合する「学社融合」による学校経営と地域づくりを推進するものである。

　子どもたちは，身近な大人たちの立ち居振る舞い，言動に直接接することによって，地域の規律，習慣や古くから守り伝えられてきた価値を身に付けていく。そして，大人も生涯に渡って学ぶ意識を醸成し，コミュニティを次世代に託するための担い手づくりに重要な役割を果たすことになる。

　これらによって，子どもが生まれ，学校に入り，大人になったらまた住んでいる地域の学校教育の場に参加するという循環が生まれる。この，絶え間ない繰り返しのスパイラルこそが，学校を拠点とした地域づくりであり，市民と一緒に進める大野城市の心の教育となるのである。

•注•⋯⋯⋯⋯⋯⋯⋯⋯⋯⋯⋯⋯⋯⋯⋯⋯⋯⋯⋯⋯⋯⋯⋯⋯⋯⋯⋯⋯⋯⋯

1）がめの葉もちの"がめ"とは福岡県北部では亀やスッポンを「がめ」とよび，その甲羅によく似たそっくりな葉，サルトリイバラを「がめの葉」とよぶ。がめの葉で包むことからその名がついたという説がある。

2）CVT学習とは，大野城市における地域の「ひと」「もの」「こと」を生かした学習を表す，C（Career：キャリア教育），V（Volunteer：ボランティア活動），T（Treasure：ふるさと学習）である。

第3節　幸せを手に生きる道徳のまちづくり

―――山西　実

1 「道徳のまち　さって」の背景

　2005（平成27）年度の「全国学力・学習状況調査」の質問紙調査を見ると，幸手市の児童生徒の実態として，「自己肯定感の低さ」「自立して生きる力の弱さ」といった点に課題があり，さらなる道徳教育の推進が急務となった。また，学校では「特別の教科　道徳」が小学校では平成30（2018）年度，中学校では平成31年度に全面実施となることから，戸惑いもあり，新しい学習指導要領に対応した教員の指導力向上や評価の在り方などが求められた。この現状を各小中学校でどのように取り組むか，当時の学校評議員会議などの議題としたところ，ある学校から「子どもの豊かな心を育むために学校も，教育委員会も地域も一体となって取り組み『道徳の町　幸手』を標榜すべき」との意見が出され，道徳の町としての取組が始動した。

2 「道徳のまち　さって」にするための取組

(1)　幸手市道徳教育推進協議会の設置と幸手市道徳教育週間の開催

　次代を担う児童生徒が未来の夢や目標を抱き，多様な価値観の存在を認識し，自ら感じ，考え，他者と対話し協働しながらよりよい生き方を目指す資質・能力を育成する道徳教育を推進していくためには，学校教育関係者のみならず，地域社会の各界各層から幅広く意見を聴取し，連携・協働を図ることが

重要となる。そこで，小・中学校の道徳教育の一層の推進のため，「幸手市道徳教育推進協議会」（以下推進協議会）を設置することとした。委員の構成にあたっては，市議会の一般質問で「公募も含め，市全体の気運を醸成すべき」との意見もあり，下記の構成とした。

　大学等学識経験者　2名　　産業経済関係者　2名　　自治会関係者　1名

　社会教育等関係者　4名　　幼・小・中学校関係者　5名　　行政関係者　1名

　公募　2名　　合計17名

　会議は年4回の開催とし，設定したテーマに沿って調査・研究すると共にその内容を学校，家庭，地域社会及び市民に広く普及・啓発していくこととし，そのために，道徳教育研究モデル校の調査・研究を参観し，道徳教育推進上の諸課題について協議することとした。協議テーマは，「気持ちのよいあいさつのできる児童・生徒・市民を育むために，学校，家庭，地域はどうあるべきか」と設定し，あいさつ運動の実施，あいさつ標語コンクールの実施，啓発品の作成・配付などを会議以外の取組として行うこととした。また，会議が委員の協議のみにならず，学校を中核としながらも市民全体の意識の醸成につながるよう，各団体での取組報告も行い，課題とその解決の方策についても協議し，推進協議会が市全体の意識化を図る拠点・協働の拠点としての役割をもたせた。

　そして，毎年11月19日を「いい徳の日」の語呂に合わせて「幸手市道徳の日」と制定し，この前後を幸手市道徳教育週間とした。小・中学校では，道徳教育公開日を設け，特別の教科道徳の授業公開をしたり，ゲストを招聘し講演会を開催したりする他，校内のあいさつ運動などに重点的に取り組んだ。また推進協議会では，市内小・中学生と一緒に駅・街頭などにおいて早朝のあいさつ運動を行い，市民運動につなげた。

⑵　市独自の道徳郷土教材「道徳のまち　さって」の作成と活用

　子どもたちが郷土幸手への誇りと愛着をもち，よりよい生き方の指針となる郷土教材集の作成に学校の教職員を中心に着手した。特別の教科道徳で活用することを念頭に置きながらも，家庭でも話題にしやすい民話，自然，産業，偉

人から現在活躍している人びとの生き方を発達の段階を考慮し 13 編で仕上げ，小・中学校一貫して使用できるよう 1 冊にまとめ，児童生徒に配付した。小学校 1 年生は，9 年間の使用となる。挿絵も市在住の画家に依頼し，できるだけ多くの協力者をえるようにした。各学校では，道徳の年間指導計画に位置づけ，確かな実践に着手した。

⑶　「道徳のまち　さって　ハンドブック」の作成と活用

　教科化された「特別の教科　道徳」をめぐって質の高い指導方法や評価などについての学校現場でのとまどいは大きい。そこで，教師の指導力の一層の向上を目指し，第一部を道徳授業の基礎・基本や話し合いの仕方，指導過程の各段階の留意点，道徳用語の解説など，第二部を前項で示した郷土教材の活用事例として実際の授業事例を通して授業の工夫や着眼点についてまとめ，全教職員に配付し，実際の授業はもとより校内研修会などでの活用を図った。特に，活用事例作成にあたっては，指導方法の工夫点（問題解決的な学習の展開，二重自我法を用いた役割演技など）や教材・教具の工夫（心の天びん，心の帯グラフなど）を，写真を交えながら掲載するよう心がけた。また，作成にあたっては「道徳のまちさって」の各学校での授業実践を道徳推進教師が持ち寄ることで，優れた活用事例が市内全体で共有されると共に，市内小中学校の教職員の指導力向上につなげるなど，大きな効果をあげた。

図表 25-3　道徳のまち　さってハンドブック

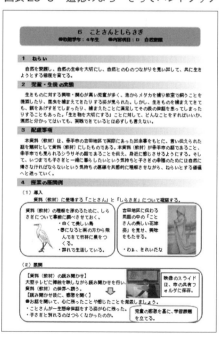

234

図表 25-4　幸手市道徳フォーラム

出所）写真撮影　幸手市教育委員会指導課

(4)　「幸手市道徳教育フォーラム」の開催

　道徳教育の充実に向けて学校では，外部指導者を招聘したり，学年全職員でのローテション授業を実施したりするなど，その充実に向けてさまざまに展開している。また，市教育委員会教育長自身も各学校や研究会の要請に応じて示範授業を公開するなど授業の在り方について教職員と共に考究してきた。それらの集大成として広く市外の道徳教育関係者にも案内をし，「幸手市道徳教育フォーラム」を開催してきた。令和元年度は，令和2年度文部科学省道徳教育の抜本的改善・充実に関する支援事業及び埼玉県教育委員会による道徳教育推進モデル校の委嘱の研究発表会と併行し，第2時限に教育長・校長・保護者の三者で童話を活用した「特別の教科　道徳」の示範授業を公開し，その後，「これからの道徳教育に求められること」とのテーマで，文部科学省初等中等教育局教育課程課教科調査官や全国で道徳教育を牽引されている指導的な立場の方々をパネラーにしてシンポジウムを開催し，午後は，モデル校の公開授業や記念講演会などを開催した。新学習指導要領実施に伴う諸課題の解決に資するとともに，モデル校の実践を小・中学校に広めていくことができた。

❸　浸透する主体的な取組

　新型コロナウイルス感染防止対策で学校は臨時休校を余儀なくされている。長期化し，孤立化する児童生徒への心のプレゼントとして，学校のホームページから市独自の道徳郷土教材「道徳のまち　さって」を紙芝居にしたり，授業で使用した場面絵を活用したりしてオンラインで紹介するという学校が出るとともに，市民の演劇サークルからも道徳郷土教材を劇で演じるのでオンラインで活用してほしいなどとの要望もあり，ここ数年の取組は学校や市民に浸透し，「道徳のまち　幸手」の気運が形の上でもあらわれてきている。

生涯学習と道徳教育
―「私にとっての道徳教育」を
追い求めよう―

――――押谷　由夫

　道徳教育は，生きている限り継続される。「人間として自分らしくどう生きるか」は，一生の課題だからである。では，生涯にわたって，どのように道徳教育を積み重ねていけばよいのだろうか。本章では，生涯にわたって，「私にとっての道徳教育」をいかに取り組んでいくか，について考えてみたい。

第1節　生涯教育の理念と道徳教育

　最初に，生涯教育をどう捉えるかからみてみる。生涯教育は，ユネスコ教育研究所の所長であったポール・ラングラン（Lengrand,P.）が 1965（昭和 40）年に「成人教育推進国際委員会」において提案したのが最初だといわれる（波多野完治訳，1971）。彼の生涯教育論は，Life-long Integrated Education と命名された。ポイントは，Integrated（統合された）である。何を統合するのか，ヨコとタテ，つまり，空間と時間である。教育の場を，家庭，学校，社会と捉える。そして，それぞれの場における教育を生涯にわたって，計画的・発展的にうけられるようにするということである。

　ラングラン（波多野完治訳，1981）は，生涯教育の目標は「幸福への教育」であるとする。それは，「自制の力」であり，自分を自分でコントロールできる状態であり，自分が自分である，ということであるという。言い換えれば，自分らしさを前面に出した自律的な生き方ができること，ということになる。

　ラングランは，主に行政側の施策について提案しているが，それらを活用して，一人ひとりが生涯にわたって幸福な生き方を目指して学び続けることを求めているのである。このことは，道徳教育が追い求めるものと共通する。道徳教育は，「人間として自分らしくどう生きるか」を主体的に考え追い求めるこ

236

とだからである。追い求めるのは，現実の社会においてである。つまり，「幸せな生き方」を求めて，ヨコ（生活の場）とタテ（生涯）の統合を図りながら自己設計していくのが，「私にとっての道徳教育」ということになる。

第2節　生涯教育における道徳教育をライフ（LIFE）の意味から考える

このような生涯教育の概念は，英語のライフ（LIFE）の意味と重なる。そのことを明らかにしながら，具体的な道徳教育の在り方を考えてみたい。

道徳教育は，いうまでもなく，「生きること（生命）」がベースにある。生命とは，もっとも根源的には，「生きんとするエネルギー」と捉えられる。「生きんとするエネルギー」が働いている限り，生命体は生き続けられる。「生きんとするエネルギー」が止まれば，生命体としての生命は終わる。

これは，生命をもっている動植物全部にいえることである。では，人間として生きるとはどういうことか。人間の特質である，よりよいものを求めて生きることである。その根底に，道徳的価値意識がある。それは，日々の生活のなかで培われ，生涯にわたって追い求めることになる。これが道徳教育である。

実は，英語のライフ（LIFE）には，「生命」の他に，「生活」「人生」，そして，「活力」が含まれる。活力は，内なるエネルギーを外に表出するときの源であり，「生きんとするエネルギー」と関係する。このようなライフ（LIFE）の意味を構造的に考えると，「生命」とは，生きんとするエネルギー（活力）を充満させ，日々の「生活」を生き生きさせて，夢や目標を追い求めて「人生」を充実させていくこと，と捉えられる。そのことを具体的に考えることが「私にとっての道徳教育」であるといえる。

1 「生きんとするエネルギー（活力）」の育成

まず，「生きんとするエネルギー（活力）」をいかに育むかである。基本的には，思いっきり体験をする。夢中になったり，わくわくしたり，集中したりすることである。同時に，心身をリラックスさせる。体ほぐし運動や瞑想や心身

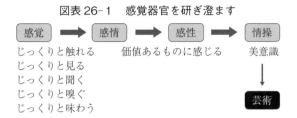

図表 26-1　感覚器官を研ぎ澄ます

を落ち着かせるさまざまな方法がある。それらのスキルを身につけ習慣化する。

　さらに，あらゆる感覚器官を研ぎ澄ますことが大切である（図表26-1）。じっくり触れる，じっくり見る，じっくり聞く，じっくり嗅ぐ，じっくり味わうことによって，想像力やいろんな思考力を膨らませていくことができる。そして，豊かな感情表現を身につけ，その感情表現を価値あるものへと向かわせることによって感性が育まれる。そこに，美的なものが加わって情操が豊かになる。そして，芸術が生まれる。それらに触れることによって，さらに豊かな感情や感性，情操を育むことができる。そして，表現の喜びと共に生きる喜びを実感し，「生きんとするエネルギー」を活性化したり，リフレッシュしたりする。

２ 「生活」力の育成

　「生きんとするエネルギー（活力）」は，自分たちの生活する場を生き生きとさせていく。そのために基本となるのは，生活習慣を確立することであり，生活のリズムを形成することである。そのことによって「生きんとするエネルギー（活力）」が安定化する。そして，生活する場である，家庭，学校，地域社会を一体化して生活できるようにすることによって，「生きんとするエネルギー（活力）」を活性化させていくのである。

　近くの幼稚園や小学校，中学校，高等学校のみならず，大学（放送大学や通信の大学，ネットワークでの学びなども含めて）も学ぶ生活の場と考え，さまざまな形でかかわれないかと考える。そして，体験的な学びの場を地域社会全体に広げていく。地域にあるいろんな社会資源や人的資源を活用して学びを発展させる。家庭は，学びの場でもあるが，第１には癒しの場である。この３つの学

びの場を統一的に充実させ，「学びの自己設計」を考えるのである。

　そのなかに，豊かな自然体験を位置づける。日本国民が世界から称賛される豊かな心は，四季折々に変化する豊かな自然を，さまざまな感覚器官を働かせて，愛で，楽しみ，育て，一体化して生活するなかで育まれる部分が極めて大きい。そしてそのなかで，畏敬の念や敬虔な心を大切にするようになる。

　敬虔心を日常生活で考えれば，生活する場を神聖な場と捉える習慣もそのひとつである。日本国民の心の美しさは，根本において，敬虔な心・感謝の心からきているといえよう。敬虔な心・感謝の心は，相手を敬う心であり，相手への祈りの心でもある。そして，恩に応えるべく努力しようとする心をも育む。どのように恩を返していくかはさまざまに考えられるが，基本的には，大いなるものに対するご恩返しである。「天が見てござる」である。そこに，謙虚さと，勤勉さと，誠実さが培われる。そのプロセスこそ「私にとっての道徳教育」であるといえよう。

3 「人生」に対する対応

　「人生」に対する対応の基本は，未来に夢や目標，希望をもって，今を充実させることである（図表26-2）。

　夢や目標を実現させていくために，知識や技能を身につけていく。すると，

図表26-2　人生を豊かにする

1　夢や目標をもつ 　　（未来に希望を持てるようにする） 2　知識や技能を身につける 　　（夢や目標に近づいていることを実感できるようにする） 3　成長を実感する 　　（成長している自分を自覚できるようにする） 4　いろんな出会いを楽しむ 5　新しい発見がある 6　恩に報いる生き方をする 　　（使命感，生きがい観） 　　　　　　　　　　等

知識や技能を身につけていくことが，夢や目標に近づいていることを実感でき，未来に希望がもてる。「生きんとするエネルギー」が一段と活性化される。

　生きているというのは，いろんな出会い（かかわり）があるということでもある。さまざまな出会い（かかわり）が，人生を豊かにする。その出会い（かかわり）を振り返ると恩を感じるはずである。その恩に報いる生き方をベースにすることによって，「生きんとするエネルギー」を生涯に渡り輝かせられる。

第3節　幸せ感をもつためのポイント

　生命を輝かせることは，同時に幸せ感をもてるようにすることでもある。そのためには，次のようなポイントをあげることができる。

1 自分のよさに目を向ける—よさを広げるために弱さに立ち向かう—

　「あなたは，いま幸せですか」と問われて，「いいえ，幸せではありません」と答えたと仮定しよう。そして，そのときの心のなかは，どのようなことを考えているのかを探ってみよう。「仕事が思うようにいかない」「いやなことばかりが起こる」「人間関係がうまくいかない」「将来の予測が立たない」等々，ないないづくしだと思う。ないもの，できないもののみに目を向けていれば，いつまでたっても満足感はえられない。

　発想を変えればどうか。自分のなかにあるよさに目を向けるのである。そのよさを伸ばすことによって，欠けているところや足らないところを克服するという考え方である。同じく足らないところに目が向くのだが，今までの自分をさらによくしていくという視点からだから，気持ちは前向きになる。

　試しに，自分の得意なところ，がんばっているところ，みんなから認められているところなどを，思いつくままに書き出してみるとよい。不思議なことに，心が落ち着いてくる。結構あるものだと，思わずにんまりしてしまうかもしれない。メモをみながら，それらのおおもとになっているのはなんだろうかと考える。結局それらは，よりよく生きることにかかわっていることに気づくはずである。つまり，生命を大切にする，最後までやりぬく，人が喜ぶことを

する，責任を果たす，等々。それらはすべて道徳的価値の意識である。

　つまり，あなたは，いろんな形で道徳的価値を求めてよりよく生きようとしているのである。それは，人間存在の本質でもある。だからこそ，そのことが確認できたときに，落ち着いてくるのである。すると，心にゆとりがでてくる。自分をさらに見つめなおしてみるようになる。そして，自分のよくないところにも，自ずと目が向くようになる。それは，いやなことではない。自分のよさをさらに伸ばしたいという意識からだから，むしろ積極的に向き合えるようになる。そこから，新しい自分へのチャレンジが生まれてくるといえよう。

② 感謝する心とともに，心の支えをもつ

　しかし，現実はそう甘くはない。うまくいかずに投げ出したくなることもある。そういうときは，自分を認め励ましてくれる人びとが必要だ。周りにそのような人がおられると思うが，自分が悩んでいるときいつも励ましてくれるとは限らない。自分の悩みを打ち明けられないことが，むしろ多いはずである。

　しかし，どんなときでも，必ず自分を励ましてくれる人を，だれもがもつことができる。自分の心のなかに，である。まずは，困っていたときに励ましてくれた人びとを思い出してみる。多くの人びとに励まされて，いろんな困難な状況を乗り切っていることに気づくはずである。思わず感謝の心が湧いてくる。そのご恩に報いるためにも，がんばろうという気持ちがでてくるであろう。

　そしてまた，自分よりもっと過酷な状況のなかで，それを乗り切って生きている人びとや先人，あるいは物語の主人公などに共感することによって，心の支えをえることができる。「心の師」「心の友」をつくるのである。そのような「心の師」「心の友」は，どんなときでも対話することができる。そして，力になってくれる。「心の師」「心の友」との対話が特に深まるのは，自分が悩んでいるときや困っているときである。そのように考えれば，悩みや困難な状況を幸せな状況に変えていくことができる。

　人生を豊かに生きるためには，どれだけ愛読書をもつかにかかっているという人もいる。愛読書は何度読んでも，読むたびに新しい発見があり勇気づけら

れる。出会った人，お世話になった人，伝記や物語などから，自分の心のなかに，「心の師」「心の友」をもてれば，一生の心の支えになるのである。

3 夢をもってまじめに生きる

そして，より幸せに生きるためには，夢をもつことである。テレビでは，活躍されている人びとのトーク番組が多くある。もっとも困難と思えるときの感想を聞かれると，きまって「一番充実していた」と答えられる。なぜか。夢があり，目標があるからである。

自分の夢が高ければ高いほど，その実現には，困難が予想される。今，周りの人からみて，大変だろうなと思われていることは，逆にみれば，この状況を乗り切れば，夢にぐんと近づけるかもしれないということでもある。すると，その状況に対して，希望をもって意欲的に対応できるようになる。結果よりも，そのプロセスに満足感，充実感を味わうことができる。

このようなことを，主体的に考え，追い求めることが，「あなたにとっての道徳教育」なのである

第4節　未来に対する肯定的感情をいかに育むか

このような，「いまが幸せである」と実感できることは，将来に対して肯定的な感情を含むものでなければならない。どう生きるかは，自分の未来に対する意識をどう培っていくかにかかわっているからである。

未来に対する肯定的感情を育むための心構えとして，特に以下のような5つの絶対的信頼感の育成をあげたい。

第1は，「生きていれば，必ずよいことがある」という心構え，つまり「生きることへの絶対的信頼」である。まず，基本となる未来に対する意識は，「生きている」ということに意義を見出せることである。朝，目が覚める。おいしいものが食べられる。これらもみな，生きているからである。

第2は，「よいことをすれば，必ずよいことがある」という心構え，つまり，「善行への絶対的信頼」である。わが国には，昔から「善を積む」あるいは

「徳を積む」という言葉がある。よいことをすることを積み重ねていくことによって，人間として立派になっていくというのである。善行に目を向けることによって，自分に自信がもてるようにする。

第3は，「続けていれば，必ずできるようになる」という心構え，つまり，「継続への絶対的信頼」である。人間は，だれもが学習能力をもっている。こつこつと続けていれば，程度の差はあれ，必ずできるようになる。そのことを実感できるようにする。

第4は，「一生懸命にやれば，必ずそれに見合う成果がある」という心構え，つまり，「努力への絶対的信頼」である。継続して取り組むと同時に，一生懸命に取り組むことによって，より早く，より深くわかるようになるし，より確実にできるようになる。そのことを実感できるようにする。

第5は，「具体的目標をもって一生懸命に取り組めば，必ず実現する」という心構え，つまり，「具体的目標への絶対的信頼」である。夢や希望は，生きる喜びや生きがいをはぐくむことになるが，大切なのは，具体的にその実現を目指して取り組んでいくことである。

これからの「あなたにとっての道徳教育」においては，5を中心にしながら，1〜4についても，同時に育んでいくことが求められるといえよう。

• 参考文献 •

押谷由夫ほか（2016）『道徳教育の理念と実践』NHK出版

梶田叡一ほか監修（2020）『人間教育の基本原理』ミネルヴァ書房

デイモン，W.，コルビー，A.著，渡辺弥生・山岸朋子・渡邉昌子訳（2020）『モラルを育む〈理想〉の力』北大路書房

ユネスコ，天城勲監訳（1997）『学習：秘められた宝』ユネスコ「21世紀教育国際委員会」報告書，ぎょうせい

ラングラン，P.著，波多野完治訳（1971）『生涯教育入門　第一部』全日本社会教育連合会

ラングラン，P.著，波多野完治訳（1981）『生涯教育入門　第二部』全日本社会教育連合会

おわりに

島　恒生

　本書では，「道徳教育を充実させる多様な支援」について，大学，教育委員会，学校，研究団体，家庭，社会といった多方面からの取組を紹介してきた。

　いうまでもなく，道徳教育は学校教育だけで進められるものではない。家庭や地域における取組も非常に重要である。また，学校教育における取組も，指導者である教員の養成や研修が充実してこそ，その成果も大きくなる。教育行政や研究団体，企業，大学などの教育機関のバックアップも重要である。

　そして，それぞれの取組は，これまでから粛々と進められてきた。しかし，その具体的な取組の内容について知る機会はあまりなかったのではないだろうか。今回，こうしてそれぞれの取組が一冊に取りまとめられたことは，とても貴重な機会となったものであると考える。

　令2（2020）年度から小学校・小学部で完全実施が始まった学習指導要領は，「教科横断的」「社会に開かれた」「チーム」といった視点が，これまで以上に強調されている。もとより，学校における道徳教育は，道徳科を要として，学校の教育活動全体で進められるものであり，教科横断的な視点はずっと大切にされてきた。また，先にも述べたように，道徳教育は，学校教育だけで進められるものではなく，学校と家庭，地域が三位一体となり，それぞれがその役割を果たしてこそ，充実していくものである。そして，横断的な視点や連携が大切にされてきた。しかし，これらのこともまた，わかってはいるものの，現実として，その取組は十分ではなかったところも否めない。

　本書で紹介されたそれぞれの取組は，単なる連携にとどまらず，それぞれがもつリソースを生かしながら，それらを俯瞰的に捉え，道徳教育の推進や充実を目指すと共に，その先にある，子どもたち一人ひとりが自立した一人の人間として他者と共によりよく生きていくことができるように，さらには，私たち一人ひとりがよりよく生きていくことを視座に置いたものであることがわかる。

　読者にとっても，この視点をもって読んでいただけたであろう。

　社会の変化が激しいなかで，これから先，いかなる課題が私たちの前にあらわれてくるかわからない。しかも，そのほとんどの課題は，これという正解のないものばかりである。これらの課題に対して，私たちは背を向けることなく，真摯に向き合い，協働してその解決を探っていくことが求められている。

　しかし，その一方で，社会の進展と共に，私事化がどんどんと進行している。私事化自体は，多様性が認められ，個人が大切にされるなどのプラス面がある一方で，自分中心の考え方や自尊感情の低下といったマイナス面があり，それは人びとに孤立化をもたらしていく。つまり，社会が多様化する一方で，一人ひとりの価値観は狭くなり，つながりや絆が希薄になってしまうのである。これでは，これからの社会に対応することは難しくなる。

　一人ひとりの子どもたち，そして私たち大人が，自分の価値をしっかりと認識すると共に，相手の価値を大切にし，多様な他者と協働しながら，これから直面していく予想困難な社会的変化に柔軟に対応し，乗り越え，よりよい人生とよりよい社会をみんなで創造していくことが大切である。このことを支え，力強く推進する資質・能力として，自分，他者，自分たちの集団や社会，生命や自然，私たち人間そのものとどのように向き合うかという，まさに道徳性を養っていくことは，とても重要なことである。

　これらのことを，学校だけでなく，社会で共有し，学校，家庭，地域，教育行政や研究団体，企業，大学などの教育機関のそれぞれがもつリソースを活用しながら，大局的な見地に立って進めていくことが必要である。

　まさにそれは，「はじめに」で提起された，「個が存在すること，個が生きること，個が自らの生命を充実させること，個の集合体としての社会・国家で他者と共に個がより善く生きることの意味とは何かを問い，見出せるような道徳教育を創造」していくことが，求められるのである。

　本書が，そのための一助となることを期待すると共に，確信している。

人　名　索　引

246

事　項　索　引

ディシプリン…11
ディプロマ・ポリシー…18
東京修身学社…193
特設「道徳」…8
特別活動…159
特別の教科　道徳…10
道義振興懇談会…195
道徳科教育学…12
道徳科教育方法学…12
道徳科教育内容構成学…12
道徳教育アーカイブ…19
道徳教育学…12
道徳教育推進教師…32
道徳的価値観形成…2
道徳的共感…156
道徳の時間…10
道徳の理論及び指導法…14
道徳ラボ…65
道徳読み物資料集…51

【な行】

日本を美しくする会…211
日本弘道会…193
日本講道会…193
21世紀米百俵の会…201

【は行】

ハーレーサンタ CLUB NAGOYA…213
早寝早起き朝ご飯…184

反省的実践家モデル…10
PDCA サイクル…41
PTA…185
ファシリテーション技法…22
ファシリテーター…122
ふるさと創生学校じまん事業…227
防災・減災教育…184
ホワイトボード・ミーテイング…22
ボーイスカウト…189
ボランティア活動…162

【ま行】

マイクロティーチング…41
模擬授業…33

【や行】

役割演技…33
誘導的方法…151

【ら行】

LIFE…236
リーダーシップ能力…190
リベラルアーツ…10
ルーブリック…25
劣等意識…163

【わ行】

わたしたちの道徳…51

新道徳教育全集　　第5巻　　道徳教育を充実させる多様な支援
　　　　　　　　　　　　　　　　　　―大学，教育委員会，家庭，社会における取組―

2021年6月30日　　第1版第1刷発行　　　　　　　　〈検印省略〉

　　　　　　　　　　編著者　日本道徳教育学会全集編集委員会

　　　　　　　　　　　　　　田　沼　茂　紀

　　　　　　　　　　　　　　島　　　恒　生

　　　　　　　　　　　　　　竹　内　善　一

　　　　　　　　　　　　　　廣　川　正　昭

　　　　　　　　　　発行者　田　中　千　津　子

　　　　　　　　　　発行所　株式会社　学　文　社

　　　　　　　　　郵便番号　153-0064　東京都目黒区下目黒 3-6-1

　　　　　　　　　電話（03）3715-1501（代表）　振替　00130-9-98842

乱丁・落丁本は，本社にてお取替え致します。印刷／株式会社亨有堂印刷所
定価は，カバーに表示してあります。

ISBN978-4-7620-3090-1

©2021 Japanese Society for Moral Education

Printed in Japan

本全集の刊行にあたっては，公益財団法人上廣倫理財団からの助成を受けています。